"十四五"国家重点出版物出版规划项目

国家社科基金抗日战争研究专项工程项目"满铁资料整理与研究"（项目编号：17KZD001）成果

满铁研究丛书

主　编　邵汉明
副主编　武向平

战后日本满铁会研究

武向平　著

中国社会科学出版社

图书在版编目（CIP）数据

战后日本满铁会研究 / 武向平著. -- 北京：中国社会科学出版社，2025.8. --（满铁研究丛书）.
ISBN 978-7-5227-5267-9

Ⅰ．K265.610.7

中国国家版本馆 CIP 数据核字第 2025EG0789 号

出 版 人	季为民
责任编辑	靳明伦
责任校对	刘　娟
责任印制	李寡寡

出　　　版	中国社会科学出版社
社　　　址	北京鼓楼西大街甲 158 号
邮　　　编	100720
网　　　址	http://www.csspw.cn
发 行 部	010-84083685
门 市 部	010-84029450
经　　　销	新华书店及其他书店
印刷装订	北京君升印刷有限公司
版　　　次	2025 年 8 月第 1 版
印　　　次	2025 年 8 月第 1 次印刷
开　　　本	710×1000　1/16
印　　　张	14.25
字　　　数	223 千字
定　　　价	68.00 元

凡购买中国社会科学出版社图书，如有质量问题请与本社营销中心联系调换
电话：010-84083683
版权所有　侵权必究

"满铁研究丛书"编委会

主　　　编　邵汉明

常务副主编　武向平

顾　　　问　解学诗　　王建朗

主　　　任　邵汉明

副　主　任　金以林　　郭连强　　武向平

编委会成员（按姓氏笔画）：

　　　　　　　王玉芹　王玉强　王铁军　孙文慧

　　　　　　　孙志鹏　孙　彤　孙　雁　李雨桐

　　　　　　　李　娜　吴　玲　周颂伦　郑　毅

　　　　　　　景　壮

总　序

　　南满洲铁道株式会社，简称"满铁"，一个名称上看似专营铁路业务的民营企业，在日本侵华史上是一个特殊的存在，它实际上是一个集殖民统治、经济掠夺、情报搜集等活动于一体的巨无霸企业，不仅在日本史上独一无二，在世界史上也是罕见的。

　　满铁在近代中日关系史上占有重要地位。它成立于日俄战争后的1906年，是根据日本特殊立法而设立的"国策会社"，首任总裁是曾经担任中国台湾民政长官的有着"殖民地经营家"之称的后藤新平。他主张"举王道之旗行霸道之术"，提出"文装的武备"的殖民主义统治政策。九一八事变前，满铁是近代日本推行大陆扩张政策的中枢机构；九一八事变后，满铁更是凭借其雄厚的实力以及在中国东北特殊的地位，积极地配合关东军侵略东北。可以说，九一八事变是关东军与满铁共同作用的结果。

　　此后，伴随着日本侵略范围的扩大，满铁经营的范围也迅速向中国华北、华东、华南地区扩张，几乎控制了中国东北、华北的主要经济命脉，广泛涉及铁路、水运、煤炭、钢铁、森林、农牧、金融、学校、医院、旅馆等各个领域。满铁垄断了中国东北铁路网，掠夺了中国东北及华北大量的国防能源和经济资源，将中国东北变成了日本工业原料供应地，是日本对华经济掠夺和经济侵略的中心组织。

　　满铁在中国东北盘踞40年，发展规模达40亿日元，从业人员近50万人，其直接统治的满铁附属地近500平方公里。从九一八事变到1945年日本战败投降，满铁几乎参与了日本全部侵华活动。它是日本对中国进行全面侵略的重要工具，是在华时间最长、侵害最大的侵略会社。

情报搜集是满铁的一项重要职能，满铁调查部直属专业调查人员有2500余人。数十年间，满铁对中国的地质、矿产、土地、森林、港湾、农业、海运等展开了全面调查，并形成了庞大的调查报告书，广泛涉及当时中国的政治、经济、军事、法律、历史、文化、教育、民族、宗教、地理、自然科学等各个领域。1945年日本战败投降后，满铁档案资料除了部分被焚烧以外，绝大部分留在了中国东北。这些满铁资料包括文书档案、往复电报、调查报告、指令、命令等，涉及日本侵华的各种机密文件。这些资料分散于十几家档案馆、图书馆及研究机构中，其中，吉林省社会科学院所藏满铁资料最为丰富。这些当年服务于日本侵华的资料，成为今日确证日本侵略行为的罪证，成为历史研究的珍贵的第一手资料。

吉林省社会科学院长期以来致力于满铁资料的整理与研究。20世纪50年代末，满铁研究作为经济学重大课题被纳入国家科学发展规划。其后历经曲折，直到改革开放后的1987年，八卷本1000万字的《满铁史资料》终于面世。20世纪90年代，吉林省社会科学院正式建立满铁资料馆，该馆收藏满铁资料总计3万余册，大幅图表近3000幅。2016年，在吉林省社会科学院和中国社会科学院近代史研究所的共同主导下，满铁研究中心成立了，这是国内首个满铁研究实体机构。此后，满铁研究中心在满铁资料抢救、整理、研究方面发挥了重要的推动作用。为便利学界研究，满铁研究中心出版了大量馆藏的满铁对华"调查"资料，其中，由时任院长邵汉明发起并亲任主编的《近代日本对华调查档案资料丛刊》迄今已陆续有六辑出版面世，多达490册。

吉林省社会科学院不仅是国内的满铁资料中心，也是满铁研究重镇。前辈解学诗是中国满铁研究的重要奠基人，他先后出版了《满铁与中国劳工》《评满铁调查部》《满铁与华北经济》，并主编了《满铁内密文书》（30卷）、《满洲交通史稿》（20卷）。在他的带领下，满铁研究的后起之秀纷纷崛起。近年来，武向平著《满铁与国联调查团研究》、李娜著《满铁对中国东北的文化侵略》、王玉芹著《日本对中国东北医疗卫生殖民统制研究》等陆续面世，进一步丰富了满铁研究。

此次，吉林省社会科学院集结了满铁研究的精兵强将，以本院研究骨干为主体，吸纳东北相关高校和研究机构的研究者参与，组成了强有力的项目团队。该丛书对满铁展开了系统研究，涵盖满铁活动的众多面相，内容包括满铁对附属地的统治、满铁与日本关东军、满铁与"满洲"扩张论，满铁对东北矿产资源林业资源的调查与掠夺、满铁对铁路煤矿的垄断经营，以及对满铁重要人物、战后满铁会的研究等。通过这些研究，丛书比较完整地描绘出满铁的基本面貌，揭示了满铁在日本向中国东北扩张中的急先锋作用，与日本军方的紧密关系及其在日本对华各类资源掠夺中的重要作用。

依托吉林省社会科学院得天独厚的满铁资料收藏，这些研究建立在丰富而扎实的史料基础上。大量的第一手史料的发掘与使用，使得这些著作体现出浓郁的原创性。这一系统性的研究，将满铁研究又推向了一个新的阶段，在满铁研究的学术史上必将留下浓重的一笔。

祝贺丛书的出版，期待有更多的优秀成果面世，将满铁研究推向新的高峰，将日本侵华史研究推向新的高峰。

王建朗

2025年6月6日

目 录

绪 论 ……………………………………………………………（1）
 一 研究目的、史料及方法 ……………………………（6）
 二 学术价值和现实意义 ………………………………（12）
 三 国内外研究现状综述 ………………………………（22）
 四 本书研究的主要内容 ………………………………（24）

第一章 满铁与侵华战争 ……………………………………（26）
 第一节 "文装武备"与"满洲经营" …………………（29）
  一 日本攫取"南满"权益 ……………………………（31）
  二 "文装武备"的侵略思想 …………………………（33）
 第二节 满铁与九一八事变 ……………………………（37）
  一 满铁参与关东军"参谋旅行" ……………………（39）
  二 满铁与九一八事变 ………………………………（42）
  三 满铁"应对"国联调查团 …………………………（45）
 第三节 满铁与"华北自治"阴谋 ……………………（49）
  一 参与《塘沽协定》善后交涉 ………………………（49）
  二 酒井隆与押川一郎密谈 …………………………（52）
  三 制定"华北自治"意见书 …………………………（54）
  四 兴中公司掠夺华北经济 …………………………（58）
 第四节 满铁与七七事变 ………………………………（62）
  一 兴中公司与"军管工厂" …………………………（62）
  二 满铁垄断华北经济 ………………………………（64）
  三 华北交通株式会社的经济掠夺 …………………（67）

第二章 满铁会成立及权利保障……………………………(76)

第一节 满铁社友新生会……………………………………(77)
一 第二次世界大战结束前的满铁社员会………………(77)
二 满铁社友新生会成立…………………………………(81)
三 原满铁财产及债权处理………………………………(85)

第二节 财团法人满铁会成立………………………………(87)
一 财团法人满铁会成立…………………………………(87)
二 满铁会的机构组成……………………………………(94)

第三节 满铁人员权利保障…………………………………(112)
一 与公务人员和军人同等待遇…………………………(112)
二 《撤回者补助金法案》………………………………(118)
三 原满铁在外人员调查及回国…………………………(123)
四 满铁在外财产归还……………………………………(126)

第三章 地方满铁会的势力发展……………………………(133)

第一节 地方满铁会的建立及活动…………………………(133)
一 鹿儿岛满铁会提案与"陈情"………………………(134)
二 各地方满铁会的成立…………………………………(137)
三 满铁会员扩大"权利"呼声…………………………(150)

第二节 满铁会与日本政界…………………………………(154)
一 国会中的满铁人………………………………………(154)
二 满铁出身的市长………………………………………(158)

第三节 "法人资格奉还"的交涉…………………………(158)
一 "法人资格奉还"的提出……………………………(158)
二 "法人资格奉还"交涉及挫败………………………(159)

第四章 满铁会的"文化弘报"及教育活动………………(162)

第一节 满铁会"文化弘报"的衣钵………………………(162)
一 亚洲·中国研究资料调查会…………………………(162)
二 出版宣扬"侵略功绩"的著作………………………(163)
三 推广映画宣传…………………………………………(165)

第二节　满铁会与日本教育 …………………………………… (166)
　　　　一　设立入学指导部 ………………………………………… (166)
　　　　二　在高等学校中任职 ……………………………………… (171)

第五章　"满铁留魂碑"与"留魂祭" ………………………… (174)
　　第一节　建立"满铁留魂碑"的筹备 …………………………… (174)
　　　　一　大阪满铁会"留魂碑"提案 …………………………… (174)
　　　　二　成立筹备委员会 ………………………………………… (176)
　　　　三　团体与个人募捐 ………………………………………… (178)
　　第二节　"满铁留魂碑"的建立 ………………………………… (180)
　　　　一　"满铁留魂碑"选址及设计 …………………………… (181)
　　　　二　碑铭、碑志与祭文 ……………………………………… (184)
　　第三节　"慰灵祭"与"满铁留魂祭" ………………………… (186)
　　　　一　"慰灵祭" ……………………………………………… (186)
　　　　二　"满铁留魂祭" ………………………………………… (188)

第六章　满铁会"战争记忆"与"历史书写" ………………… (190)
　　第一节　田边敏行与丸沢常哉不同的历史认识 ………………… (190)
　　　　一　田边敏行《对满铁会的感想与希望》 ………………… (190)
　　　　二　丸沢常哉与《我的中国观》 …………………………… (193)
　　第二节　满铁会的"战争认识"与"历史书写" ……………… (197)
　　　　一　固化"历史记忆"与"战争体验" …………………… (198)
　　　　二　客观性缺失的"历史书写" …………………………… (200)
　　　　三　"帝国伟业"笼罩下的"战争记忆" ………………… (202)
　　　　四　"满铁留魂碑"与"战争记忆"国家认同的
　　　　　　构建 ……………………………………………………… (204)

附　录 ……………………………………………………………… (207)

参考文献 …………………………………………………………… (208)

后　记 ……………………………………………………………… (217)

绪　　论

　　从战后日本满铁会及其活动入手分析日本对侵略战争的认识和反省态度是一种有效途径。日本投降后，满铁的阴魂并未随着该组织的解体而消亡。回国的满铁社员以"纪念"的名义成立满铁会，建立"满铁留魂碑"，为满铁在中国东北的侵略行为"歌功颂德"，认为满铁在中国的殖民经营为日本的"兴亚大业奠定了不朽的功绩"，宣扬"满洲开发论"，为战后日本右翼势力否定侵华历史和侵略战争提供了理论支撑，成为战后日本掀起美化侵略战争高潮的急先锋。[①]

　　日本对侵华战争的认识和反省态度，是影响战后中日关系的重要因素。自日本宣告无条件投降以来，虽然在1995年的"村山富市谈话"中对日本的侵略战争责任进行了反省和思考，但这并不能代表战后日本在侵略战争认识和反省态度上的主流。从20世纪50年代岸信介全面否认侵略战争，到安倍晋三关于"慰安妇"问题的解读，都足以说明日本政治家在对待侵略历史和侵略战争上大多数采取不认罪的态度。为了否定侵略战争和侵略历史，战后日本还出现了所谓的解放战争论、自卫战争论、英美同罪论和殉国论等错误历史观，为躲避侵略战争责任而自辩。[②] 战后日本之所以始终有一股对侵略战争和侵略历史从未进行过深刻反省的政治势力，主要是由于这些人始终与法西斯侵略势力有着千丝万缕的联系，他们宣扬的"满洲开发论""解放亚洲论"等错误历史观，企图为战后日本右翼势力否定侵略历史提供理论支撑。尤其是战后日本满铁会作为战前满铁势力的延续和发展，在战争记忆问题上采取了"选

[①]　武向平：《论战后日本满铁会及其活动》，《社会科学战线》2015年第4期。
[②]　江口圭一『日本の侵略と日本人の戦争観』、岩波書店、1995年、第12—62頁。

择性"战争记忆的方式，向后代传递一种片面的、客观性缺失的战争体验，以此为日本发动侵略战争"歌功颂德"。本书以战后日本满铁会的建立、发展和组织机构为基本线索，以战后日本满铁会对待侵华战争和侵略历史的态度为切入点，深刻分析战后满铁会对日本战争史观所产生的负面影响。

20世纪三四十年代，日本为了实现以侵略扩张为目标的大陆政策，发动九一八事变、一·二八事变、七七事变等一系列侵华战争，并以偷袭珍珠港为开端，发动太平洋战争。但是，第二次世界大战结束以后，同样作为法西斯同盟国的日本和德国，在对待侵略战争和侵略历史的态度上却是截然不同的。关于日本和德国为何在侵略战争和侵略历史的认识上会有如此不同的态度，国内外学者从日德两国的文化因素、宗教信仰、政权基础、占领政策、地域环境等多角度对两种不同的战争史观进行了深刻的剖析和研究。笔者认为，在众多的因素中，不可忽视的重要因素是文化形态和民族性格对两国战争史观的影响。日德两国由于具有完全不同的宗教信仰、伦理道德、教育思想，形成了不同的民族性格和文化形态，这是日德两国对侵略战争表现出不同的认知心理的根本原因。德意志民族所特有的批判、理性、思辨、自我意识等民族性格，使德意志民众面对纳粹德国所犯下的滔天罪行，能够理性地反思、坦白认罪；日本民族性格所折射出的一个现象是压抑负罪意识，在集团主义精神的强制下，个性认识变得极为暧昧，正是在这种文化背景下所形成的民族性格，使日本政府和民众不能够勇敢地站出来否定以天皇名义发动的侵华战争。[①] 除上述因素外，对战后日本否定侵略战争和侵略历史产生重要影响的，还有战后日本满铁会对侵略历史采取了一种"选择性"的历史叙事方式和向后人所传递的一种客观性缺失的"战争体验"，以及通过对侵略战争的片面描述和固化失真记忆，以此达到使失真的记忆在人们的观念中变成"事实"的反动目的。[②]

战后日本在对待侵略战争上之所以能够始终采取一种不认账的态

[①] 武向平：《日德两国不同战争史观的文化分析》，《东北师大学报》（哲学社会科学版）2006年第5期。

[②] 武向平：《满铁会的"战争记忆"与"历史书写"》，《社会科学战线》2019年第8期。

度，还有一个重要原因是日本政治中始终有一股否定侵略历史的右翼势力存在，战后日本满铁会是日本右翼势力否定侵略历史、宣扬"侵略有功"言论的始作俑者。满铁（"南满洲铁道株式会社"的简称）是近代日本根据特殊立法设在中国最大的"国策会社"，是对华侵略时间最长、侵略规模最大的殖民性质的会社，是全方位、多角度对中国进行政治、经济、文化侵略和资源掠夺的中心机构。满铁从1906年成立到1945年解体在中国东北盘踞近40年，发展规模达40亿日元，支配近50万人，直系专业调查人员有2500多人，以经济、文化侵略为目的的满铁附属地超过500多平方公里。九一八事变后，满铁派出15000名专业"调查人员"赴华北交通株式会社，成为满铁对华北、华东及华南地区展开全面"调查"的核心力量，为日本侵华战争提供了大量情报资料。[①] 从九一八事变到日本战败投降，满铁几乎参与了全部日本侵华活动。日本投降后，满铁作为日本侵略的重要机构，其阴魂并未随着该组织的解体而消亡。十几万名满铁回国人员在日本各地成立了近百个满铁会组织，在日本政府的支持下势力不断发展壮大，并通过建立"满铁留魂碑"等为日本在中国的侵略行为"歌功颂德"，满铁会宣扬"满洲开发论""侵略有功论"等错误历史观，为战后日本右翼势力否定侵华历史和侵略战争提供理论支撑，是战后日本掀起美化侵略战争高潮的"急先锋"。

满铁会在20世纪50年代成立财团法人，于2016年才宣告解体，历时60多年。[②] 由于满铁会是战后日本右翼势力为侵华战争和侵略历史进行翻案的理论推手，所以，满铁会的每个发展时期都得到了日本政府的大力支持。1946年12月，20多万原满铁社员及其家属在东京召开了回国人员代表大会，倡议建立满铁会。1947年11月，满铁会要员田中龙夫当选国务大臣后，满铁会的势力进一步蹿升。1954年11月，经厚生省批准成立财团法人满铁会，一部分原满铁要员进入众参两院，满铁会的政治权利也得到提升。随着政治权利的不断扩大，满铁会的言论在日

---

① 财団法人満鉄会「満鉄留魂碑建立報告書」（未刊行）、1982年、第14頁。
② 作为全国性的满铁会于2016年3月解散，而作为地方性的满铁会于2024年7月最终解散。资料来源：2024年8月15日『神戸新聞』、「『満鉄』元社員らの親睦団体、子や孫の代まで交流——最後の『満鉄会』」。

本的政治和社会生活中占据突出地位，尤其是在历史认识问题上，满铁会通过出版大量著作宣扬"满洲开发论"，仍在坚持日本对中国的侵略是实现所谓的"王道乐土"。从一定意义上来说，满铁会是战后日本否定侵略历史、美化侵略战争的理论制造者，也是战后日本固化"历史记忆"与"战争体验"思维模式的推手。1954 年 12 月，财团法人满铁会成立，在全国成立近百个满铁会组织，其中以都道府县命名的有 37 个。① 财团法人满铁会成立后，通过机关报《满铁会报》进行舆论宣传，使其成为满铁会政治言论的阵地。《满铁会报》从 1954 年 12 月公开发行第 1 号至 2016 年 6 月，总计发行 251 号。《满铁会报》是研究战后日本满铁会活动及其言论的重要文献资料，这些会报所涉及的内容时间跨度长达 62 年之久，详细记录了满铁回国社员（第一代），以及他们的子孙（第二代、第三代）的活动和政治言论，尤其在日本侵略历史和侵华战争的历史认识上，满铁会采取了选择性记忆方式，选择性地强调"被害记忆"，回避"加害记忆"，刻意地歪曲了日本在侵略战争中对中国及亚洲民众所犯下的罪行。② 关于这一点，可以从《满铁会报》所刊发的文章中得到解读。例如，藤木久次郎在《评颂〈满洲开发四十年史〉》中，将满铁在中国东北的活动宣扬为"开发满洲"，对《满洲开发四十年史》的公开发行予以鼓吹。③ 白井卓《满铁精神》、高野诚一《满铁魂》、伊藤幸雄《生生不息的满铁》、岩佐忠哉《满铁会的前进方向》、向野元生《吾辈之使命》、谷口松雄《复兴满铁》、中岛一之《满铁精神才是昭和维新的原动力》等文章，所记述的核心内容是放大了满铁在日本实现所谓"东亚复兴"大业中发挥的作用，将满铁的"精神"看作昭和维新的原动力。这些文章试图通过"满铁魂""满铁精神""生生不息"等带有强烈"美化"满铁在中国侵略活动的词语，把满铁人为地塑造成了"文明的开拓者"和"国家使命实践者"，其根本的目的是掩盖满铁作为日本帝国主义对华经济侵略和资源掠夺的侵略工具的本质特

---

① 90 个满铁会组织，包括以日本各府县命名的有大阪府满铁会、京都府满铁会等 37 个，还有 53 个是根据当时满铁社员从事的业务及特征进行命名的。
② 武向平:《满铁会的"战争记忆"与"历史书写"》,《社会科学战线》2019 年第 8 期。
③ 藤木久次郎「『満洲開発四十年史』をたたいる」、财団法人満鉄会『満鉄會報』1964 年第 34 号。

征,是典型的对战前日本侵略进行"歌功颂德"的"历史修正主义"。这些文章也从另一个侧面折射出,满铁会作为满铁对华侵略的余孽,写这些文章的目的是在战后延续侵略历史的"国家认同"和"历史记忆",这不是客观的历史记忆,而是客观性缺失的"历史的再塑"。

60多年来,《满铁会报》所刊发的文章缺乏尊重历史事实的客观性态度,回避公正、真实地将侵略历史原貌展现在世人面前,而是采取一种歪曲历史事实的思维方式,将满铁在中国东北的侵略行为说成"开发满洲",将日本对中国的侵略说成实现所谓的"大东亚共荣"。[1] 正是由于这种固化"战争记忆"与歪曲事实的历史叙述,向下一代传递一种缺失客观性的战争描述,从而使日本的下一代不可能真正了解日本曾经对中国及其他亚洲民众所造成的历史罪孽。满铁会捏造的歪曲事实、固化"战争记忆"的思维模式,助长了从未深刻地反省战争责任的日本政治势力,也得到了日本狭隘民族主义政治家的响应,从而使战后日本右翼势力不断在参拜靖国神社,篡改教科书,否定南京大屠杀、慰安妇等问题上进行舆论造势。由此,便形成了一种强大的为日本军国主义"歌功颂德"的理论体系,成为影响战后中日关系健康发展的消极因素。[2]

战后日本曾一度出现了否定侵略历史、美化侵略战争的高潮,满铁会在其中起到了为虎作伥的作用。根据满铁自身遗留的文献资料,满铁在中国近40年的"调查"活动,本身就是一部侵略史。尤其是九一八事变后,满铁已经彻底撕下了"企业"的假面具,成为关东军发动侵华战争的"经济参谋本部"。而战后满铁会对满铁在华"调查"活动所进行的定位与宣传,则有意地无视历史发展的事实与客观性,一味地为满铁在中国的侵略行为"歌功颂德",这种刻意地歪曲事实的历史叙述,是客观性缺失的"战争记忆"的思维模式。正是由于这种"战争认识"在日本呈现连续不断的变化过程,也成为战后中日关系通畅发展的阻碍。对中国民众而言,由日本侵略所造成的伤害永远铭刻在民族的记忆深处,日本任何的回避、歪曲和否定历史真实的行为都显得苍白无力,不可能洗去日本对中国乃至亚洲国家所犯下的罪行。

---

[1] 武向平:《满铁会的"战争记忆"与"历史书写"》,《社会科学战线》2019年第8期。
[2] 武向平:《满铁会的"战争记忆"与"历史书写"》,《社会科学战线》2019年第8期。

满铁会的这种客观性缺失的"战争记忆"和"历史叙事"方式,一直贯穿于战后日本历史的发展过程中,这种否定侵略历史和侵华战争的影响持续不断,并对21世纪以来日本政府右倾化带来了一定的影响。自2016年日本极右翼代表稻田朋美成为安倍晋三内阁的防卫相以来,至2017年11月1日第四次安倍晋三内阁的成立,安倍晋三政权的右倾化越来越严重,其一贯主张修改宪法、质疑东京审判的正当性、否定南京大屠杀、否定慰安妇、主张日本首相参拜靖国神社等言论不断通过新闻媒体及出版界对外发声。日本通过出版界宣扬其右翼言论并对外进行宣传,对中日关系的发展产生重大的负面影响。战后日本对待侵略历史和侵华战争向来采取不认账的态度,更不会对像德国那样进行深刻反省和反思。

因此,本书通过深入研究战后日本满铁会的组织、活动及其言论,并通过深入挖掘满铁会的档案资料,对满铁会62年来对侵华战争的历史片面"叙事方式"和"战争体验"进行阐释,深刻地揭示了战后日本满铁会在否定侵略历史和侵华战争中所起到的作用。

一 研究目的、史料及方法

1. 研究目的

满铁作为日本在中国推行侵略战略的"国策会社",当初成立是为了应对日俄战争后所出现的国内外严峻局面,而采取的一种所谓的"文装武备"的对华迂回侵略政策。通过设立"国策会社"——满铁,负责对中国东北的资源、政治、经济、军事、文化、社会等各方面展开全面调查,并通过满铁不断地攫取中国东北的铁路权益,形成了对中国东北经济侵略和资源掠夺网,同时也是日本侵华战争期间最大的情报搜集和"调查"的中心机构。1945年日本战败投降后,满铁由于作为"国策会社"在日本对外侵略扩张中发挥了重要作用,所以被盟军司令部勒令解散。但是,满铁的阴魂并未随着该组织的解体而消亡。满铁的回国社员以"纪念"为名成立满铁会,建立"满铁留魂碑",为满铁在中国东北的侵略行为"歌功颂德",认为满铁在华的所有活动为日本的"兴亚大业"奠定了不朽的功绩,宣扬"满洲开发论",为战后日本右翼势力否定侵华历史和侵略战争提供了理论支撑,成为战后日本掀起美化侵略战争高潮的"急先锋"。

2009年,笔者在日本研修时,对日本各地档案馆和图书馆所藏满铁档案资料整理研究时发现,战后日本各地存在着庞大的满铁会组织,这些组织在当时几乎遍及日本各府县,会员数量也非常多,还定期举行"满铁留魂祭"。满铁会还通过所创办的机关报《满铁会报》,公开出版大量的关于满铁研究的著作。满铁会在其机关报《满铁会报》和著作中宣扬的"满洲开发论",与战后日本形成的"解放战争论""英美同罪论""殉国论"等错误历史观一脉相承,为战后日本右翼势力否定侵华战争和侵略历史提供了理论支撑。本书以战前满铁的设立与在华各项"调查"全部活动为起点,对战后日本满铁会的活动进行全面跟踪调查,深入剖析战后日本满铁会的活动及其"历史记忆"和"战争体验"叙述方式的本质特征,全面揭示日本右翼否定侵略历史和侵华战争的历史根源。

本书选择战后日本满铁会活动这一研究主题,其研究目的主要是从战后日本满铁会的活动视角出发,并结合当前日本右翼势力否定侵华历史和侵略战争的目的性和策略性,通过搜集和整理大量的战后日本关于满铁会的原始档案资料,并对这些原始档案资料进行了详细分析和研究,对战后日本满铁会的活动及对战后日本侵略战争史观进行历史研究和逻辑思考,力图阐释战后日本满铁会对日本右翼否定侵略历史和侵华战争所产生的重要影响。本书研究的主要问题是从1945年日本战败投降到2016年这段历史时期,满铁会的发展及壮大情况、"满铁留魂碑"的建立过程、满铁会会员的发展情况、满铁会会员在日本各地担任要职情况、满铁会要员参与战后日本政治的情况、满铁会宣扬的"满洲开发论"的理论建立过程、满铁会与战后日本右翼势力的相互关系等,这些内容是国内目前研究中并未解决的重要问题。通过对这些历史事实进行详细梳理和分析,揭示战后日本满铁会活动的真实状态,以及在日本右翼势力否定侵略历史中所发挥的作用,填补国内外相关研究领域的不足。

2. 史料运用

关于战后日本满铁会的资料,笔者目之所及的国内档案馆、研究机构和各大学图书馆并不多见。本书所运用的有关战后日本满铁会的资料，主要是从日本搜集到的日文原始资料。这些资料主要包括三个部分：一是满铁遗留下来的大批档案资料，这些资料是全面考察满铁在日本侵华史中地位和作用的极为重要的文献资料，也是研究日本侵略中国的铁证。满铁档案资料主要是满铁遗留在中国，并由十多家档案馆所存藏的资料。其中，吉林省社会科学院满铁资料馆有满铁原始档案资料总计约3万册，大部分是满铁调查报告书，还有2600多幅满铁绘制的地图、图表和附图，以及500多卷日本涉华胶卷档案资料。这些满铁档案资料涉及当时中国东北的政治、经济、军事、交通、金融、法律、历史、文化、社会、教育、文化、卫生等各方面，全方位地记录了日本当年侵华的轨迹和中国东北的社会现状，特别是九一八事变后满铁根据关东军指令所进行的调查报告为主要特色。这些根据关东军嘱托进行的中国抗战力调查报告，以及对中国东北、华北的资源调查报告，中国农村社会实态调查报告，无论作为当时日本侵略中国的"资政"材料，还是作为军事侵略的情报资料，都具有准确、真实的一面，是日本侵华战争逐步升级过程中的重要军事信息。而且，这些满铁档案资料全部是日本在侵战争中所形成的第一手文献资料，是日本侵华的铁证。

二是战后日本满铁会公开发行的《满铁会报》。《满铁会报》从1954年12月25日公开发行第1号至2016年6月10日，总计公开发行251号。从1946年12月6日到2016年3月31日，战后日本满铁会经历了满铁社友新生会（1946年12月—1954年12月）、财团法人满铁会（1954年12月—2003年3月）、任意团体满铁会（2003年4月—2013年3月）、满铁会情报中心（2013年4月—2016年3月）等几个发展阶段。《满铁会报》主要是从财团法人满铁会成立时起进行公开发行，而在满铁社友新生会时期没有公开发行会报。《满铁会报》是研究战后日本满铁会活动及其言论的重要文献资料，这些会报所涉及的内容时间跨度长达62年之久，详细记录了满铁回国社员（第一代），以及他们的子孙（第二代、第三代）的活动和言论，尤其是在对日本侵略历史和侵华战争上的历史认识，他们刻意地对侵略历史和侵华战争采取选择记忆的方式，强调"被害记忆"，回避"加害记忆"。正是由于这种片段性和掩盖性的"记忆"方式,人为地抹去了日本在侵略战争中对中国及亚洲民众所犯下的滔天罪行。这种选择性的战争记忆形式,使日本下一代所了解的日本侵华战争史是一种缺失客观性的历史,从而使日本的下一代不可能真正了解日本军国主义对中国及其他亚洲民众所造成的巨大伤害。再加之战后日本右翼势力不断地在否定侵略历史、参拜靖国神社、篡改教科书和否定慰安妇等问题上制造言论,在一定程度上使这种否定侵略历史和否定侵华战争的言论不断与战后日本满铁会的活动相结合,便形成了一种强大的为日本军国主义"歌功颂德"的理论支撑体系,从而达到使这种否定侵略历史和侵华战争的理论体系深深地植根于战后日本民族思想观念中的目的,并成为影响战后中日关系健康发展的重要因素之一。

三是在战后日本满铁会主导下所公开出版的一系列关于美化侵略战争、宣扬"满洲开发论"的著作。这些著作主要有《满洲开发四十年史》(1964年)、《满铁最后总裁山崎元干》(1973年)、《财团法人满铁会小史》(1985年)、《满铁社员西伯利亚留魂记》(1995年)、《满铁社员终战记录》(1997年)、《财团法人满铁会六十年历程》(满铁会,2006年)、《满铁四十年史》(2007年)等。在这些著作中,向世人所传递的信息不是对日本侵略历史进行完整叙述,而是将日本对外侵略扩张和侵华战争表述为"兴亚大业目标"旗号下所进行的"满洲开发"。在这些记述中,把日本对中国东北的侵略看成"开发"与"奉献",把掠夺看成"保护"与"共存",把奴化看成"解放"与"协和",把殖民看成"独立"与"繁荣",把蹂躏看成"共荣"与"乐土"。[①] 这些歪曲历史、否定侵略、推卸罪责的错误历史观成为战后日本右翼势力对侵略历史进行翻案的推手,对战后日本下一代对侵略战争的认知产生了负面影响。

3. 研究方法

本书的研究方法主要是通过大量的日文原始档案资料,详细梳理战后日本满铁会活动的基本线索和脉络,探讨战后日本满铁会势力的发

---

① 武向平:《论战后日本满铁会及其活动》,《社会科学战线》2015年第4期。

展、壮大及政治地位提升的演变轨迹，从而进一步揭示战后日本满铁会在日本右翼否定侵略历史和侵华战争中所发挥的作用。

首先，注重第一手原始档案资料的搜集整理，用唯物史观来认识和记述历史过程，把研究建立在翔实准确的史料挖掘和整理基础之上，使历史文献史料的分析、整理与研究相统一，把战后日本满铁会的活动放到战后日本对华政策及侵略历史的认识大的背景中进行全面考察。本书在对大量《满铁会报》及满铁会公开出版的日文著作等进行详细梳理和分析的基础上，运用个案研究、对比分析等方法，通过对日文资料的全面分析和论述，结合战后日本满铁会活动的国内背景和国际环境，阐述从满铁社友新生会成立到财团法人满铁会的建立，从任意团体满铁会名称的变化到满铁会情报中心解散的整个过程中，战后日本满铁会势力的发展壮大情况、政治地位提升过程、"满洲开发论"及美化侵略战争三部曲，以及对战后日本右翼势力否定侵略历史和侵华战争提供的理论支持和产生的消极作用。同时，还要借助对战后日本不同内阁时期的对华政策的国内背景和国际环境进行分析，阐释战后日本满铁会宣扬的"满洲开发论"等错误历史观，对当代中日关系及日本下一代在侵略战争的反省和反思上产生的消极影响，从而进一步阐释战后日本满铁会在日本右翼势力否定侵略历史和侵华战争中所发挥的作用。

其次，主观评价与客观叙述相结合，以客观的历史叙述为主，在对客观历史事件和历史史实进行全面分析的基础上进行主观评价和判断，历史史实与史学理论并重，将战后日本满铁会的活动背景与战后日本国内的政治环境有机结合起来，通过史实对其展开全面的分析和研究。通过对战后日本满铁会会报、回国满铁社员的回忆录等日文原始资料的整理和分析可以看出，从1946年满铁社友新生会的成立到2016年满铁会情报中心的解散，战后日本满铁会势力经历了不同发展和演变过程，在20世纪六七十年代，满铁会的发展势头极为迅速，各府县成立的满铁会组织多达百余个，活动也极为频繁，政治诉求也越发明确，日本满铁会不但实现了满铁回国社员及其家属与国家军人等同的待遇，还有一部分满铁会要员纷纷进入内阁，并在日本众议院和参议院中身居要职。尤其值得注意的是，战后日本满铁会不断地美化侵略战争、为侵略行为"歌功颂德"，在"满洲开发论""亚洲解放论"等错误历史观的推动下，使日本在战后不断掀起美化侵略战争高潮。因此，本书突破了以往研究的范围，既注重战后满铁会活动的整体把握，更注重对战后不同内阁时期对侵华战争的态度进行分析，以做到历史史实与史学理论相结合，全方位研究与动态分析相结合。

最后，宏观把握与微观剖析相结合，在具体研究过程中，注重个体与整体的相互关系，通过个案分析阐述个体要素在整个事件中所起的作用。同时，也将历史学研究方法与国际关系学、政治学等学科理论和研究方法相结合。本书在具体研究过程中将历史学的研究方法与国际关系学、国际法等相关理论结合起来，综合运用历史文献研究、比较研究、个案研究、实证研究和宏观分析等方法，全面考察从满铁社友新生会成立到满铁会情报中心解散这段历史中，战后日本满铁会的发展演变轨迹。通过对历史文献的梳理和研究，依据《满铁会报》、满铁社员会议录、满铁会出版的著作等日文资料的全面解读和详细分析，在梳理清楚历史脉络的基础上，把战后日本满铁会活动放在一个动态的国际背景下进行综合比较和考察，避免静止和孤立的分析，力图使研究内容由点及面、由浅至深、由个案到综合，既全面又多角度地还原1945年日本战败投降到2016年满铁会情报中心解散这段历史时期，战后日本满铁会活动的全貌，同时又将满铁在日本侵华史中的地位与战后日本满铁会对侵略战争和侵华历史的认识相结合，这样才能得出深层次的认识。例如，本书借鉴了国际关系学中有关外交决策与国家力量关系、国家战略与对外关系等理论，深入分析战后日本满铁会与右翼势力否定侵略战争和侵华历史的对外战略目标、国家利益需求，以及国际制约因素等相互依赖的国际现实之间的关系。另外，本书还通过一些满铁要员的会谈记录、日记、回忆录等原始档案资料，并借鉴了心理学中的一些理论和知识，阐释战后日本不同内阁时期对侵略历史和侵华战争的不同认知心理及要素，深刻分析满铁会对侵略历史和侵华战争的看法与认识对战后日本下一代在日本侵略历史的认知上所产生的消极影响。

二　学术价值和现实意义

1. 学术价值

首先，本书通过大量日文原始文献资料，对日本战败投降到2016年满铁会情报中心解散这段历史时期内，战后日本满铁会的发展过程及活动线索进行深入分析和研究，厘清从日本战败投降到21世纪初期日本不同内阁时期对侵略战争和侵华历史不同的历史认知和政治态度，展现战后日本对侵略历史认识的真实状态。目前，国内外学界并没有对战后日本满铁会活动这一主题进行深入探讨和研究，关于战后日本满铁会活动的信息来源只能从一些新闻报纸等进行大概了解，这些信息也仅是战后日本满铁会活动的一个极其微小的侧面。其实，第二次世界大战前满铁在华社员及其家族有近50万人。日本投降后，这些满铁社员被逐批遣送回日本。他们回国后，以"纪念"为名成立了近百个满铁会组织，其势力发展遍及日本各府县，还在全国范围内征集满铁社员的日记、回忆录、会谈记录等，并纷纷著书立说，将满铁对中国的侵略美化成"开发满洲"。但是，中国学界对于近50万人的满铁社员返回日本后的活动状态并不十分了解，尤其是这些回国的满铁要员及其家族在日本建立的庞大的社会组织——满铁会的情况更是知之甚少。这些满铁会的势力发展速度及规模十分惊人，还有相当一部分满铁会的人员在日本参议院和众议院中身兼要职，并利用其政治地位不断地在中日历史问题上为否定侵略历史和侵华战争进行舆论造势。他们宣扬"解放亚洲论""英美同罪论""殉国论"等错误历史观，对战后日本右翼势力否定侵略历史和侵华战争起到了政治导向的负面作用。

本书对战后满铁会在历史认识问题上的言论及思想进行了详细梳理，并与日本的右翼言论进行对比分析，从而深刻揭示战后日本满铁会在否定侵略历史、美化侵略战争中所发挥的作用。本书中所要解决的重点问题是从日本战败投降到2016年满铁会情报中心宣布解散这段历史时期，战后日本满铁会对侵略历史和侵华战争的历史认识的表现形式，战后日本满铁会与日本右翼势力否定侵略历史和侵华战争"理论构建"的区别和联系，并从战后满铁会所公开出版的著作中深入挖掘日本歪曲历史、美化侵略战争的"描述"和"记忆",并深刻揭示这些片段的、人为地"去侵略性的历史记忆",对战后日本下一代在侵略历史的认知上所起到的负面作用和产生的消极影响。

其次,在研究内容上,本书突破了以往单一的日本侵华史研究的范围,具有东北亚国际关系史和日本政治思想史研究的双重视野。从日本侵华史研究上来看,满铁会的活动始终与满铁在中国的活动有着千丝万缕的联系,如果单纯将战后日本满铁会的活动与满铁的活动割裂开来、孤立地看待,就不可能对战后日本满铁会的活动进行更深刻的认识和分析。战后日本满铁会在一定意义上来说是战后日本右翼势力否定侵略历史、美化侵略战争理论的缔造者,这也是近代日本对外侵略扩张政策发展的必然产物。

从东北亚国际关系的研究上来看,战后日本满铁会的势力不断地发展和壮大,遍及日本各府县,在各地都有办事和联络机构,并在全国范围内进行美化侵略战争的宣传。任何片段性的、去侵略性的历史认识对曾经深受日本践踏的亚洲国民来说,尤其是对中国民众来说是极大的伤害。而且,战后日本曾一度出现了否定侵略历史、美化侵略战争的高潮,这种否定侵略历史和侵华战争高潮的出现,恰恰是战后日本满铁会在其中起到了推波助澜的作用。满铁遗留在中国庞大的调查报告书的内容显示,1906—1945年满铁在中国进行的"调查"活动,本身就是一部侵略史。所以,战后日本满铁会活动的本身就与中日战争历史认识问题密切相关,并且这种活动也是一个不断变化和演进的过程。在战后日本不同的内阁时期,中日关系的发展始终无法逾越的一道鸿沟是日本在对这段侵略历史的认识和解读过程中,不但不对侵华战争中所犯下的罪行进行深刻反省和道歉,还刻意地对那段侵略历史进行人为的歪曲和美化,所以中日两国围绕着日本对侵华历史的认识态度发生了诸多的矛盾和斗争,也曾一度出现了冰封期。可以说,中日两国的历史问题,是影响当代中日关系的一个深刻的现实问题。对中国民众来说,历史留下的伤痛永远铭刻在中华民族的记忆深处,那段被侵略、被掠夺的历史是中华民族永远的伤痛。任何的回避、歪曲和否定侵略历史的行为,都是对中国乃至亚洲民众最大的伤害。

从日本政治思想史研究上来看，深入研究战后日本满铁会的活动、思想和言论，可以全面解读侵华战争对战后日本思想史发展的重大影响。从战后日本思想史研究的视角来看，详细梳理日本对侵华战争的反省和认识是研究战后日本思想史的一个重要课题。从日本战败投降至今，日本右翼势力始终在对待侵略历史和侵华战争上采取不认账的态度，并主张修改宪法、参拜靖国神社、修改教科书、否定对华侵略、否定慰安妇等。随着战后日本右翼势力的不断扩大，到21世纪初期已经使日本政府的右倾化程度不断加深，这是应该引起我们深入研究和关注的重要问题。所以，从战后日本满铁会的政治言论及出版著作中，可以深入了解战后日本满铁会在对待侵略历史和侵华战争上的思想变化的大体脉络，为进一步认识和解读战后日本思想史发展的阶段性变化特点起到重要作用。

最后，本书研究具有历史文献学整理价值。历史学研究的最终目的就是还历史以原貌，并能够为现实提供历史借鉴。近年来，从中央到地方都对日本侵华史研究高度重视，还对原始档案资料的搜集、整理和利用提出了更高的要求，并要求利用所搜集、整理的历史史料揭示历史真相，尤其是在日本侵华史研究上更要用历史史实在国际上发声，形成中国日本侵华史研究的话语权。2016年5月，习近平总书记在哲学社会科学工作座谈会上的讲话中指出："发挥我国哲学社会科学作用，要注意加强话语体系建设，在解读中国实践、构建中国理论上，我们应该最有发言权，但实际上我国哲学社会科学在国际上的声音还比较小，还处于有理说不出、说了传不开的境地。"①

本书对战后日本满铁会活动的文献史料的梳理和研究使用的主要的文献资料是战后满铁会公开发行的《满铁会报》。《满铁会报》是战后日本满铁会的机关报，也是战后日本满铁会言论的阵地。关于《满铁会报》的史料价值主要体现在以下几个方面：一是《满铁会员名录》充分揭示了满铁于1906年成立到1945年解体的近40年间，近50万名满铁社员在中国各地所从事的行业及活动区域的变化等，其中从事的行业主

---

① 习近平：《在哲学社会科学工作座谈会上的讲话》，人民出版社2016年版，第24页。

要包括铁道管理、农业经营、工商税务、林业开采、水运码头、远洋航海、人口审查、矿山开采、电信管理、统计服务、地方事务、浴场经营、军政所、民政局、特警部、战争支援、军用运输、情报搜集、制造舆论等，活动的足迹从东北三省延伸到华北、华东、华中、华南、东南、西南、西北等地区，乃至海南等各地区也有满铁的"调查"活动。可以说，当时满铁调查部在中国形成了一个强大的"调查"网，上到中央军政要员下到民间均参与了对华侵略活动，这些侵华活动在战后日本满铁会的回忆录和著作中有所记载。

二是在《满铁会报》中，详细地记录了战后日本满铁会举行"满铁留魂祭"的主要目的、组织情况、人员构成和发展规模等情况。"满铁留魂祭"是战后日本满铁会活动的主要内容之一，从1983年5月第一次"满铁留魂祭"到2015年5月15日最后的"满铁留魂祭"，战后日本满铁会在32年间共举行31次"满铁留魂祭"。[①] 每次举行"满铁留魂祭"时，满铁会都要提前在《满铁会报》上刊发公告，并将"满铁留魂祭"的日程安排提前对外进行公布，由满铁会事务所负责联络，参加的人员主要是原满铁社员及其家族、后代等。战后日本满铁会举行"满铁留魂祭"的最终目的就是让日本后代永远铭记满铁的侵华行为。[②]

三是《满铁会报》中有大量的原满铁要员及社员所发表的文章及政治言论。这些文章主要有山崎元干《步步登高》（《满铁会报》1954年第1号），吉田要《新满铁会》（《满铁会报》1954年第1号），满铁会《满铁会成立几年大会记录》（《满铁会报》1954年第1号），丸沢常哉《我的新中国观》（《满铁会报》1955年第3号），矶村幸男《如何使满铁会组织化》（《满铁会报》1955年第4号），宫永次雄《满铁会》（《满铁会报》1956年第6号），佐藤晴雄《追忆满铁社友新生会成立当时之热情》（《满铁会报》1956年第7号），山崎元干《关于原满铁社员待遇之陈情》（《满铁会报》1957年第11号），吉田要《社员待遇问题

[①] 战后日本满铁会于2013年5月17日、2014年5月16日、2015年5月15日，举行了三次"满铁留魂碑祭"，最后将"满铁留魂碑"交由富士灵园管理事务所的永松伸治所长进行管理。

[②] 财団法人満鉄会「満鉄留魂碑建立報告書」（未刊行）、1982年、第13頁。

之经过》(《满铁会报》1957年第11号),满铁会《满铁中诞生的国会人》(《满铁会报》1958年第13号),满铁会《中央地方财政中任职的满铁人》(《满铁会报》1959年第17号),鹿儿岛县满铁会《向岸信介首相陈情》(《满铁会报》1959年第18号),加治屋武盛《与岸信介首相会见记》(《满铁会报》1959年第18号),田中龙夫《访问外交的意义》(《满铁会报》1960年第21号),佐藤晴雄《满洲事变三十周年之际》(《满铁会报》1961年第26号),野田新一《高崎访华团随行》(《满铁会报》1961年第26号),宫本通治《悲剧的证人 日华和平工作秘史》(《满铁会报》1962年第28号),杉山二郎《关于满铁会的方式》(《满铁会报》1964年第33号),满铁会《终身会员制的建立》(《满铁会报》1964年第34号),藤木久次郎《评颂〈满洲开发四十年史〉》(《满铁会报》1964年第34号),白井卓《满铁精神》(《满铁会报》1964年第35号),高野诚一《满铁魂》(《满铁会报》1964年第36号),伊藤幸雄《永生的满铁》(《满铁会报》1964年第36号),夷石隆寿《反抗精神》(《满铁会报》1964年第40号),山崎元干《满铁创立六十周年纪念大会致辞》(《满铁会报》1966年第44号),夷石隆寿《满铁纪念会馆建设之倡议》(《满铁会报》1967年第47号),岩佐忠哉《满铁会前进之路》(《满铁会报》1969年第64号),向野元生《吾辈之使命》(《满铁会报》1970年第65号),芝田研三《京都大会与万国博览会》(《满铁会报》1970年第66号),栗山平辅《对日中共同声明保持沉默吗》(《满铁会报》1970年第68号),高桥威夫《回忆满铁 东亚先驱吾辈之满铁》(《满铁会报》1971年第71号),菊池善隆《日中新世纪的开拓与我等原满铁人》(《满铁会报》1972年第82号),M.I.生《使满铁会恒久之方策》(《满铁会报》1973年第91号),伊藤六十次郎《满洲问题的本质(一、二、三)》(《满铁会报》1974年第92、93、94号),藤井满洲男《关于中国共产党(一、二)》(《满铁会报》1974年第92、94号),谭觉真《关于日中问题(上、下)》(《满铁会报》1974年第94、95号),坂口辽《地方满铁会的培养》(《满铁会报》1974年第96号),谷口松雄《复兴满铁》(《满铁会报》1974年第97号),齐藤玄一《满铁会的建议》(《满铁会报》1974年第101号),伊藤六十次郎《满洲事变爆发的真相（一、二、三、四）》（《满铁会报》1975年第102、103、105、107号），益田秀人《满铁会报的任务》（《满铁会报》1975年第106号），泷山养《最近的中国与中国铁路（上、下）》（《满铁会报》1975年第107、108号），中岛一之《唯有满铁精神才是昭和维新的原动力》（《满铁会报》1976年第110号），白井卓《留满铁魂录》（《满铁会报》1977年第117号），伊藤武雄《手工制成调查部慰灵总会》（《满铁会报》1977年第117号），伊藤昌二《满铁纪念碑建设》（《满铁会报》1979年第124号），佐藤晴雄《满铁留魂碑》（《满铁会报》1979年第126号），佐藤晴雄《满铁留魂碑之二》（《满铁会报》1979年第127号），伊藤六十次郎《满洲问题的过去与将来（上、中、下）》（《满铁会报》1979年第126、127、128号），向野元生《满铁留魂碑建设之希望》（《满铁会报》1979年第128号），山内丈夫《关于满铁留魂碑的样式》（《满铁会报》1979年第128号），满铁会《寄托满铁留魂碑》（《满铁会报》1980年第130号），吉村学《真的满铁魂》（《满铁会报》1980年第131号），杉山二郎《参加旧满洲慰灵团》（《满铁会报》1980年第132号），樱井弘之《满铁儿玉会·派遣访华团》（《满铁会报》1980年第133号），佐藤晴雄《留魂碑建立地点变更》（《满铁会报》1980年第134号），佐藤晴雄《关于满铁留魂碑的建设》（《满铁会报》1981年第137号），满铁会《满铁留魂碑竣工仪式导图》（《满铁会报》1982年第140号），满铁会《满铁留魂碑竣工仪式祭文》（《满铁会报》1982年第141号），满铁会《经过报告》（《满铁会报》1982年第141号），满铁会《举行满铁留魂祭》（《满铁会报》1983年第144号），吉田要《满铁会的源流》（《满铁会报》1990年第156号），满铁会《满铁留魂碑》（《满铁会报》1993年第173号），满铁会《满铁留魂碑建立的由来与留魂祭、留魂碑护持》（《满铁会报》1993年第173号），加纳健一《满铁留魂碑与留魂祭》（《满铁会报》1994年第177号），足立美津雄《后藤初代总裁训示与满铁魂》（《满铁会报》1999年第197号），满铁会《天水会第六次访华录写真》（《满铁会报》2000年第202号），满铁会《万人坑——满洲开发与万人坑》（《满铁会报》2000年第202号），野中六郎《初代总裁与十七代总裁》（《满铁会报》2001 年第 205 号），满铁会《第十二回留魂祭》（《满铁会报》2001 年第 206 号），满铁会《殉职者入靖国神社合祭之件》（《满铁会报》2002 年第 208 号），满铁会《设立靖国神社合祭委员会》（《满铁会报》2002 年第 208 号），松本林式《"亚细亚号"的提案》（《满铁会报》2003 年第 211 号），秋本嘉明《大和旅馆三十七年之光荣》（《满铁会报》2003 年第 212 号），满铁会《满铁社训》（《满铁会报》2004 年第 216 号），伊藤四郎、钟ヶ江重夫《特急 满铁中央试验所 满铁中试会》（《满铁会报》2004 年第 216 号），满铁会《满铁会会则》（《满铁会报》2005 年第 219 号），满铁会《与厚生省交涉经过报告》（《满铁会报》2009 年第 231 号），满铁会《（财）满铁会/新满铁会的决算、预算、干事名录》（《满铁会报》2009 年第 231 号），满铁会《平成 21 年度满铁会大会——新满铁会成立大会》（《满铁会报》2010 年第 232 号）等。

上述这些文献资料详细记录了满铁从 1906 年成立到 1945 年解体近 40 年间在中国进行"调查"活动的大体脉络，以及战后日本满铁会势力的发展与壮大过程、政治诉求与历史认识等重要内容，这些原始文献资料为进一步研究战后日本满铁会的实态提供了重要线索。

2. 现实意义

历史学研究根本目的在于还历史以原貌，并能够为现实提供历史借鉴，使人们能够真正做到以史为鉴，吸取经验教训。本书的应用价值大体表现在以下几个方面。

首先，可以对日本右翼否认侵华历史根源与动因进行全面分析与阐述。战后日本满铁会是日本右翼势力否定侵略历史、宣扬"侵略有功"言论的始作俑者。满铁作为对华侵略时间最长、规模最大的会社，是对中国进行政治、经济、文化侵略和资源掠夺的中心机构。日本投降后，满铁的阴魂并未随着该组织的解体而消亡。满铁回国人员在日本各地成立了近百个满铁会组织，通过建立"满铁留魂碑"等为日本在中国的侵略"歌功颂德"，满铁会宣扬"满洲开发论""侵略有功论"等错误历史观，为战后日本右翼势力否定侵华历史和侵略战争提供理论支撑，是战后日本掀起美化侵略战争高潮的"急先锋"。因此，我们要深入研究战后日本满铁会的组织、活动及其言论,并通过深入挖掘满铁会档案资料,揭露日本侵华历史罪行,这对于回击当代日本右翼否认侵略历史和侵华战争的言行具有重要意义。

其次,可以对战后日本满铁会势力发展壮大与言论进行全面解读。(1) 宣扬侵略"功绩",成立满铁会组织。日本投降后,满铁作为最大的侵华机构被盟军勒令于1945年9月解散,其侵华罪行被免于国际法庭的审判和追究。"满铁社员会""满蒙同胞援护会""大陆铁道从业员援护会"等各团体成员回国后纷纷以"纪念"为名大肆活动,并于10月26日结成"回国团体全国联合会",在日本全国范围内公开刊行机关报《协和》。为了进一步向国人宣扬满铁在对华侵略战争中的"业绩",1946年12月,在东京丸内帝国交通协会讲堂召开了"满铁回国社员全国大会",创建了"满铁社友新生会"。参加该大会的有原满铁要员600余人和25万名满铁社员的家族,并推选原满铁末代总裁山崎元干为"满铁社友新生会"会长。这次大会的召开,标志着战后日本满铁会组织的初步成立。

(2) 组织遍及各府县,势力发展惊人。"满铁社友新生会"成立后,在日本政府的支持下,其势力发展非常惊人。1954年1月,在厚生省的支持下,通过了筹建财团法人满铁会的决议案,成立了"满铁会筹备会"。7月21日,在东京神田公立讲堂召开了"满铁会结成纪念大会",通过了"将满铁精神传给子孙后代"的决议。11月25日,经厚生省大臣草叶隆元批准成立财团法人满铁会。12月25日,财团法人满铁会正式成立。从财团法人满铁会成立至1982年,在日本相继成立了90多个满铁会组织,人员多达十几万人。其中,以日本各府县命名的如大阪府满铁会、京都府满铁会等37个,另外还有53个是根据当时满铁社员从事的业务及特征进行命名的。

(3) 提升政治地位,要员入内阁。满铁会发展和壮大形成了一股强大的政治势力,并在内阁中取得了话语权。满铁会向日本政府申请满铁回国人员各项权利时非常露骨地指出,"满铁是日本的国策会社,满铁通过社业为国家做出的贡献不逊色于官员和军人"。为了使满铁回国人员获得与国家公务员及军人的同等待遇,山崎元干、佐藤晴雄、吉田要等人多次向众参两院、各党首、各府县进行请愿、陈情，将满铁回国人员在华侵略中的"功绩"作为获取各项权利的资本，与国家公务员等同，享受退休津贴、抚恤金、互助年金、灾害补偿等各项权利，而死亡、伤、病的满铁社员以及死者家属应作为军属看待。1947年11月，"满铁社友新生会"会员田中龙夫当选国务大臣时，满铁回国人员的各项权利得到了日本政府的大力支持。1948年3月，众参两院的内阁会议通过了国家公务员和地方公务员改革法，对满铁回国人员的各项权利给予支持。一些原满铁会要员纷纷当选为众参两院议员，并在日本政府取得了话语权。1972年，满铁会要员12人当选为众参两院议员，其中评议员毛利松平当选为环境厅厅长；安井谦在参议院中先后任副议长、议长，在总务厅任职；立足笃郎在科学技术厅任职；田中龙夫在通产省任职；佐佐木义武在科学技术厅、通产省任职。而在日本各府县、各领域、各行业中任要职的满铁会人员不胜枚举。一直到现在，满铁会的要员在日本众参两院中任职也从未间断。随着满铁会在日本的政治和社会地位不断蹿升，满铁会的言论在20世纪六七十年代已经形成了一股强大的政治气流，在对待侵华战争和侵略历史的认识和反省态度上，对现在日本政府的影响是极为深刻的。

最后，可以对战后满铁会为日本右翼势力创造否定侵略历史和侵华战争的理论支撑进行全面解读。战后日本满铁会是战后日本右翼势力否定侵华历史的急先锋，其对日本的侵略历史和侵华战争采取"选择记忆"和"片段记忆"，并为日本的侵略行为寻找理论支撑。

（1）建"满铁留魂碑"——为日本侵略中国"歌功颂德"。1979年3月，大阪满铁会提议建立"满铁留魂碑，使满铁魂被后世流传"。1981年1月，"满铁留魂碑"地址选在富士山脚下的富士灵园。1981年8月15日，"满铁留魂碑"正式破土动工，1982年3月15日竣工。募集资金总额为98368892日元，先后有8000多名满铁会会员和55个满铁会组织应募。"满铁留魂碑"碑铭由满铁会理事长佐藤晴雄亲笔手书，全文为"满铁继承国家使命，以先驱之身为兴亚大业奋斗，奠定不朽基业，在此祭先人之灵，满铁魂流传千古"。1982年4月14日，满铁会在富士灵园举行了盛大的"满铁留魂碑"落成典礼仪式，出席典礼仪式的原满铁社员及其家族共计900多人。"满铁留魂碑"的建立,标志着作为"国策会社"的满铁在中国东北以侵略为目的的各项社业活动,在战后日本被定位为是"千秋功绩","满铁魂"要"世代流传"在政策层面。①

(2)"满洲开发论"——满铁会美化侵华战争三部曲。20世纪60年代末70年代初,日本先后掀起了美化侵华战争高潮,由满铁会主导的"满洲开发论""解放亚洲论"等各种歪曲历史、为侵华战争辩护的错误历史观纷纷登台亮相。20世纪五六十年代,在满铁元老、满铁会要员的主持下日本相继编辑、出版了一批关于"开发满洲"和"建立满洲国"的著作。其中,《满洲开发四十年史》《满洲国史》《满蒙终战史》这三部著作是日本宣扬"满洲开发论""侵略有功论",为满铁在中国东北的侵略活动"歌功颂德"的重要著作。这三部书也是战后日本满铁会以满铁为基础,以伪满洲国为中心宣扬"满洲开发论"、美化侵华战争的三部曲。第一部《满洲开发四十年史》编写的目的是将一部去"帝国主义"和"侵略主义"的"满洲开发史"留给日本的后世子孙;第二部《满洲国史》通过大量的笔墨来宣扬日本扶植伪满洲国是"丰功伟业",对日本在东北侵略活动进行了全面肯定,把对中国的侵略说成"为了兴亚大业,为了在'满洲'建立民族协和的理想王国,打开沉睡中的无尽宝藏,在物质上能够与欧美各国相抗衡,是为了实现亚洲的复兴和团结";第三部《满蒙终战史》把日本在中国东北的殖民统治看成是"开发资源"和"繁荣文化",满铁在中国东北的"经营"和建立伪满洲国最终是为了实现"王道乐土"。

(3)继承满铁侵略衣钵,满铁会是战后日本右翼势力发展的急先锋。满铁会从1954年成立至2016年解散,其宣扬"满洲开发论"和"侵略有功论"的言论从未间断,该言论与现在日本右翼势力所宣扬的侵略历史观一脉相承,对战后中日关系的影响非常深刻。一是满铁会的核心人物始终在日本国会中占据重要地位,如时任满铁会理事长松冈满寿男从1994—2003年连续两届任众议院议员,2003—2008年担任参议

---

① 武向平:《论战后日本"满铁会"及其活动》,《社会科学战线》2015年第8期。

院议员,在一定程度上继承了松冈洋右的侵略理念,并且其宅附近一直供奉甲级战犯松冈洋右的半身像。二是满铁会从1983年至2012年每年5月都要举行"满铁留魂祭",参加人员除了原满铁社员及其家族外,还有日本众参两院的一些议员。三是满铁会也从未间断出版宣扬"侵略有功"的著作,2007年出版的《满铁四十年史》再次对满铁对中国东北的侵略进行肯定。

由此可见,战后日本满铁会通过建"满铁留魂碑"、宣扬"满洲开发论"为日本侵华战争"歌功颂德"。这些否定侵略、歪曲历史、推卸罪责的错误历史观成为战后日本右翼势力对侵略历史进行翻案的推手。

三　国内外研究现状综述

目前国内外并没有对战后日本满铁会活动进行专题研究的成果,日本只出版了几部关于战后日本满铁会活动的著作。在中国学界,目前并没有对战后日本满铁会的势力发展及影响给予足够的重视,也缺乏对战后日本满铁会与日本右翼团体之间关系的变化缺少详细的梳理,尤其是战后日本满铁会在日本政治右倾化中所起的作用缺乏系统研究,这是战后日本政治史和中日关系史研究的一个重要问题。关于战后日本满铁会的研究状况,笔者仅就日本战后满铁会代表性的相关文字记录进行概述如下。

日本关于满铁会及其活动的文字记录,从20世纪五六十年代开始至今一直没有中断。满铁("南满洲铁道株式会社"的简称)是近代日本根据特殊立法设在中国的最大的"国策会社",是对华侵略时间最长、规模最大的侵华会社,是全方位、多角度对中国进行政治、经济、文化侵略和资源掠夺的中心机构。满铁从1906年成立到1945年解体在中国东北盘踞近40年,发展规模达40亿日元,支配近50万人,直系专业调查人员有2500多人,以经济、文化侵略为目的的满铁附属地达500多平方千米。从九一八事变到日本战败投降,满铁几乎全部参与了日本侵华活动。日本战败投降后,满铁作为最大的侵略机构并没有受到国际法庭的审判,该组织虽然被盟军勒令解散,但是满铁的"阴魂"并没有随之消灭。需要特别注意的是,"满铁社员会""同胞援护会""满蒙同胞援护会""大陆铁道从业员援护会"等各团体成员回国后纷纷以"纪念"为名频繁集会,并于10月26日结成了"回国团体全国联和会",在日本全国范围内公开刊行机关报《协和》。1946年12月6日,在东京丸内的帝国交通协会讲堂召开了"满铁回国社员全国大会",大会选举古山腾夫为理事长,佐藤晴雄为首的12名理事,监事1名,将事务所设在八重洲通的武田京桥楼。同时,在会报《新生—协和改题 第7号》卷首语中,将"12月6日"作为10万满铁同僚和25万家族"旧宜"和"友爱"结成纪念日,并推选原满铁末代总裁山崎元干为"满铁社友新生会"的会长。这次大会的召开,标志着战后日本满铁会组织的初步成立。

1954年1月,"满铁社友新生会""满铁俱乐部"召开理事会,通过了筹建财团法人满铁会的决议案,并在厚生省的支持下成立了"满铁会筹备会"。经过半年多的筹备工作,7月21日,在东京神田公立讲堂召开了"满铁会结成纪念大会",通过了"满铁虽然未能实现开拓东亚大陆和近代化建设、民族共荣的志向,但是要将满铁精神传给子孙后代"的决议。11月25日,厚生省大臣草叶隆元批准正式成立财团法人满铁会。12月25日,财团法人满铁会正式成立,并公开刊行了第1号《满铁会报》。

满铁会成立后,在其组织下相继编辑出版了一些关于满铁会活动的著作。例如,满铁会编《满铁最后的总裁山崎元干》(满铁会、1973年);满铁会编《财团法人满铁会小史》(满铁会、1985年);石门子会、东宁满铁会编《关东军东宁战记》(东宁满铁会、1995年);满铁会编《满铁社员终站记录》(满铁会、1997年);满铁会编《满铁四十年史》(吉川弘文馆、2007年)等。上述这些出版物有以下几个最为显著的特点。其一,由于战后日本满铁会的会员绝大部分是满铁社员及其家族,所以由满铁会编辑出版的这些图书大部分是将当时满铁遗留下来的出版物或原始档案进行复刻出版。其二,从这些图书的内容上来看,绝大部分集中对所谓满铁的"功绩"或"业绩"进行追述,而对这些"功绩"或"业绩"进行评价时却掩盖了其所发挥的侵华"国策会社"的地位和作用,尤其是对满铁在侵华战争中的地位和作用也加以美化。

其三，满铁回国社员对日本侵华战争采取了选择性记忆、部分记忆和片面记忆等几种形式。所以，战后满铁会编辑出版的这些图书，向日本后人展现的战争过程是片面的和虚假的，尤其是对日军在侵华战争中的罪行加以掩盖，并没有向日本民众揭露侵略行径，而是为战后日本右翼势力对侵略历史进行翻案舆论造势。这是非常值得注意的问题。

四 本书研究的主要内容

本书研究的内容是以战后日本满铁会的活动为主线，详细梳理日本战败投降后至2016年满铁会组织的建立、发展和壮大过程，其中包括"满铁留魂碑"的建立、举行"满铁留魂祭"、创办《满铁会报》、出版满铁相关书籍等，以及满铁会利用上述内容美化侵华战争为日本的以侵略扩张为目标的大陆政策"歌功颂德"的活动，深刻揭示满铁会在战后日本历史认识问题上构建片面的、客观性缺失的"战争记忆"，以此推卸战争责任的本质特征。全书利用了大量的满铁原始档案资料、战后满铁会所刊行的各类书籍、满铁会人员所刊发的各种文章，并系统梳理了从第二次世界大战结束至2016年满铁会解体过程中，满铁会组织结构的变迁及不同发展阶段所呈现的不同活动特征，从而形成一部体系较为完整的满铁会活动史。

全书按照时间断线共分为六章内容。第一章满铁与侵华战争，共包括四节内容：第一节"文装武备"与"满洲经营"，第二节满铁与九一八事变，第三节满铁与"华北自治"阴谋，第四节满铁与七七事变，这一章全面回顾了满铁对中国资源掠夺和经济侵略的阶段性特征，以及在侵华战争中所担当的角色和所发挥的作用。第二章满铁会成立及权利保障，共包括三节内容：第一节满铁社友新生会，第二节财团法人满铁会成立，第三节满铁人员权利保障，这一章系统阐述了满铁会的发展历程及对满铁回国人员的权利保障。第三章地方满铁会的势力发展，共包括三节内容：第一节地方满铁会的建立及活动，第二节满铁会与日本政界，第三节"法人资格奉还"的交涉，这一章系统叙述了日本地方满铁会的势力发展情况。第四章满铁会的"文化弘报"及教育活动，共包括两节内容：第一节满铁会"文化弘报"的衣钵，第二节满铁会与日本教育，这一章详细说明了日本满铁会的文化活动，以及与日本的大学和高等教育的关系。第五章"满铁留魂碑"与"留魂祭"，共包括三节内容：第一节建立"满铁留魂碑"的筹备，第二节"满铁留魂碑"的建立，第三节"慰灵祭"与"满铁留魂祭"，这一章详细论述了"满铁留魂祭"和"慰灵祭"的主要内容。第六章满铁会"战争记忆"与"历史书写"，共包括两节内容：第一节田边敏行与丸沢常哉不同的历史认识，第二节满铁会的"战争认识"与"历史书写"，这一章系统分析了满铁会客观性缺失的"战争记忆"和"历史书写"，及对战后日本民众客观认识侵略战争所产生的消极影响。

第一章

满铁与侵华战争

日俄战争后，日本为了从俄国手中攫取在中国东北的各项权益，在后藤新平①"文装武备"殖民政策思想的指导下，于1906年11月在大连设立了南满洲铁道株式会社（以下简称"满铁"），并以中国东北为中心对中国展开政治侵略和经济掠夺，以期达到对华殖民统治目的。根据满铁调查报告书披露，满铁对华侵略主要是通过各种"调查"来攫取中国的各项权益，并为军事侵略提供各种军事情报。满铁在华近40年间，先后控制了中国铁路的修筑权和经营权、河流港湾的运营权、矿山的开采权和使用权、土地的经营与商租权、森林的采伐权，并且还通过对华借款和合办等方式，在中国改建铁路、扩建港湾、开办各种工厂、开设各种农牧业实验所和地质调查所，以此进一步达到对华侵略的目的。②可以说，满铁主要是通过以铁道为触角，对中国展开经济掠夺，并为关东军的侵略提供大量"调查"情报。

满铁在大肆掠夺中国东北资源的同时，还积极配合关东军对华发动侵略战争。从九一八事变爆发到日本战败投降，满铁在整个侵华过程中

---

① 后藤新平（1857—1929），是近代日本政治家、殖民主义扩张者，为明治、大正和昭和的三朝大臣。1874年进入福岛县须贺川医学校学习。1882年担任爱知县医学校校长兼任爱知县医院院长。1890年赴德国留学。1892年任内务部卫生局局长。1894年甲午战争爆发后，到明治天皇所在的广岛大本营工作。1895年任陆军检疫事务官长，同年9月任卫生局局长。1898年出任台湾总督府民政长官。1903年8月成为贵族院议员。1906年被封为男爵。1906年8月1日担任满铁第一任总裁。1908年4月访问俄国，提出联俄构想。1913年2月被推荐为总务委员。1916年任寺内正毅内阁内务大臣、外务大臣之职。1920年任东京市市长。1923年9月担任山本权兵卫内阁内务大臣。1928年11月晋升为伯爵。1929年4月病逝。

② 武向平：《满铁与国联调查团研究》，社会科学文献出版社2015年版，第1页。

第一章　满铁与侵华战争

所发挥的作用不仅仅是配角,而是与关东军共同行动的主角。九一八事变爆发后,满铁便在关东军的委托下,充分调动在中国东北的铁路运输资源,协助关东军组织大量的军事运输,并组成专用军列将关东军运送到战争前线,在整个战争期间满铁一直充当关东军的兵站基地。在侵略谋划方面,满铁更是积极配合关东军并推波助澜,起草各种东北自治文书,满铁还派出大量社员参与关东军各部门协助军事策划,协助关东军控制东北三省的财政和金融。满铁还不断地在东北进行舆论造势活动,并积极搜集中国各地政治、经济、外交、产业、交通等情报,为关东军对华军事侵略提供信息,尤其是满铁将当时中国东北的兵要地志图和资源图直接提供给关东军和当地日军守备部队。

在炮制伪满洲国方面,满铁也发挥了重要作用。在国联调查团来华期间,满铁应关东军之嘱托,制定各种应对国联调查团的策略与措施,并与关东军、驻奉天领事馆多次进行磋商,紧锣密鼓地"作成"各种说明材料,以此向国联调查团阐述日本在中国东北侵略的"合理性"与"合法性",并多次带领国联调查团委员参观满铁在东北的产业设施、营业设施和教育设施。其中,主要有公主岭农事试验场、兽医研究所、满蒙资源馆、大连"中央"试验所、大连码头、鞍山制铁所、抚顺煤矿、满铁图书馆、奉天公学校、奉天春日小学、满洲医科大学等,以此说明日本在中国东北经营的"盛况",从而达到掩盖日本侵华真相的目的。而且,满铁还在关东军的嘱托下同国联调查员进行会谈,阐述日本在华利益需求。1932年5月,时任满铁总裁内田康哉同李顿进行密谈,并向国联调查团递交了《满蒙问题个人关系及私见》的意见书,阐述满铁在"满蒙"问题上的一贯立场是主张"满蒙"是独立于中国之外的领土,"满蒙"是日本的生命线和利益线,满铁在"满蒙"进行了各种经营,日本在"满蒙"的各项权益必须得到保障。内田康哉这种"满蒙非中国领土论",实质是近代日本侵略中国东北领土主权的一贯主张与看法。这也进一步说明,满铁作为日本的"国策会社"在侵华战争中发挥着重要的作用。

九一八事变后,满铁彻底撕下了"企业"的假面具,主动投入关东军的麾下并与之紧密配合,并对关东军的侵华行动予以大力支持。其中，满铁在九一八事变爆发后将 904 号满列作为关东军高级军官专列，在东北地区成立了 18 个停车场司令部，动用了 1395 辆军用列车、装甲车、医用车，帮助关东军运送军队；向关东军参谋部、司令部、特务部、兵器部、无线电信部等多机构派遣 2600 余人参加侵华战争；成立沈海铁路保安维持会、东北交通委员会、奉山铁路管理局、松花江临时水运委员会、矿区接管委员会，控制了东北的铁路、河流港湾、矿山开采、地方治安等各行业；在瓦房店、大石桥、营口、鞍山、辽阳、沈阳、铁岭、开原、四平、公主岭、长春、本溪、丹东等地区成立满铁地方事务所，强化对东北地方的统治；拍制大量写真片向日本国内进行侵华战争的失真宣传；向日本国内派遣四个宣传班，进行侵华战争的情绪煽动和舆论造势。[1] 可以说，九一八事变爆发后，满铁便积极与关东军密切配合，在侵华战争中充分发挥了"国策会社"的作用。一·二八事变后，满铁不但伙同关东军策划塘沽协定谈判，制造"华北自治"阴谋，企图通过渐进的蚕食政策达到对华北地区的侵略。应关东军要求起草了《华北经济开发方针大纲案》《华北产业开发指导纲领》等文件，满铁所炮制的这些方案，实际上成为九一八事变后，日本对华进行经济掠夺和军事侵略的预案。[2]

　　七七事变爆发前，为了贯彻日本全面侵华方针，满铁在华北地区的经济调查迅速加强，并向日本驻中国屯军提出了《华北独立场合之金融独立政策》《日满华依赖关系经济调查》《华北财政关系》等调查报告书，并应日本驻中国军队的委托成立了"华北驻屯军乙嘱托班"，对华北地区的铁路、资源、水运、给水、税制、行政等进行特别调查并形成了 85 册调查报告书，为侵华日军在华北地区的经济掠夺提供了重要线索。[3] 1935 年 12 月，满铁秉承关东军之"意旨"成立兴中公司，作为对华经济工作的急先锋。关于七七事变爆发后，满铁全方位参与侵华战争，并应关东军之"嘱托"，抽调 3000 余人组成华北方面军宣抚班，任命满铁理事、铁道总局局长宇佐美宽尔担任宣抚班班长。宣抚班实质是

---

[1] 武向平：《满铁与国联调查团研究》，社会科学文献出版社 2015 年版，第 35—42 页。
[2] 解学诗：《满铁与华北经济 1935—1945》，社会科学文献出版社 2007 年版，第 27 页。
[3] 解学诗：《满铁与华北经济 1935—1945》，社会科学文献出版社 2007 年版，第 26—29 页。

日军战地政治特工别动队，其活动主要是侵华日军的武力后盾，通过逼迫中国群众举报抗日人员，打击抗日武装力量，网罗汉奸人员，与侵华日军的侵略行动相策应。[①] 太平洋战争爆发后，由于在海运方面受到英美联合打击，日本便加重对中国的资源掠夺，大肆展开对华北地区的经济掠夺，将华北地区的原材料变成半成品运往日本国内。掠夺华北地区的金融资本成为日本缓解太平洋战争压力的一项重要侵华措施。

第一节　"文装武备"与"满洲经营"

1868年，日本通过明治维新确立了殖产兴业、文明开化和富国强兵三大政策，在向资本主义近代化变革的同时也走上了以武力进行对外侵略扩张的道路。日本对外推行侵略扩张政策的最终目标，则是要通过发动一系列侵略战争来实现独霸中国和太平洋地区的扩张计划。[②] 为了实现独霸中国和太平洋地区的扩张计划，明治维新后日本便制定了一系列对外扩张目标。1872年2月，明治政府下令废除了兵部省，设置了陆军省和海军省，并使陆海军两省完全独立，由此近代日本军事进入了扩张时代。近代日本陆海军是依靠征兵制而建立起来的，组建的原则是统率权独立和统率权直接隶属于天皇的"皇国思想"。[③] 经过20多年的谋划与酝酿，日本于1894年发动了入侵朝鲜和中国的甲午战争，1895年与清政府签订了《马关条约》，迫使清政府割让了辽东半岛、台湾岛及其附属岛屿、澎湖列岛给日本，并赔偿日本军费白银2亿两。由此，辽东半岛成为日本在华进行军事扩张的基地。甲午战争的胜利，进一步助长了日本对外侵略扩张的野心。为了扫除独霸中国和太平洋地区扩张的障碍，日本又把侵略的矛头指向了俄国。经过近10年的策划与图谋，1904年日本便向俄国进行挑战，引发日俄战争。可以说，日本发动日俄

---

① 解学诗：《满铁与华北经济1935—1945》，社会科学文献出版社2007年版，第87—88页。
② 武向平：《1936—1941年日本对德同盟政策研究》，社会科学文献出版社2020年版，第25页。
③ 外山三郎：《日本海军史》，龚建国、方希和译，解放军出版社1988年中译本，第10页。

战争的最终目的,就是要从俄国手中攫取在中国东北的各项权益与利益。日本与俄国经过了 20 多天的交涉,于 1905 年 9 月 5 日签订了《朴茨茅斯条约》,最终以俄国出让在中国东北南部各项利益为代价结束了战争。《朴茨茅斯条约》实际上是日俄两国争夺亚洲霸权的最终产物,而最终的结果则是以牺牲中国的主权和利益作为交换的筹码,该条约对关于中国东北的条款事项作出明确规定:

第 1 条　(1) 除租借之辽东半岛地域不计外,所在满洲之兵,当按本条附约第一款所规定,由两国全数撤退;(2) 现被日俄两国军队占领及管理之满洲,全部交还清国接收施行政务,然辽东半岛地域不在此限;(3) 俄国政府声明,在满洲之领土上,利益或优先的让与或专属的让与,有侵害清国主权非一率均沾者,一概无之。

第 2 条　日俄两国彼此约定,凡清国在满洲为发达商务工业之起见,所有一切办法,列国视为当然者,不得阻碍。

第 3 条　俄国政府以清政府之允许,将旅顺口、大连湾并其附近领土领水之租借权内一部分之一切权利及所让与者,转移与日本政府。俄国政府又将该租借疆域内所造有一切公共及财产均移让与日本政府。两缔约国互约前条所定者须商请清国政府允诺,日本政府允将居住前开各地内之俄国臣民之财产权当完全尊重。

第 4 条　俄国政府允将由长春(宽城子)至旅顺口之铁路及一切支线,并在该地方铁道内所附属之一切权利、财产以及在该处铁道内附属之一切煤矿,或为铁道利益起见所经营之一切煤矿,不受补偿且以清政府允许者,均移让与日本政府。

第 5 条　日俄两国在满洲地方各自经营以工商业为目的之铁道,绝不经营以军事为目的之铁道。但辽东半岛租借权效力所及地域之铁道不在此限。

第 6 条　日俄两国政府为图来往输送均臻便捷期间,妥定满洲接续铁道营业章程,务须从速另订他约。①

---

① 苏崇民主编:《满铁档案资料汇编》第一卷《日本的大陆政策与满铁》,社会科学文献出版社 2011 年版,第 50—51 页。

可以说，《朴茨茅斯条约》的签订，使日本顺利地从俄国手中攫取了宽城子至大连的铁道及附属地的各项权益，为进一步对中国东北的侵略奠定了基础。

一　日本攫取"南满"权益

《朴茨茅斯条约》签订后，日本加大了对中国东北的军事侵略，妄图借此机会实现对中国东北的独霸政策。日本利用在东北驻军的有利条件，不断地掠夺东北各地的资源。其中，在营口之大东沟一带抢占土地；还违反中日会议东三省事宜附约的有关规定，擅自成立所谓的木植公司，在鸭绿江一带大肆开办木材厂，强迫当地的民众进山进行采伐；还控制了复州湾一带的盐滩和盐运，不缴纳各种捐税；还利用在当地的军事占领为借口，在安东、昌图、小塔子、通江口、棉花街、营口等地擅自收缴车税。[①] 日本在中国东北横征暴敛的行为，遭到了当地官民的反抗。1906年2月，清政府外务部向日本驻华公使馆致函《钦命全权大臣便宜行事军机大臣总理外务部事务和硕庆亲王为照会事》，该照会中将日本在东北地区的侵略行为一一列举，并强烈指出日本在东北地区的上述行为实际上是违反了中日会议东三省事宜附约第四款、第九款、第十款之规定，要求日本政府应该履行条约各原则，以重信约。同年7月，清政府再次照会日本驻华公使馆，谴责日本将尾明山、张家沟、大榆沟、茨儿山、樊神堡、缸窑村等地的煤矿占为己有，不准中国人开采之行为。[②] 但是，日本对于清政府的抗议不但置之不理，还变本加厉地加大了对东北三省资源的侵占和掠夺。

对于日本在中国东北资源的独占行为，也引起了英美等西方列国的不满。1906年3月，英国驻华公使馆要员霍杰曾对新民屯至奉天的铁路运输及周边情况进行考察，对日本人的风俗情况表示遗憾。而美国驻奉天领事对于"满洲的城市"只允许日本人居住和营业，尤其是军械、硫

---

① 苏崇民主编：《满铁档案资料汇编》第一卷《日本的大陆政策与满铁》，社会科学文献出版社2011年版，第81页。

② 苏崇民主编：《满铁档案资料汇编》第一卷《日本的大陆政策与满铁》，社会科学文献出版社2011年版，第86—87页。

黄等物资被日本人垄断，表示了极大的不满，并多次向日本发表声明。3月24日，美国以驻华公使的名义向日本发出了声明，该声明指出："我以美利坚合众国公使之名义，就有关日军占领之满洲地区内，不履行通商方面机会均等原则之报道，再次荣幸地促请日本帝国政府之严重注意。"① 4月2日，美国国务卿就英美烟草公司课税问题致函驻华公使馆，督促与日本进行交涉，妥善解决。4月10日，日本驻华盛顿代理公使致电首相西园寺公望，该电文指出："美国总统和国务卿对于日本在中国东北的市场独占表示了极大的不满，认为日本取代俄国转而独霸满洲市场，并以现存的军事占领为借口不允许外国领事与商人进入满洲，满洲不分奉天和大连均应立即开放，表现出光明正大的态度，此乃日本之利益之所在。"②

可以说，《朴茨茅斯条约》签订后，日本已经明目张胆地开始策划对中国东北的市场独占，并对土地和矿产等资源进行掠夺。日本在中国东北的独占行为，不但引起了中国东北官民的强烈不满，也进一步激化了日本与英美等西方各国之间的矛盾。1906年4月11日，日本首相西园寺公望致电英国、美国驻日大使馆，就"满洲开放"问题进行说明。该电函的具体内容如下：

  关于满洲开放一事，最近贵公使根据贵国政府之训令，曾一再以口头及书面向我国陈述，按帝国政府热望在满洲实行门户开放、机会均等原则，乃系毋庸置疑之事。但鉴于保卫军事机密之必要，并须考虑大军撤退时难免发生的混乱，帝国政府事出无奈，故属于我军占领地区及海港，对于外国人及外国船舶之自由出入，加以某种限制。然而当此我军的撤退正稳步而顺利进行之时，本大臣愿意根据以往所主张的此项原则，准备对外国贸易尽快开放满洲，因此已决定5月1日起允许外国人及外国船舶出入安东及大东沟，并允

---

① 苏崇民主编：《满铁档案资料汇编》第一卷《日本的大陆政策与满铁》，社会科学文献出版社2011年版，第86—87页。

② 苏崇民主编：《满铁档案资料汇编》第一卷《日本的大陆政策与满铁》，社会科学文献出版社2011年版，第90页。

许外国领事赴前之驻在地,望贵公使谅察是荷。关于奉天因为地处撤退之要塞,仍然处于混乱情况,故从6月1日起允许外国领事赴任,亦允许外国商人可于同日起进入同地区及属于日军占领之满洲其他地区,但在军事观点上有不便之处,当然不在此限。不过按照满洲内地的状况,本大臣希望阁下了解,实际上对内地旅行者很难及时给予妥善保护及提供方面,此等旅行者万一受到劫匪或其他不法者的某种危害,帝国政府方面难以负责,关于这一点,希望予以理解。关于大连,帝国政府有意尽速对外国商业开放港口,并且承认外国领事驻在该地。关于该问题之实现,目前正在进行有关准备。一俟准备就绪即当另行通知。另外,从日本军事占领区域进入占领区域,或反向而行者,虽有上述之措施,但须根据去年10月30日于四平街日俄两国满洲军总司令官代表间签订的备忘录中所规定事项施行。[①]

《朴茨茅斯条约》签订后一年时间里,由于日本加大了对中国东北的侵略,便激化了日本与中国东北官民的矛盾,也引发与英美等西方列强的利益冲突与纷争。从引发矛盾与纷争的焦点来看,一是由于日本在中国东北强买土地、掠夺矿产、霸占森林、控制港湾、抢占铁路等侵略行为危害到了中国的民族利益;二是由于日本在中国东北的独占市场触及了英美等各国在中国的经济利益。只要日本不放弃独霸中国和太平洋地区的扩张欲望,这两种矛盾与纷争的变化及发展便不会停止,其结果必然要引起新的冲突和战争。

二 "文装武备"的侵略思想

日俄战争后,日本虽然顺利地从俄国手中攫取了中国东北南部的各项权益,但日本人认为"这种战争成果也是日本以牺牲众多生民为代价、以大和民族生死存亡为赌注而换取的"。[②] 因此,关于如何"经营满

[①] 苏崇民主编:《满铁档案资料汇编》第一卷《日本的大陆政策与满铁》,社会科学文献出版社2011年版,第90—91页。
[②] 财团法人满铁会「満鉄留魂碑建立報告書」、1982年、第14页。

洲"成了日俄战争后日本举国上下都关注的一个重要问题，但当时日本军政两方与民间在"满洲经营"问题上也存在着意见分歧。于是，为了确立在中国东北推行长期占领的侵略政策，日本首相西园寺公望便带领"满洲经营委员会"成员赴中国东北进行实地考察。当时，随从人员主要有大藏大臣若槻礼次郎、预算课课长市来乙彦、外务省政务局局长座园次郎、农商省农务局局长酒勾长明、递信省铁路技师野村龙太郎、陆军省炮兵课课长山口胜，再加上一些后勤人员共计20余人。① 西园寺公望等人这次赴东北考察并不是公开进行，而是通过乔装改扮私访的形式进行。1906年4月，西园寺公望带领着视察团从大连登陆，沿途考察了旅顺战场，以及从辽阳至奉天沿途各地的情况。这次东北探查为期一个月，于5月15日返回日本。西园寺公望此次东北之行并不是一次简单的旅行，而是全面地考察了日俄战争后辽宁省各地日本驻军的情况，以及中国地方军事防御要塞和当地官民的大体情况，其目的是为下一步"经营满洲"做好实地考察。

　　西园寺公望回到日本，便召集幕僚研究对中国东北的侵略政策。1906年5月22日，由伊藤博文主持召开了"满洲问题协议会"，参加这次协议会的均为日本军政及各界的要员，主要有统监伊藤博文、枢密院院长山县有朋、元帅大山岩、井上馨、枢密顾问官松方正义、首相西园寺公望、陆军大臣寺内正义、海军大臣斋藤实、大藏大臣阪谷芳郎、外务大臣林董、陆军大将桂太郎、海军大将山本权兵卫、参谋总长儿玉源太郎。② 这次协议会召开的目的，就是要制定一系列统治中国东北的长久之策，即要变换对中国东北的侵略战略，既要避免与西方各国的矛盾冲突，又要减缓与中国东北各地官民的矛盾激化。伊藤博文作为统监还提交了《关于满洲问题的提案》，关于中国东北的统治政策提出了如下意见："在适当时机修改关东总督的名称；军政可以不等到撤兵期限结

---

① 苏崇民主编：《满铁档案资料汇编》第一卷《日本的大陆政策与满铁》，社会科学文献出版社2011年版，第93页。
② 苏崇民主编：《满铁档案资料汇编》第一卷《日本的大陆政策与满铁》，社会科学文献出版社2011年版，第97页。

束便逐渐废除；在维持地方秩序方面，准许北洋军开进南满地区；早日实行大连开放，并废除在该港所征收的中国沿岸的贸易税；准许外国人在安定县新市街及南满铁道火车站用地内居住营业，但对俄国人须相互做出同样之规定；准许俄国人回旅顺居住，但以日本人回到哈尔滨地区居住为条件；营口道台的赴任，须尽快批准；与清国召开让渡新民屯至奉天铁道的协商会；停办木材厂事业，关于鸭绿江森林联合经营之事，迅速同清国召开协商会；奉天城内及其他各处的手推车路轨，凡真不能用者应迅速撤除，或让与民间，并确定日清联合经营计划；废除军政官向清政府人征收的车船税。"① 以上是伊藤博文在《关于满洲问题的提案》中提出的解决中国东北诸争端的提案，从上述内容可以看出，日俄战争后日本对中国东北的侵略政策与以往相比有明显的变化，既要达到对"满洲"的长久统治，又要减缓与中俄之间的矛盾与纷争。也就是说日本对中国东北的侵略从以往与俄国单纯的武力争夺向"文事"侵略方向转换，这是满铁设立的前提基础。

日俄战争后，关于在中国东北采取何种侵略政策，日本朝野上下纷纷献计献策，最后由后藤新平起草的《满洲经营梗概》被明治政府采纳。1905年夏，时任台湾总督府民政长官的后藤新平到中国东北进行了实地考察。后藤新平先后考察了安东至奉天、奉天至新民屯之间的军用铁路及烟台支线，以及营口、大连等港湾设备。这次实地考察结束后，后藤新平对"满洲经营"提出了六点建议："（1）改革野战铁路与军用线组织；（2）如果不能将东省的铁路通过大连、安奉路、朝鲜铁道与日本国内铁路相联络，使南满洲铁道成为亚欧的公路，即使日本获得了东省铁路，南满铁路仍是一条死路；（3）把新民屯为终点的京奉铁路延长至南满铁路的奉天站，使满洲与华北连成一片；（4）开发满洲农业，将其变为北美大农地；（5）把吉长铁路延长至北朝鲜出海口，使之与海参崴形成对抗，最大限度地考虑满洲物产由日本经营铁道输出

---

① 苏崇民主编：《满铁档案资料汇编》第一卷《日本的大陆政策与满铁》，社会科学文献出版社2011年版，第102页。

方案；(6) 要效仿台湾在满洲设立大调查部和中央试验所，来获得满洲的天然资源。"①

以上是后藤新平赴中国东北考察后提出的"满洲经营"战略。由于后藤新平在台湾担任民政长官时对台湾的殖民统治比较有经验，他的"满洲经营"意见也得到儿玉源太郎的支持。后来，在儿玉源太郎的授意下，由后藤新平起草了《满洲经营梗概》，这是日俄战争后日本对中国东北侵略的新方案。该意见书中明确提出了要通过铁路为主、军事为辅的侵略政策来达到对中国东北的殖民统治。具体内容为："战后满洲经营唯一秘诀在于，表面上伪装经营铁路，暗地里实行百般设施。根据这一秘诀，应使租借地内的统治机关与所获铁路经营机关完全分离，铁路经营机关必须故作除铁路以外与政治及军事毫不相干之姿态……作为铁路经营机关，另设立南满铁道厅，为政府直辖机关，使之担任铁路营业、线路守备、矿山开采、移民奖励、地方警察、农工改良，同俄清两国交涉事宜并整理军事情报，平时负责部分铁道技术教育工作。但我国所取得之铁路，系由长春至大连干线及许多支线构成，其中一部分通过辽东都督管辖地区，故总督府与铁道厅之间，无不发生意见冲突之虞。为防患于未然，提到厅长须由总督兼任。提到守备队应由辽东总督麾下的军队中派遣，有关守备任务，应受铁道厅厅长指挥。"②

在《满洲经营梗概》中，后藤新平还就铁道厅的编制提出了具体意见，即铁道厅长官、次官下设总务局：秘书课、统计课、人事课、法制课，营业局：庶务课、运输课、汽车课、工务课、矿山课，经理局：主计课、材料课、建筑课、监督课、金柜课，地政局：地方课、商务课、通信课、学务课，警务局：军事课、警察课、卫生课；满洲铁道署长下设站长、副站长、站员；理事署下设交涉、警察、邮电、农业、学校、病院；商工业下设银行、杂货、旅店、浴池、理发馆、饭馆等。③ 以上

---

① 苏崇民主编：《满铁档案资料汇编》第一卷《日本的大陆政策与满铁》，社会科学文献出版社2011年版，第102页。

② 苏崇民主编：《满铁档案资料汇编》第一卷《日本的大陆政策与满铁》，社会科学文献出版社2011年版，第112页。

③ 苏崇民主编：《满铁档案资料汇编》第一卷《日本的大陆政策与满铁》，社会科学文献出版社2011年版，第112页。

是后藤新平在《满洲经营梗概》中所设计的铁道厅编制的主要情况，该编制后来成为满铁机构组成的基础。

1906年6月7日，天皇颁布第142号敕令设立满铁，即"朕裁可南满洲铁道株式会社条例，兹予以公布"。① 满铁设立的敕令颁布后一个月，7月13日便成立了满铁设立委员会，陆军大将儿玉源太郎担任满铁设立委员会委员长，委员由法制局、外务省、大藏省、陆军省、海军省、农商省、制铁所、递信省、关东州民政署等80多名军政要员组成，这足以显现满铁是日本侵略中国东北的中心机构。7月22日，后藤新平应召进京，并拜见了首相、内务大臣、参谋总长等人，阐述"满洲经营"的理念。8月1日，明治政府发布了由递信大臣山县伊三郎、大藏大臣阪谷芳郎、外务大臣林董等三大臣关于设立满铁的命令书，该任命书由26条构成，全面设计了日本对中国东北将以铁道为中心展开资源掠夺和经济侵略的目标。其中，第1条明确规定"日本在中国东北经营的铁路主要有大连至长春、南关岭至旅顺、大房身至柳树屯、大石桥至营口、烟台至烟台煤矿、苏家屯至抚顺、奉天至安东县等，铁路的经营全部由满铁控制，并提出大连至长春、大连至苏家屯之间的铁路要修筑复线"。② 第8条中又规定"日本在中国东北所拥有的财产包括《朴茨茅斯条约》所规定从俄国手中所接管的各条铁路，满铁附属地与铁路有关的一切财产，抚顺煤矿与烟台煤矿"。③ 三大臣任命书更加明确了满铁作为日本的"国策会社"在对华侵略中所承担的重要任务。

第二节 满铁与九一八事变

满铁作为日本的"国策会社"，从其成立到解体在日本侵华战争中

---

① 日本国立公文書館档案（アジア歴史資料センター）『太政官・内閣関係/御署名原本（明治）/明治39年/勅令』、「御署名原本・明治39年・勅令第百四十二号・南満洲鉄道株式会社ニ関スル件」（A03020674400）、明治39年6月7日。

② 苏崇民主编：《满铁档案资料汇编》第一卷《日本的大陆政策与满铁》，社会科学文献出版社2011年版，第129页。

③ 苏崇民主编：《满铁档案资料汇编》第一卷《日本的大陆政策与满铁》，社会科学文献出版社2011年版，第130页。

始终扮演着重要角色，满铁在中国的活动本身就是一部侵华史。九一八事变爆发前，满铁一直在企业经营的掩盖下对中国展开"资源调查"和"兵要地图调查"，随着日本侵华战争的扩大，满铁也开始由从事掩盖性的"调查"活动向公开发动配合关东军的军事侵略行动转变。因此，九一八事变爆发后，满铁在侵华战争中的地位和作用又被赋予了新的内容和含义。具体而言，满铁在九一八事变后彻底撕下了以营利为目的的企业假面具，在整个九一八事变中与关东军紧密配合并发挥了巨大作用。从1926年4月至1929年4月，满铁协助关东军对中国东北地区展开了为期三年的以军事情报搜集和探查为中心的"参谋旅行"，为发动九一八事变做了军事探查的全面准备。满铁还在关东军的协助下成立了"满洲青年联盟"，在长春、吉林、沈阳、大连、哈尔滨等十几个城市和日本国内各府县开展舆论造势活动，为日本发动九一八事变进行舆论宣传。

九一八事变爆发后，满铁积极配合关东军动用铁道专列运送军队，并从技术部、业务部中派遣2600多名社员到关东军管辖的参谋部、特务部、线区司令部、副官部、兵器部、经理部、热河出勤部队、特殊无线通信部、海拉尔特务机关、采金事业调查部、步兵第16旅团、奉天省政府、奉天实业厅、奉天财政厅、奉天市政公所、东三省官银号、吉林官银号、东三省交通委员会、自治指导部、奉山铁路、吉长吉敦铁路、沈海铁路、四洮铁路、洮昂及齐克铁路、齐克建设事务所、呼海建设事务所、呼海线派遣员事务所、龙江时局事务所、松花江水运署、热河关系社外线等各部门进行作业，积极参与侵华战争。[1] 满铁不但派遣众多社员到关东军所管辖的部门进行作业，还在九一八事变中承担了大量的军费，数额总计2743185.62日元。[2]

在国联调查团来华期间，满铁还与关东军、驻奉天领事馆多次进行秘密磋商，制做应对国联调查团的各种材料，开设地方事务所，引

---

[1] 南満洲鉄道株式会社総務部資料課編『満洲事変と満鉄』（極秘）、南満洲鉄道株式会社、1934年、第295—297頁。

[2] 南満洲鉄道株式会社総務部資料課編『満洲事変と満鉄』（極秘）、南満洲鉄道株式会社、1934年、第539—541頁。

导国联调查团对公主岭农事试验场、兽医研究所、满蒙资源馆和大连中央试验所等产业设施，对大连码头、鞍山制铁所和抚顺煤矿等营业设施，对奉天公学校、南满中学堂、奉天春日小学和满洲医科大学等教育设施进行视察，向国联调查团展现满铁在中国东北经营的"盛况"，以此来掩盖日本侵略中国东北的真相。满铁还在国联调查团来中国东北调查前，与关东军紧锣密鼓地炮制伪满洲国政权，并将245名满铁要员安插到伪满洲国政治中心担任要员，将伪满洲国政权核心控制在日本人手里。在关东军的委托下，满铁总裁及要员多次同国联调查员进行会谈，阐述日本在华的利益需求。1932年5月，满铁总裁内田康哉同国联调查委员进行了会谈并向国联调查团提交了《满蒙问题个人关系及私见》意见书，阐述日本在"满蒙"问题上的一贯立场，提出"满蒙非中国领土"论，要求日本在"满洲"的各项侵略权益必须得到保障。

一 满铁参与关东军"参谋旅行"

随着日本对中国东北军事侵略的需要，关东军便在满铁的大力协助下对中国东北展开了以军事探查为目的的"参谋旅行"。从1926年7月至1929年4月，满铁协助关东军对中国东北进行了数次"参谋旅行"。

第一次"旅行"的地点主要是从长春至旅顺满铁沿线的主要地区，包括长春、公主岭、奉天、大连、鞍山、辽阳、普兰店、瓦房店、盖平、大石桥、虎石台、开原、铁岭、本溪湖、连山关、凤凰城、汤山城、丹东、大东港等。[①] 参加者主要包括满铁与关东军两部分人员，关东军方面主要是独立守备队第二大队中尉以上的军官，满铁主要是关东军嘱托，共计50余人。这次"旅行"的目的主要是了解满铁附属地日本驻军情况，并对各地驻军的情报业务进行考察。1926年8月，满铁嘱托后宫淳、关东军情报参谋河本大作、关东军参谋尾崎义春三人在奉天满铁俱乐部进行了演讲。在这次演讲中向满铁附属地的驻地官兵进一步重申"满铁是日本开发满洲的基础，与东印度公司具有相同的性质，必

---

① 武向平：《满铁与国联调查团研究》，社会科学文献出版社2015年版，第22页。

须时刻谨记上述宗旨来经营满铁，这也是日本天皇的意图。满铁是日俄战争中日本用生命换来的成果，满铁是日本在满洲多年来所保存下来的权益和利益，必须加强铁道警备来坚守满铁"①。第二次"旅行"地点主要是哈尔滨、掖河、绥芬河、东宁、宁古塔等地区。第二次"旅行"主要是实地调查了在中俄边境日本对苏联间谍情报工作开展情况，以及日本在当地的驻军和日本侨民的分布状况，对哈尔滨的特务机构重新进行调整，把主要力量放在了对东宁的警备上，在中国东北对苏联谍报工作的费用投入由原来的每年10万日元增加到20万日元。② 第三次"旅行"的地点主要是海拉尔、满洲里、齐齐哈尔、洮南、昂昂溪、郑家屯、兴安岭、不哈图等地区。这次"旅行"的目的主要是侦察在内蒙古、兴安岭地区对苏联的军事防御和情报间谍情况，并加大了上述地区对苏作战的军事防御设施。③ 第四次"旅行"的地点主要是铁岭、开原、四平和公主岭等地区，满铁经济调查局经济部部长奥村慎次、满铁本社铁道部次长谷川善二郎、满铁本社铁道部部长宇佐美宽尔等高层人员参加了"旅行"。这次"旅行"的目的主要是调查张作霖军队修建的大郑铁线和沈海线的运输情况。④ 第五次"旅行"的地点是锦州以西50公里处的高桥镇，参与人员是关东军的河本大作、石原莞尔、川越守二三人，目的是对张作霖在东北的军队实行现场探查。随后，满铁与关东军又在中国东北进行了多次"参谋旅行"，一直持续到九一八事变爆发前。

以上是满铁与关东军进行"参谋旅行"的大体情况。满铁与关东军进行"参谋旅行"的目的主要是探查中国东北地区军事布防情况，以及日本在中苏边境对俄国军事情报的搜集情况。这些"探查"活动是满铁与关东军共同谋划下完成的，满铁为关东军提供了军事费用和调查资料。这足以说明，在九一八事变爆发前满铁已经开始参与关东军对中国

---

① 中央档案馆档案：《河本大作笔供》，119—2，1103，2，第26号，吉林省社会科学院满铁资料馆解学诗先生藏。

② 中央档案馆档案：《河本大作笔供》，119—2，1103，2，第26号，吉林省社会科学院满铁资料馆解学诗先生藏。

③ 中央档案馆档案：《河本大作笔供》，119—2，1103，2，第26号，吉林省社会科学院满铁资料馆解学诗先生藏。

④ 中央档案馆档案：《河本大作笔供》，119—2，1103，2，第26号，吉林省社会科学院满铁资料馆解学诗先生藏。

东北的准军事行动。

九一八事变爆发前，满铁不但积极参与关东军对中国东北的军事探查活动，还同关东军一起在中国东北掀起了"满洲是大日本帝国不可分割的部分""满蒙非中国领土论"的舆论造势活动，于1928年5月同关东军、满洲日日新闻社一同策划下成立了"满洲青年联盟"，"满洲青年联盟"的主要负责人是河本大作、满铁本社的总务部部长平岛敏夫、满铁本社庶务课课长中西敏宪、满铁日日新闻社社长村田懋麿等。"满洲青年联盟"最初是从长春、吉林、敦化、奉天、大连、安东、营口、本溪湖、辽阳、大石桥、鞍山、哈尔滨、郑家屯、齐齐哈尔、新民屯等地选出30人作为代表，后来在满铁的大力扶植下人员数量达到2579人。① 在中国东北地区先后建立了旅顺支部、大连支部、金州支部、瓦房店支部、熊岳城支部、营口支部、大石桥支部、鞍山支部、抚顺支部、沈阳支部、开原支部、四平支部、公主岭支部、长春支部、哈尔滨支部、安东支部、鸡冠山支部、本溪湖支部、吉林支部19个支社。② "满洲青年联盟"在中国东北、华北及日本国内进行"满蒙问题"的舆论宣传，在满铁和关东军的大力支持下，会员数量、活动范围和规模不断扩大，使舆论造势活动扩大到中国东北20多个地区，还组织人员到日本国内进行宣传，形成了强大的对华发动侵略战争的舆论阵地。满铁和关东军便利用这种舆论宣传势头，将"满洲青年联盟"作为推动在"满蒙"地方行政工作的先遣兵。关于"满洲青年联盟"造势活动的影响，满铁本社庶务课课长中西敏宪曾经指出："满洲青年联盟创立之初，由于张学良在东北推行反日运动，使日本人在满洲的活动四处碰壁，几乎处于走投无路的状态。为了扭转这种局面，当时满铁地方部部长保保隆矣主张在满蒙问题上通过发动青年人来打开局面是最重要的，要把援助满洲青年联盟作为在满蒙地方行政工作的重要任务来完成。"③

由此可以看出，满铁与关东军利用"满洲青年联盟"不断地在中国

---

① 南铁档案：乙种，总体，庶务，杂件，第4册之3，第15号，转引自解学诗主编《关东军满铁与伪满洲国的建立》，社会科学文献出版社2015年版，第103页。
② 南铁档案：乙种，总体，庶务，杂件，第4册之3，第15号，转引自解学诗主编《关东军满铁与伪满洲国的建立》，社会科学文献出版社2015年版，第103页。
③ 宫内勇『満洲建國側面史：建國十周年記念』、新経済社、1942年、第66—67頁。

东北和日本国内制造"满蒙问题"舆论高潮,为日本发动九一八事变进行舆论造势与宣传。

二 满铁与九一八事变

1931年9月18日,关东军作战课参谋石原莞尔和板垣征四郎经过秘密策划,炸毁了满铁线路柳条湖一段,关东军便借机诬蔑是中国东北军所为,并以自卫为名乘机发动九一八事变。① 九一八事变爆发后,满铁便应关东军之请积极参与到事变当中。满铁不但成立地方事务所和临时机构,还动用专列为关东军进行军事运输,并派遣大量满铁社员到关东军管辖各部门进行作业。满铁还协助关东军控制东北占领区的地方政治、经济、军事、行政、财政和交通,并将满铁附属地提供给关东军作为军事用地,还协助关东军负责对外联络与宣传等。

九一八事变爆发当天,关东军便要求满铁承担军事运输任务。9月19日,关东军中野参谋便向旅顺站站长发去急电,要求满铁准备应急列车进行军事运输,满铁便将滞留在旅顺的列车编成军用运输队。9月20日,关东军参谋长向满铁下达指令,要求满铁设立"临时铁道线区司令部"。9月21日,满铁应关东军之要求,从沈阳事务所铁道课选出5名业务员,与关东军派出的要员一起在沈阳成立了"临时铁道线区司令部",所有人员均由关东军统一调遣,主要负责满铁线以及邻近铁道线的军事运输任务。另外,满铁还在锦州、沈阳、辽阳、长春、哈尔滨、齐齐哈尔等地设立了"临时铁道线区司令部支部",在沈阳、大连、丹东、北票、绥中、彰武、吉林、敦化、哈尔滨、一面坡、海林、松浦、绥化、海伦、齐齐哈尔、昂昂溪、扎兰屯、海拉尔等地设置了18个"停车场司令部"。② "铁道线区司令部"在承担军事运输指挥任务的同

---

① 关于九一八事变爆发的原因,国内外学者曾进行了深入研究与探讨,研究成果也举不胜举。中日两国也曾组成中日共同历史研究委员会,就这一问题进行了深入研究。日方代表户部良一曾指出:"在陆军省和参谋本部的设想中,为了得到国内外理解与支持,需要进行一年左右的舆论工作,柳条湖事件发生过早了,但既然关东军断然行使了武力,支持关东军的行动也被视为是理所应当的。"参见中日共同历史研究中方委员会编《中日共同历史研究日方报告书翻译稿》(2010年,第199页)。

② 南満洲鉄道株式会社総務部資料課編『満洲事変と満鉄』(極密)、南満洲鉄道株式会社、1934年、第12頁。

时，还负责军事运输联络、军队出动与军事运输立案，以确保满铁能够在第一时间接到关东军所下达的军事运输指令。① 为了使关东军的军事运输任务能够有效得以保障，满铁还在大连、营口、锦州、沈阳、四平、长春、洮南、齐齐哈尔等地设置了 8 个"临时时局处理事务所"，还设置了 40 多个无线电通信、军事运输、铁道修理、通信联络等机构。② 满铁的有关数据显示，从 1931 年 9 月至 1932 年 3 月，满铁共出动军用列车运输 1001 次，装甲车运输 388 次。③ 在九一八事变爆发期间，满铁还承担了关东军的大部分军费，总额 2743185.62 日元，承担的部门主要是满铁总务部、庶务部、商业部、地方庶务部、人事课、经理课、会计课、用度课、技术局、铁道工厂、抚顺煤矿、鞍山制铁所、东京支社等。④

满铁还利用地方事务所进行情报搜集和舆论宣传。满铁宣传的地点主要有瓦房店、大石桥、营口、鞍山、辽阳、沈阳、铁岭、开原、四平、公主岭、长春、本溪湖、安东等地方事务所，所搜集的情报主要包括东北的政治、军事和社会等情报。⑤ 满铁总务部庶务课还选派出专人负责写真和摄影，编造并印发日本侨民在中国东北受害的新闻，以及中国东北的反日、抗日运动。其中，制成的写真片有《满蒙暴行》（10 卷）、《辽西劫匪》（5 卷）、《建国之春》（3 卷）、《结成协和》（2 卷）、《本庄将军斡旋》（1 卷）、《守卫热河》（2 卷）、《北满旷野开拓者》（3 卷）。⑥ 在这些片面的报道与宣传中，丝毫未见侵华日军在中国东北的侵略暴行，而均是对日本侵华丑恶行径的美化。

---

① 南満洲鉄道株式会社総務部資料課編『満洲事変と満鉄』（極密）、南満洲鉄道株式会社、1934 年、第 12 頁。
② 南満洲鉄道株式会社総務部資料課編『満洲事変と満鉄』（極密）、南満洲鉄道株式会社、1934 年、第 12 頁。
③ 南満洲鉄道株式会社総務部資料課編『満洲事変と満鉄』（極密）、南満洲鉄道株式会社、1934 年、第 33 頁。
④ 南満洲鉄道株式会社総務部資料課編『満洲事変と満鉄』（極密）、南満洲鉄道株式会社、1934 年、第 539—541 頁。
⑤ 南満洲鉄道株式会社総務部資料課編『満洲事変と満鉄』（極密）、南満洲鉄道株式会社、1934 年、第 365—372 頁。
⑥ 南満洲鉄道株式会社総務部資料課編『満洲事変と満鉄』（極密）、南満洲鉄道株式会社、1934 年、第 409—411 頁。

为了在日本国内掀起侵华战争的舆论高潮，满铁还派出大量社员组成四个宣传班到日本各地进行宣传。其中，第一宣传班由满铁社员两名、关东军参谋本部大尉两名、满铁社外理事一名组成。宣传的地点在新潟、高田、若松、新发田、秋田、青森、仙台等地区。第二宣传班由满铁社员两名、关东军参谋本部中佐两名组成。宣传地在甲府、松本、长野、上田、高崎、前桥、宇都宫、沼津、静冈、滨松、丰桥、名古屋、岐阜等地区。第三宣传班由满铁社员两名、关东军参谋本部大尉两名组成。宣传的地点是富山、金泽、福井、敦贺、舞鹤、京都、大津、奈良、鸟取、松江等地区。第四宣传班由东亚经济调查局社员两名，关东军参谋本部中佐一名、大尉一名，满铁社外调查课长一名组成。宣传的地点是神户、姬路、冈山、尾道、广岛、下关、松山、德岛、和歌山等地区。① 宣传读物有《满蒙与日本及日本人》《满洲事变写真册》《满洲读本》《满洲移民资料考察》《满洲的农业》《满铁与满蒙》《抚顺煤矿》《鞍山制铁》等。② 满铁通过这些宣传读物的刊行及发表，达到对日本发动侵华战争和在中国东北殖民统治的宣传粉饰目的。正是由于这种去侵略性的报道与宣传，人为地歪曲和掩盖了日本发动侵华战争的真实目的，以此达到蒙蔽日本普通民众对日军侵略行为的正确解读与历史客观性的全面认知。另外，满铁还为关东军起草各种宣传文书，编制各种文件，为日本进一步发动侵华战争打造战争舆论。

综上所述，九一八事变爆发后，满铁不但承担关东军的军事运输任务，负担大量的战争经费开支，还将大批满铁社员派遣到关东军所管辖各部参与侵华战争，并协助关东军控制中国东北各地政权，而且在情报搜集和舆论宣传上也对关东军进行大力支持。所以，满铁在九一八事变中真正发挥了"国策会社"的作用。松冈洋右在回忆满铁在九一八事变中的作用时曾指出："满洲事变是在关东军与满铁的共同行动下完成的。"③

---

① 南満洲鉄道株式会社総務部資料課編『満洲事変と満鉄』（極密）、南満洲鉄道株式会社、1934年、第411—412頁。
② 南満洲鉄道株式会社総務部資料課編『満洲事変と満鉄』（極密）、南満洲鉄道株式会社、1934年、第412—413頁。
③ 日本外務省檔案（微縮膠卷）：Wt7、松岡洋右「興亜の大業」、1941年、第65—67頁。

三 满铁"应对"国联调查团

满铁是日本为了侵略中国而设立的"国策会社",必然在对华战争中发挥重要作用。所以,九一八事变爆发后,满铁不仅担负着在华进行资源"调查"和经济掠夺的任务,还与关东军、驻华领事馆紧密配合,制定各种应对国联调查团的政策。1931年12月,国联调查团派遣案正式形成后,满铁要员伊藤武雄、田中盛枝,关东军要员松井太久郎、矢崎勘十,驻奉天领事馆森冈领事和法华律官补等,在奉天大和旅馆召开紧急磋商会议,就"应对"国联调查团做出了如下应对方案:(1)满铁、关东军和驻奉天领事馆进行分工,作成"应对"国联调查团材料;(2)确定"应对"材料的说明范围和内容;(3)"应对"材料汇总驻奉天领事馆后,分别译成英文;(4)满铁、关东军和驻奉天领事馆定期召开磋商会议。[①] 这次磋商会议结束后,满铁、关东军和驻奉天领事馆便开始进行各种准备,随后又召开了三次协议会,并就接待国联调查团的任务进行了明确分工。具体如下:(1)满铁主要负责铁路、汽车、住宿、旅行等各项工作;(2)关东军主要负责在华各机关间的协调和联络,协助外务省做好"应对"及接待工作;(3)驻奉天领事馆主要是根据日本政府的既定方针进行一般性的指导和接待,并要负责国联调查团同日本政府间的联系;(4)关东厅承担的事项主要是同宪兵队密切联系,负责国联调查团来华期间的警务工作,并监控中国民众的言行及通信设备。[②]

满铁、关东军、驻奉天领事馆还确立了"应对"国联调查团的指导原则和接待方针,目的是诱使国联调查团能够对日本在华侵略行为予以肯定。具体内容如下:(1)要使国联调查团能够充分地认识日本在"满洲"的地位与经营情况,不要单纯地让国联调查团仅局限于"满洲事变"进行调查,应尽量使国联调查团能够对"满洲"的地理、历史、经济、民族和文化等进行全面的了解;(2)为了能够使国联调查团从根本

---

① 南満洲鉄道株式会社総務部調査課編『満鉄国聯調査記録 第一編 満洲に於ける調査委員会と満鉄 第二部 満鉄の活動』、1933年、第1—2頁。
② 田中清手記「国際聯盟調査委員会の満洲視察」(極密)、1932年、第98—99頁。

上理解"满洲"各事情，应给予必要的"引导和帮助"，使国联调查团在"满洲"能够愉快地展开调查；（3）要从日本自身的立场出发，特别是作为负有接待任务的各机关要明确表述真实意图，并将正式发表意见和阐述个人见解加以区分；（4）选择适宜时间，可以以个人身份公开进行接待，也可以让其他民族代表进行接待；（5）要让国联调查团有机会充分听取各方面的意见，要注意给国联调查团提供更多的视察事业的机会，避免过多进行没有实际意义的宏观性接待；（6）与国联调查团会谈时要开诚布公，切不可采取恳求和迎合的态度；（7）在警备方面要采取必要的措施，但要避免露骨的监视和干涉，要避免因束缚人身自由等不愉快事情的发生。[①]

为了在国联调查团来华前提前做好准备工作，1932年1月10日，关东军参谋长三宅光治给满铁副总裁发了一份《国际联盟中国调查委员之件》的嘱托函。该嘱托函明确指出："国际联盟调查团来满洲之时，关于满洲问题的说明要依赖于贵社。根据需要，在军事行动方面诸问题主要由我方（指关东军）来进行说明。我帝国在满洲一般活动的说明要全部依靠贵社。关于日本在满洲之行动，一方面在国际法上要体现其理所当然之宗旨，另一方面从东亚伦理道德上要强调是基于正义之要求。对此万望予以斟酌，并做好准备。"[②] 2月18日，满铁便以总务部调查课、东京支社、上海事务所、北京公所、奉天事务所等各机构的要员为主体组成了"满铁应对国联调查团准备委员会"（以下简称"准备委员会"）。该"准备委员会"的主要任务是做成应对文献资料、对国联调查团说明事项、旅行及接待事务、在团情报发送等方面进行筹划。"准备委员会"的人员构成主要有：委员长由总务部部长山西恒郎担任，委员有总务部次长山崎元干、总务部外事课课长中野中夫、总务部调查课课长伊藤武雄、总务部嘱托岸田应治、总务部嘱托金井清、经济调查会副委员长石川铁雄、监理部次长田所耕耘、铁道部次长羽田公司、铁道部营业课课长山口十助、铁道部联运课课长伊藤太郎、地方部地方课课

[①] 田中清手記「国際聯盟調査委員会の満洲視察」（極密）、1932年、第98—99頁。
[②] 田中清手記「国際聯盟調査委員会の満洲視察」（極密）、1932年、第103—104頁。

长粟屋秀夫、经理部次长市川健吉，干事有庶务部庶务课林显藏、庶务部文书课坂仓真五、庶务部文书课佐藤政吉、庶务部外事课小岛宪市、庶务部调查课宫本通治、庶务部调查课渡边谅、经济调查会田中盛枝、铁道部营运课小池文雄、铁道部营运课加藤郁哉、铁道部联运课关弘、铁道部旅馆事务所井上芳雄、地方庶务课武田胤雄、东京支社井上滨介、上海事务所野中时雄、奉天事务所押川一郎、奉天事务所大里甚三郎、奉天事务所大迫幸男等。①

"准备委员会"成立后，满铁便开始进行应对国联调查团的资料准备。1932年2月29日，东京支社社长向大连本社发来急电，告知"调查委员到达满洲后，可能专门就铁路问题提出质询，对此，外务省要求事先选派好能够胜任的接待人员，万望做好准备"。②满铁总务部与铁道部要员召开紧急磋商会议，决定由满铁选派代表就铁道运营、线路和借款等事项向国联调查团进行说明，而涉及外交等问题由外务省进行交涉。③经过磋商后决定，组成"满铁铁道问题说明委员会"，向国联调查团进行有关满铁事项的说明。"满铁铁道问题说明委员会"由铁道部营运课课长山口十助、工务课课长山领真二、联运课课长伊藤太郎、联运课课员角田壮太郎等人组成，负责人是山口十助，角田壮太郎担任翻译和助手。④

综上所述，为了"应对"国联调查团来中国东北进行调查，满铁在国联调查团到达东北前同关东军多次磋商后主要从以下三个方面着手进行"应对"。

首先，满铁在关东军的指示下为了"应对"国联调查团进行了充分的前期准备。从1931年11月开始至国联调查团来华前，满铁先后成立了"满铁应对国联调查团准备委员会""满铁经济调查会""满铁临时

---

① 南満洲鉄道株式会社総務部調査課編『満鉄国聯調査記録 第一編 満洲に於ける調査委員会と満鉄 第二部 満鉄の活動』、1933年、第4—5頁。
② 田中清手記「国際聯盟調査委員会の満洲視察」(極秘)、1932年、第108頁。
③ 田中清手記「国際聯盟調査委員会の満洲視察」(極秘)、1932年、第108頁。
④ 根据田中清的手记，国联调查团负责满铁线路质询的调查员是海姆，山口十助、角田壮太郎同海姆的会谈地点主要在北京、沈阳和哈尔滨。从1932年4月28日至6月28日，前后共计会谈40余次，主要的质询回答19次。

事务所"等多个机构,并在同关东军、领事馆多次磋商的基础上确立了对国联调查团的"应对案",就满铁负责事项的具体内容、说明方式和分担事项进行了说明。并且,从1932年3月至4月召开了四次"驻满机构联合协议会",全面展开国联调查团来华前的"应对"工作。①

其次,做成应对国联调查团文献资料,这是满铁"应对"国联调查团的重要内容之一。满铁、关东军、领事馆多次磋商后,在"应对"国联调查团的文献资料的准备上进行了详细分工,并做成了应对国联调查团的文献资料。这些"应对"文献资料包括日本原有文献资料13号25件,新做成文献资料18件,最后经过重新筛选、编辑后形成19号33件文献资料。另外,满铁又根据国联调查团在东京同日本当局会谈的意向,专门就铁道说明事项组成了"满铁说明委员会",提出了19号33件文献资料。

满铁精心准备的这些"应对"文献资料,从名录上来看囊括了当时中国东北的政治、经济、文化、民族等多方面,集中反映出一个实质性的问题是日本要千方百计地用各种"佐证材料"来证实日本在中国东北各项权益的"合法化",从而为日本发动九一八事变和侵华战争寻求所谓合理的解释。另外,也为了给国联调查团在东北的调查营造一个日本在中国东北"经营盛象"的假象。田中清在回忆满铁"应对"国联调查团的策略时指出:"满铁关于铁道问题向国联调查团的说明事项,同外务省当局的其他说明事项互为经纬,成为国际联盟中国调查委员会报告的基本材料而予以公布。"②

最后,满铁参与炮制伪满洲国政权,为国联调查团的东北调查设置障碍,这也是满铁在国联调查团来东北前"应对"措施的重要内容。为了给国联调查团的"满洲"调查设置障碍,在满铁、关东军、领事馆的策划下炮制了伪满洲国政权,并将满铁200多名高级人员安插到伪满洲国的政权核心层,使其政治、经济、外交、财政、海关等大权牢牢掌控在满铁手中。满铁还伙同关东军借伪满洲国之名向南京国民政府和国联调查团发出通告,拒绝国联调查团中方代表顾维钧直接进入东北调查。

---

① 武向平:《满铁与国联调查团研究》,社会科学文献出版社2015年版,第47—69页。
② 田中清手記「国際聯盟調査委員会の満洲視察」(極密)、1932年、第111頁。

而在整个拒绝顾维钧"入满"问题上,满铁始终扮演着幕后策划者和操控者的角色。

第三节 满铁与"华北自治"阴谋

九一八事变后,满铁开始向华北地区扩张势力,并伙同关东军制造"华北自治"阴谋,企图通过蚕食政策将华北地区置于日本统治之下。关于《塘沽协定》和"华北自治"阴谋,国内有的学者虽然已经进行过研究,但满铁在整个事件中所起的作用却鲜为人知。为了将这些重要的史实梳理清楚,笔者在本节利用大量日文原始档案资料,从满铁参与"华北自治"的活动入手,全面分析和阐释满铁在日本侵略华北政策中所发挥的作用。

一 参与《塘沽协定》善后交涉

1933年5月25日,关东军司令官武藤信义在密云与国民政府军事委员会北平分会代理委员长何应钦特使、该分会的参谋徐燕进行会谈,最后日本接受了中方提出的停战协定。5月31日,关东军副参谋长冈村宁次在塘沽与国民政府华北军代表熊斌签署了《塘沽协定》。[①] 该协定是继1915年日本提出"二十一条"后,对中国主权和利益损害最为严重的协定。《塘沽协定》不但使国民政府间接地承认了伪满洲国,还使冀东地区22个县完全丧失了主权,成为日本任意活动的地区。[②]《塘沽协

[①] 《塘沽协定》,日本将其称作《停战协定》,有的学者提出该协定有两个文本,有的学者认为在国内找不到日文原始文本,其实,由关东军一手策划的《塘沽协定》日文原始文本珍藏于吉林省社会科学院满铁资料馆内。《塘沽协定》的具体内容如下:(1)中国军队一律迅速地撤退到延庆、昌平、高丽营、顺义、通州、香河、宝坻、林亭口、宁河、芦台所连线以西及以南地区,此后,不得越过该线,并不得有任何的挑衅、扰乱行为;(2)日军为了确保上述内容的实行,将通过飞机及其他方法进行视察,中国方面对此应加以保护,并提供各种便利;(3)日军确认中国军队已经遵守上述规定时,将不再越过该线进行追击,并主动归还长城之线;(4)长城线以南,以及上述各连线以北和以东地区由中国警察机关维护治安,不可用刺激日本军队感情的武装军队;(5)本协定签订后立即生效。

[②] 解学诗、宋玉印编:《满铁内密文书》(第15卷),社会科学文献出版社2015年版,卷首语。

定》签订后，满铁便伙同关东军加紧策划"华北自治"阴谋。

满铁与关东军策划"华北自治"阴谋的第一个步骤是攫取华北战区的各项权益，以此达到对华北地区的控制。冈村宁次同熊斌签订《塘沽协定》后，满铁便利用自身便利的条件积极参与整个事件，并紧密配合关东军加紧策划"华北自治"阴谋。1933年7月，关东军与国民政府华北地区代表就战区各项权益接收问题在大连进行了谈判，关东军与日伪方面的代表为副参谋长冈村宁次、参谋喜多诚一、伪军李际春等，国民政府代表为雷寿荣、殷同、薛之衍等。在大连谈判的整个过程中，关东军最大的侵华利益需求是希望通过对所谓的整顿战区军备和接管铁路，达到控制华北地区的目的。关于整备战区问题，关东军在谈判中提出了如下条件：（1）从李际春军中选出4000名精兵组成治安警察队；（2）改编后的保安警察队隶属于河北省政府，由李际春担任总队长；（3）李际春军队的善后处理费用由薛之衍负责解决；（4）保安警察队的训练地在丰润县和滦县；（5）战区整备期限为一个月。① 为了与国民政府的谈判能够达到预期效果，关东军又制定了善后处理实施纲要，该纲要明确规定："改编士兵的善后处理工作由李际春全权负责，将改编和解散的士兵名册上交接收委员会，将解散的士兵依次输送到马场附近进行裁撤，被解散的士兵的武器一律收缴，并发给极少数额的解散费，经费由接收委员会负责支出。"② 关于奉山和北宁两铁路接管问题关东军提出了如下要求：（1）关东军将唐山作为与山海关的中间联络站，关东军归还长城线时将秦皇岛作为与山海关的中间联络站，联络站的营业设施共同使用；（2）长城线归还时在当地设立两铁路委员会，山海关站的列车运行和营业设施共同使用，山海关所在的工厂、学校、医院归北宁局使用，奉山局所支出的经费经过清算后由北宁局支付；（3）山海关—唐山破坏设施的修筑经费，奉山局清算后由北宁局支付；（4）列车使用期间所产生的利益由北宁和奉山两局进行平分，开滦煤炭运输的收支按照北宁铁路与开滦煤炭原有的规定进行协商解决。③

---

① 関東軍司令部「大連会議議事録」、1933年7月6日、第53—54頁。
② 関東軍司令部「大連会議議事録」、1933年7月6日、第55—56頁。
③ 関東軍司令部「大連会議議事録」、1933年7月6日、第57—60頁。

关东军策划《塘沽协定》善后处理的第二个步骤便是召开了唐山会议。1933年7月16日、17日、19日，国民政府华北分会再次派雷寿荣、薛之衍、李十一为代表，就伪军李际春的地位问题进行会谈，关东军参谋喜多大佐列席。这次会谈主要有以下几个方面的内容：第一，为了保障善后处理的有效进行，在唐山设立编遣处，由李际春担任委员长，每月的费用为8000元，北京政府还要向李际春支付善后处理费，7月10万元、8月5万元、9月5万元；第二，设立两个保安警察队，第一总队队长由王铁相担任，驻地在滦县；第二总队队长由赵雷担任，驻地在丰润县。①

以上是《塘沽协定》签订后，关东军为了进一步入侵华北在大连会议和唐山会议上强加给国民政府的各项不平等协定，其最终的目的是要把冀东22个县从华北地区分离出去，为"华北自治"阴谋的实施奠定基础。继大连和唐山会议后，在满铁与关东军的策划下，于1933年11月同国民政府进行了北平谈判。北平交涉时，关东军的代表是副参谋长冈村宁次，冈村携带着草拟好的一份《关于北支善后交涉之协定案》并要求国民政府予以接受。该协定案的主要内容为："长城线各关口的守备权归日满负责；凡有日本驻屯军的住民地，一律不得配备武装；华北政权要为日军的驻屯提供各种方便；为了与满洲国进行交通、商贸、航空、通信等联络，要求成立委员会进行交涉。"②

从《塘沽协定》及其善后处理的交涉过程中可以看出，日本所提出的各项条款基本都是由关东军事先策划后强加给国民政府和华北当局的，尽管国民政府在谈判过程中始终坚持"不签字""不换文"的原则，并坚决对伪满洲国不予承认，但这一时期南京国民政府在对日外交上采取的是退让、委曲求全的方式，③这也在一定程度上助长了关东军得寸进尺的气焰，为其下一步的"华北自治"阴谋的萌发提供了条件。

---

① 関東軍参謀部「唐山会議ノ決議事項」、1933年7月5日、第64—69頁。
② 関東軍参謀部「停戦協定善後處理ニ関スル北平会議」、1933年11月7日、第72—74頁。
③ 杨天石：《黄郛与塘沽协定善后交涉》，《历史研究》1993年第3期。

二 酒井隆与押川一郎密谈

在对华北的侵略政策上,关东军一方面积极地策划《塘沽协定》及其善后处理,另一方面向在华情报搜集和调查上具有特殊地位的满铁下达了嘱托令,[①] 要求满铁积极配合军部的对华侵略政策。1935年1月26日,日本中国派遣军参谋长酒井隆[②]与满铁经济调查会干事押川一郎进行了密谈,指出关东军对华北最终目的就是以"华北自治"为名来实行蚕食的侵略政策,该侵略政策实际上采取的是一种"渐进主义",即通过军事侵略手段,达到对华北经济控制的目的,并要通过威吓等方式逐渐对国民政府力所不及的地区,在不导入外国势力的前提下,实现对华北的分离。酒井隆谈话摘要具体内容如下:(1)酒井隆认为满铁对关东军委托的调查事项,态度并不是很积极主动,认为满铁仅形成一纸报告,在态度上缺少热情;(2)酒井隆认为满铁向关东军提供的两份调查报告,一份是可以公开使用的,另一份调查报告应仅限内部使用,不可外漏,如关于对龙岩铁矿的调查中发现稀有矿石之事,不可向天津驻屯军报告;(3)酒井隆认为天津、北平两事务所自九一八事变以来缺少与军部的联络;(4)酒井隆认为满铁嘱托班作为关东军的辅助机构,应该明确不应只顾追求满铁自身的利益,而应从日本国家的整体利益进行考虑;(5)酒井隆认为满铁调查员以满铁的社会身份而居功自傲,导致了军部的反感。[③]

酒井隆认为满铁应从以下几个方面协助关东军:(1)满铁嘱托班应

[①] 日俄战争后,日本在中国东北存在"关东州"(后改为关东厅)、关东军、领事馆和满铁四巨头,在对华侵略政策上"四巨头"彼此相互制约。九一八事变后,满铁主动投入关东军的麾下,成了关东军的左膀右臂。随着关东军进一步入侵华北,满铁也随即向华北地区进军,成了关东军的"经济参谋本部"。

[②] 酒井隆(1887—1946),广岛县人。1908年日本陆军士官学校第20期毕业生,1916年日本陆军大学毕业后,担任驻华副武官。1924年任济南领事馆武官,1928年一手策划制造了"济南惨案"。1934年任驻天津中国屯军参谋长,起草"何梅协定"。1938—1941年,先后任张家口特务机关长、驻新疆联络部长官,主导对华经济侵略和资源掠夺。1941年任驻广东第23军司令官。香港沦陷后,曾担任香港军政厅的最高长官。1945年2月在北京设立酒井机关进行重庆谈判,12月被中国政府逮捕。1946年8月,被南京军事法庭判处死刑。

[③] 经济调查会干事「酒井大佐ノ談片ヨリ」、1935年1月26日。

从满铁天津事务所的统治中分离出来，完全进入军部中；（2）在军部内部设置联络员；（3）满铁进军华北的最终目的要为日本国策做出贡献，要成为宁口华北工作的主动者；（4）酒井隆指出关东军对华北政策采取的是渐进主义，实际上是要通过军事威慑，达到经济统制的目的，对南京政府威慑力所不及的地区，在外国势力不导入的前提下，把中国置于分立状态，在该地区通过否定南京政府主权的形式，通过接受关税、邮政统治等一切重要的资源控制，与东北的统治形式不同。①

从酒井隆与满铁调查会干事押川一郎的谈话可以看出，关东军实际上对满铁没有完全听从于军部的安排、按照军部的意见行事很不满意，为了改变这种局面，满铁便在对华北的侵略政策上积极地配合关东军。首先，满铁通过对《塘沽协定》及相关诸协定的"合法性"问题做出"解释"。《塘沽协定》签订后，满铁的主力也开始向华北地区进行全方位的渗透。为了使关东军一手炮制的《塘沽协定》及善后处理诸协定"合法化"，满铁对该协定中停战区域问题、治安维护问题、接收问题、交通和经济等问题进行了全面的"解释"，其目的是为日本进一步侵略华北地区寻找"合理"的借口。

1935年6月20日，满铁经济调查会外事班调查员真锅藤治在山海关运输班本部，形成了《从国际法所见停战协定及其相关诸协定之研究》的意见书，该意见书的前面标有"特秘"字样，充分说明这份出自满铁调查员真锅藤治之手的意见书是秘密进行的。该意见书共由六章内容和七个附件组成。具体内容如下：关于停战协定及其附属诸协定的性质，该意见书中指出，关东军签订《塘沽协定》及附属协定的真正目的是希望通过与国民政府华北分会代表的谈判，使该协定及附属协定在国际法上得到"承认"，并迫使国民政府对"日满"议定书及附属协定予以承认，从而使"满洲国"在国际上合法化。② 该意见书还进一步指出，关东军向华北入侵的根据就是"日满议定书"第2条中规定的"日本国及满洲国中任何一方的领土及治安受到任何威胁时，以及缔约国任何一

---

① 経済調査会幹事「酒井大佐ノ談片ヨリ」、1935年1月26日。
② 真鍋藤治「国際法ノ見地ヨリ見タル停戦協定竝関係諸協定ノ研究（特秘）」、1935年6月20日、第9頁。

方的安全和生存受到威胁时，两国将共同为了国际利益而进行防卫"，关东军向热河出兵的最大的目标也是为了实现所谓的"日满"共荣，并希望通过与国民政府进行谈判，使《塘沽协定》及相关诸协定在国际法上"合法化"。① 关于《塘沽协定》及附属协定的本质问题，该意见书中指出，从国际法的角度来看，这次的"停战协定"实际就是"休战协定"，从日军对停战地区治安维护监察权、中国军队放弃挑衅和扰乱行为、禁止反日行动、日本在规定的区域内有驻军权等这些内容来看，按照国际法的规定实际上是一种狭义的保护条约，所以，要从"满洲国"关系事项入手，把解决"满洲事变"作为这次谈判的最终工作目标同国民政府进行谈判。② 关于停战地区的规定，该意见书中指出，关于停战区域的界线，按照停战协定的第一项和第四项的规定实际上把延庆、昌平、高丽营、顺义、通州、香河、宝坻、林亭口、宁河、芦台之连线的西南地区，以及长城线东北地区划分为"非武装区"，日军可以在上述地区充分进行活动。③ 另外，该意见书中还对日军的长城线归还问题及驻军、伪军李际春的整编及当地治安警察队的构成、铁路接管、中英债务的偿还等问题进行了详细说明，上述这些问题的说明实际与关东军的意见完全一致，就是要通过对冀东 22 个县采取军事管制、经济控制、铁路接收等一系列的侵略措施，最终达到把华北分离的目的，也进一步说明满铁在侵略华北政策上与关东军是一丘之貉。

三 制定"华北自治"意见书

关于"华北自治"的具体实施步骤，日本派遣军参谋长酒井隆在与满铁经济调查会干事押川一郎谈话时就已经明确提出，关东军对华北政策的最终目的是企图通过"华北自治"来实现对华北的分离。所以，满铁便积极配合关东军，在"华北自治"政策推行上提出了实施意见书。

---

① 真锅藤治「国際法ノ見地ヨリ見タル停戦協定竝関係諸協定ノ研究（特秘）」、1935 年 6 月 20 日、第 10—11 頁。
② 真锅藤治「国際法ノ見地ヨリ見タル停戦協定竝関係諸協定ノ研究（特秘）」、1935 年 6 月 20 日、第 12—13 頁。
③ 真锅藤治「国際法ノ見地ヨリ見タル停戦協定竝関係諸協定ノ研究（特秘）」、1935 年 6 月 20 日、第 15—17 頁。

1935年6月16日，满铁经济调查会外事班调查员真锅藤治就"华北自治"问题向关东军提出了具体的实施意见书。关于日本的军事行动，意见书中指出："日本为了实现大陆政策开始积极地向华北地区进军，但从当前的国际形势来看，日本的军事行动已经引起了国际社会对远东局势的关注，并企图联合起来阻止日本的军事行动，基于以上情况，日本对华北的军事行动要慎重推进。"① 关于京津两地的国际地位，意见书中指出，"京津两地在国际上是特殊的地区，不但有国际社会的租借地，还存有按照借款条约规定的一些国际担保物件，这些物件在国家法上具有合法性，如果关东军强行向两地出兵，势必要引起国际社会的不满，所以，向京津两地出兵也需要慎重考虑"。② 关于"华北自治"的工作，满铁认为无论是从观念论上还是从方法论上来讲，都是"合情合理"的。从观念论上来看，意见书中指出，"我国扩大势力是基于天理，从万物生长的规律的阶段性法则来看，国家的强大是其中一个必然的发展过程……事物发展要经过膨胀期、休养期、膨胀期、衰退期等阶段，这是自古以来历史证明的发展规律。我国的现状就是处于膨胀期，向八方出击这是符合自然法则的。今日之对华工作如果采取停滞、中止或消极态度的话，这是完全违法了自然法则。所以，日本要抓住这个机会，把中国完全置于日本统治之下，这是顺应天意的重大国策抉择"。③

从国际社会的现状来看，意见书中指出，"目前国际社会对日本的干预并不是很充分，但国际社会从未放弃对中国的利益争夺，这就需要充分地认识到我国在对华工作方面的特殊性和目的性。从眼下国际社会的现状来看，日本如果采取强硬的对抗方式，对抗一国尚有余力，但要是多国联合起来，结果却未可知。而且，国际社会对日本的对华政策从来都是从政治的、经济的等多方面进行观察的，尤其是在满洲事变后，国际联盟对日本的军事行动进行了公开的抗议，所以，日本要对国际社

---

① 真鍋藤治「最近ノ国際情勢ト對北支工作ニ對スル私見（特秘）」、1935年6月16日、第2頁。
② 真鍋藤治「最近ノ国際情勢ト對北支工作ニ對スル私見（特秘）」、1935年6月16日、第2—3頁。
③ 真鍋藤治「最近ノ国際情勢ト對北支工作ニ對スル私見（特秘）」、1935年6月16日、第2頁。

会的实际情况充分考虑"。①

从控制东北与进兵华北的必要性来看，意见书中指出，"从保全满洲国及其发展资金的保障方面来看，深切地感到确保华北势力范围乃是实现上述目标的当务之急。从满洲国的现状来看，要使其完全在行政、财政等方面实现独立实为不易，而且，从日本自身情况来看，要培养满洲国的发展和壮大，日本要耗费巨大的经济财富，这样势必会使日本的财政陷入紧张，但华北地区有众多的良田沃土，自古以来在中原称霸者占据此地就相当于占据了整个中国，再加之华北地区有丰富的煤炭等矿产资源，还有平津两地作为华北的经济、金融、交通中心，与黄河、白河等各大水系相连，并与北宁、平汉、津浦各铁路相连，还有近1亿居住人口，其背后的经济价值无法估计。从这一点来看，如果使满洲国的国境线延长至上述地区的话，将会极大地解决满洲国的财政问题，从现在华北的状况来看，要迅速地实现确实有困难。当务之急就是要使华北处于日本的支配之下，并确立相互依存的经济制度，为上述目标的实现而努力。这项工作是解决满洲事变以来最重要的工作，华北问题的妥善解决是保全满洲国的重要步骤"。②

对"华北自治"实施方法，意见书指出，日军要在协定规定的地区内等待时机以实现华北政权独立，日本对华北工作上要进行充分的技术研究，从目前的状态看，日本军在向华北出兵上应暂作延迟，要把日军驻扎在边境线地带以待时机，并要在扶植"华北政权"上做出全面考虑。③意见书中还进一步指出，出兵华北要采取以下几种方式：出兵时要尽量以威吓为主，尽量避免直接开枪；要尽量避免对外国人的生命及财产造成伤害；除去公共使馆区、外国租借地等以外，已经获得的地区直接占领；要对义勇军进行严加管制，并要严加防范所谓"浪人"的暴乱行为；要对上述地区历史的、宗教的、美术的及学术的建筑和遗迹进

---

① 真鍋藤治「最近ノ国際情勢卜對北支工作二對スル私見（特秘）」、1935年6月16日、第3—4頁。
② 真鍋藤治「最近ノ国際情勢卜對北支工作二對スル私見」、1935年6月16日、第5—6頁。
③ 真鍋藤治「最近ノ国際情勢卜對北支工作二對スル私見」、1935年6月16日、第7—8頁。

行保护；要对良民给予充分保护，坚决避免强征及其他的强制性行动；要向当地的民众及外国人进行充分的宣传，说明日本出兵的目的并没有领土野心。① 另外，意见书还就如何注意华北地区的国际动向提出了具体的措施，即对华北地区国际区域要采取与"满洲"不同的新方法和新手段，要充分发动外务省、公使馆、领事馆等国际机构，以及满铁的交通、通信、情报、舆论宣传等机构的功能，密切留意国际社会的动向，并将上述各机构所搜集到的各种情报进行综合分析，研究军队作战计划和国际法上通用的方法，一旦紧急事态发生，要汇集各机构互相联络，在应对事态发展上互相提携。②

1935年6月20日，满铁经济调查会外事班调查员真锅藤治就中国军队违反停战协定，关东军采取的军事行动又形成了意见书，具体内容如下：直接在停战地区内进军的场合，该文书中规定了关东军入侵的五种场合：中国军队向停战地区撤退或超越所划分的边界线时；中国军队在撤退时妨碍了关东军的视察行动时；在停战区域内中国军队运用武力"刺激了日本的感情"的行为时；否定关东军指定的交通、经济各机构时；拒绝为日本军队提供各种方便时。在上述情况发生时日军可以直接采取行动。③ 向中国当局提出抗议没有效果时，向停战地区进军的场合：在停战地区内有挑衅、扰乱行为或发生危险时；在停战地区内担心扰乱治安维护时；违反大连会议的相关规定时；违反唐山会议的相关规定时；妨碍关东军指定的交通、经济及其他机构执行公务时；策动反日排外行动时；为了保护日本人及关内外日本民众生命及财产安全时；审查时发现私自携带或私藏武器时；违反保安队轮换规定时。④ 在停战地区外进军的场合：在停战地区外进行军事准备时；违反停战协定在停战区以外地区进行军事策动活动时；在停战区外进行反日、抗日行动对停战

---

① 真鍋藤治「最近ノ国際情勢ト對北支工作二對スル私見」、1935年6月16日、第8頁。
② 真鍋藤治「最近ノ国際情勢ト對北支工作二對スル私見」、1935年6月16日、第9頁。
③ 真鍋藤治「停戦協定及附属諸協定違反二對スル軍事行動二就くテ」、1935年6月20日、第5頁。
④ 真鍋藤治「停戦協定及附属諸協定違反二對スル軍事行動二就くテ」、1935年6月20日、第6—7頁。

区造成重大影响时；在停战区以外地区发生动乱及影响治安维护重大动乱，并波及停战地区时；在停战区内发生与军事行动相关联的事件时。上述场合发生时，日军将采取军事行动。① 以上是满铁经济调查会外事班干事真锅藤治代表满铁，向关东军提出的关于日本向华北出兵的各种"理由"。从上述的内容可以看出，这些"理由"无非就是为了进一步侵略华北而寻找的借口。

  总之，满铁作为近代日本设在中国东北最大的"国策会社"，在中国东北盘踞长达近40年，几乎全部参与了日本的侵华行动，在日本发动侵华战争的特定历史时期，满铁本身的活动轨迹就是一部侵略史，满铁在参与侵华过程中还有诸多的鲜为人知的侵略史实。② 九一八事变前，满铁主要是积极地配合关东军进行情报搜集工作。九一八事变后，满铁便应关东军之请担负起关东军的军事运输任务，并调动各个部门的人力、物力对关东军的侵华战争进行有力支援。在关东军入侵华北的过程中，满铁更是加大了对其军事侵略活动的参与力度。满铁不但在《塘沽协定》及其善后处理中积极帮助关东军出谋划策，还伙同关东军策划"华北自治"阴谋，并就"华北自治"的具体实施步骤提出意见书，供关东军侵略华北之利用。另外，满铁还对其自身的业务范围进行了调整，把重心向华北地区转移。1935年8月，满铁应关东军侵略之需要，由满铁经济调查会干事组成了关东军嘱托班，先后推出了《华北经济开发大纲案》《华北产业开发指导纲领》等文件，满铁所炮制的这些方案，实际上成为九一八事变后日本对华经济掠夺的预案。

四 兴中公司掠夺华北经济

  九一八事变后，满铁在对华侵略政策上主要分两个步骤进行：一是与关东军紧密配合并推出各种对华北经济侵略方案，为关东军侵略华北提供理论支撑；二是满铁也将侵略的重心开始向华北转移，并加大了对华北的经济控制与掠夺。

---

  ① 真鍋藤治「停戦協定及附属諸協定違反二對スル軍事行動二就くテ」、1935年6月20日、第8頁。

  ② 武向平：《满铁与国联调查团研究》，社会科学文献出版社2015年版，第221页。

对华北的经济控制和掠夺，满铁主要是通过建立兴中公司予以实施。九一八事变后，为了全面地推行对华北的侵略政策，日本政府派出十河信二作为满铁进驻华北的先遣者，先后对华北、华中、华南等地进行考察，提出了一系列对华北经济侵略的方针。1935年年初，满铁新增设了天津事务所，作为对华北经济侵略的政策制定的核心机构，制定了一系列对华北侵略的方针。其中，在《对华经济工作方针》中做了明确指示：（1）随着"满洲国"政治的稳定和经济建设的开展，对华政治、经济工作日趋重要；（2）政治工作由"国家机关"直接执行，经济工作必须在"国家机关"的指导下由"国家机关"以外的机构担当；（3）以往对华经济工作通过民间资本家进行，都因没有统制而归于失败，只有大资本家才能够保持经济命脉；（4）一般民间资本都以营利为主要目的，不可能站在"国家"的立场进行工作。① 从上述内容可以看出，在日本入侵华北的过程中，满铁实际上是以企业的招牌为掩护，在对华北经济侵略过程中发挥着主导作用。

在《对华经济工作方针》的基础上，满铁又进一步提出了《对华投资会社设立要纲》。在该要纲中明确指出："日满华经济提携已经成为当务之急，为适应当前日满华经济诸关系之现状，设立统制机构已是当务之急。设立对华投资会社，作为日本发展对华经济统制之代表机构。"② 在此基础上，确立了设立兴中公司株式会社（以下简称"兴中公司"）作为对华北进行经济统制的总机构，该机构本部设在东京，并在上海、大连、广东等地区设立办事处。兴中公司从事的业务主要为对中国华北地区进行产业、交通、通商、贸易等方面的经济掠夺，同时促进日本与伪满洲国的产业、贸易及一般经济开发。③ 日本之所以要设立兴中公司作为对华北进行侵略的总机构，主要有以下几点原因：一是可以作为满铁对华北进行统治的代行机构；二是兴中公司所从事的业务是日本对中

---

① 解学诗主编：《满铁档案资料汇编》第十一卷，社会科学文献出版社2011年版，第3页。
② 解学诗主编：《满铁档案资料汇编》第十一卷，社会科学文献出版社2011年版，第4页。
③ 解学诗主编：《满铁档案资料汇编》第十一卷，社会科学文献出版社2011年版，第5页。

国经济有计划的统治政策,涉及对华政策的各个方面;三是兴中公司是当时日本对华北经济统制政策的发展目标,关乎日本对华北经济掠夺的总体战略。所以,兴中公司的成立,得到了日本军部的高度重视。1935年5月,陆军大臣林铣十郎与满铁总裁松冈洋右进行了两次会谈,内容均是围绕着兴中公司对华北经济统治政策而展开的,并着重强调满铁在日本对华北经济进行掠夺的过程中担负的职责,期待着兴中公司为"日满华"的经济发展做出贡献。[①]

在此方针指导下,在经调会的主导下推出了《华北经济开发大纲案》。该大纲案的指导方针为:(1)谋求日、"满"、华北经济融合,确立以日本为中心的日、"满"、华北经济集团,实现战时的自给自足;(2)经济集团的最终目的是将以日本为中心的"日满经济同盟"扩张到华北与全中国;(3)尽快促进华北经济开发,先于外国在华扶植并巩固日、"满"经济势力,以达到驱逐外国势力之目的;(4)在军需资源开发方面,要力求获得权利;(5)克服中国经济危机,增进民众的购买能力;(6)开发华北经济的同时,不可丧失日本在华南的经济市场。[②] 在《华北经济开发大纲案》中,还就铁路、港湾、河川、通信、航空等都提出了具体的开发方案。其中,在矿产方面主要集中对铁矿、煤矿、锰矿、石灰石、钨矿、萤石矿、石油等进行优先开发,对金、银、铜、铅、石棉矿、黏土、铝矿、滑石、天然碱、菱镁矿等次之开发;在工业部门方面重点开发的是炼铁工业、皮革工业、印染业、汽车工业、石油工业、电气业、制盐业、羊毛工业、制粉工业、玻璃工业、造纸工业、化学工业、油脂工业、纺织工业、煤炭工业等;在农业方面主要集中在棉花、农事试验、苗圃典范农场、农事教育机构、农业指导、气象观测等;畜牧业方面主要是绵羊、牛、马、猪、鸡等改良;在森林方面主要集中在林产资源的开发与利用;在盐业方面主要是工业盐、盐湖、盐井等开发;在金融方面主要目标是垄断华北的银行,在华北金融通货中以

---

① 解学诗主编:《满铁档案资料汇编》第十一卷,社会科学文献出版社 2011 年版,第 6—7 页。
② 解学诗主编:《满铁档案资料汇编》第十一卷,社会科学文献出版社 2011 年版,第 15 页。

日元为主体；在商业方面扩大日"满"商权，驱逐外国商权。①

可以说，兴中公司的成立，不但使日本进一步加速了对华北的经济掠夺，也为日本进一步发动全面侵华战争准备了资源条件。兴中公司在成立半年的时间里，便对华北、华中、华南展开了有计划的经济掠夺。七七事变爆发前，兴中公司编写了三期营业报告书，从这三期营业报告书中真实地反映了日本对华经济掠夺的目标。在1936年1月至3月第一期营业报告中，兴中公司销售、利息和杂收入总额为123357.57日元，主要是将东北的豆饼销售到福建而获利102500日元。② 第二期营业时间为1936年4月至9月，这一时期兴中公司在天津法租界设立了天津办事处，并将总事务所从大连的营盘町迁至山县町，进行业务整顿。7月20日，兴中公司与天津特别市政府缔结了合办设立中华民国特殊法人天津电业股份有限公司契约书，从而使兴中公司取得了对华北地区的电业垄断地位。随后，兴中公司策划向日本运输长芦盐，并安装了船员设施。在华南地区，兴中公司控制了当地的硫胺交易，先后将抚顺的硫胺300万吨运送香港。第二期兴中公司销售、利息和杂收入总额为350066.55日元。③ 第三期营业时间为1936年10月至1937年1月，这一时期在兴中公司的策划下成立了塘沽运输公司，计划通过该公司将23万吨长芦盐运往日本。同时，将东北的豆饼5次运输到福建马尾，第一次运输4000块，第二次运输78000块，第三次运输8500块，第四次运输56000块，第五次运输53500块。另外，兴中公司在第二期营业中两次将东北的90万吨铁矿金型一号运至广东。④

以上是七七事变爆发前兴中公司对华北进行经济掠夺的大体情况。从上述内容可以看出，日本为了在发动全面侵华战争前做好资源储备工

---

① 解学诗主编：《满铁档案资料汇编》第十一卷，社会科学文献出版社2011年版，第16—19页。
② 解学诗主编：《满铁档案资料汇编》第十一卷，社会科学文献出版社2011年版，第59—60页。
③ 解学诗主编：《满铁档案资料汇编》第十一卷，社会科学文献出版社2011年版，第61—62页。
④ 解学诗主编：《满铁档案资料汇编》第十一卷，社会科学文献出版社2011年版，第64—65页。

作,通过成立兴中公司作为对华北经济统制的中心机构,与满铁紧密配合形成南北呼应之势,从而将东北和华北的经济重心牢牢地控制在日本手中,为全面发动侵华战争做好了前期准备工作。

第四节 满铁与七七事变

满铁作为日本的"国策会社",其活动目标始终与日本对华侵略目的保持一致。九一八事变后,日本对华侵略的目标开始转向华北地区,满铁也应军部要求将侵略重心向华北地区移行。七七事变爆发前,满铁不但积极参与"华北自治"阴谋,其要员还与日本驻华北司令官多次进行密谈,在"华北自治"问题上为军部出谋划策,并提出了"华北自治"意见书。另外,满铁还组成所谓的关东军嘱托班,先后推出了《华北经济开发大纲案》《华北产业开发指导纲领》等重要文件,为关东军进一步侵略华北提供理论指导,这些文件成为日本对华进行经济掠夺的预案。为了全面推动对华北、华中和华南的经济掠夺,在满铁的主导下又成立了兴中公司作为分属机构,主导对上述地区的经济掠夺和侵略。

一 兴中公司与"军管工厂"

七七事变爆发后,兴中公司便与满铁结成一体,共同努力支援日军的侵华行动。这一时期,兴中公司不但将业务范围推广至华北、华中、华南等地区,还不断地在蒙疆等地积极活动,相继接管了上述地区的矿业、电业、棉花、汽车运输等各行业。而且,从业人员的数量也急剧扩大,由最初的200人增加到400多人。1937年11月,寺内部队特务部长喜多诚一给兴中公司社长十河信二下达了最后通牒,要求兴中公司、满铁等诸机构紧密配合,前往军事占领区进行实地调查,接收当地的工厂、企业,派驻现地机构,并与特务部密切联系。[①]

[①] 解学诗主编:《满铁档案资料汇编》第十一卷,社会科学文献出版社2011年版,第73页。

按照军部的要求，兴中公司开始霸占华北、华中、华南等地的工厂，并将其作为"军管工厂"。[①] 七七事变爆发后，兴中公司控制的煤矿主要有井陉、正丰、华丰、中兴、柳泉、磁县、焦作、六河沟、西山、阳泉、富家滩、寿阳、轩岗镇、孝义、荫营、洪洞、介休等地区的煤矿。除此之外，至1937年年底，兴中公司在关东军的委托下侵占华北、华中、华南各地区的煤矿、铁矿、制铁所、电灯厂、制盐厂、制碱厂、打包厂等50多个。[②] 兴中公司所控制的这些在华产业，是根据日本军部对华北侵略指导方针，将军需产业一并委托"国策会社"来进行经营。由此可以看出，从兴中公司的性质来看，从成立时起便深深地打上了"国策会社"的烙印。

在军部的大力支持下，兴中公司开始大肆地对华北、华中和华南的经济进行掠夺，并不断地在旗下开办多个子公司，细化对华北、华中和华南的经济侵略，兴中公司通过收买天津电业公司、控制冀东地区电气事业、建立天津棉花仓库、调查塘沽筑港、筹备盐业洗涤厂、收买井陉煤矿经营权、承包军用木材运输、出资福大公司等多项活动强化对中国的经济掠夺。其中，关于承担军用木材运输这一项，仅1937年就多达9万吨，并在华北汽车公司和国家运输公司的协助下，将中国东北的木材按天津、通州、丰台的路线进行运输。

兴中公司对中国经济统治和掠夺主要有股份投资、融资、直营和受托经营四种经营形式。其中，股份投资的有天津电业、塘沽运输、福大公司、华北产金、冀东电气、泰和银公司、井陉煤矿、裕通公司等，投资总额6084000日元；融资经营的有天津电业、冀东电气、华北棉花、塘沽运输、冀东矾土、蒙疆电气等，投资总额17200000日元；直营的有华北汽车部、华中汽车部、兴亚商会事业、盐业、工业用地、塘沽筑港调查费、土地房屋及家具、贷款等，投资总额3710000日元；受托经营的有煤炭、铁矿、电气、盐业、水道及电气等，投资总计

[①] 所谓的"军管工厂"是日本侵华战争中出现的特定历史名词，是通过军部发给受托者指示或通牒等而产生的工厂，换言之就是日本军部基于对华发动侵略战争之需要，置于军部之下的中国工厂或事物之总称。

[②] 解学诗主编：《满铁档案资料汇编》第十一卷，社会科学文献出版社2011年版，第73—74页。

5120000日元。① 至1939年4月，兴中公司不断地扩大直营和委托经营范围，并对华北地区几十个工矿业进行统制经营。而且，对黏土和盐业的采掘达到了惊人的程度。其中，在冀东唐山地区黏土采掘月产量达到3500吨，月运输量达到15000吨，长芦盐对日本月输出达到35000吨。② 另外，兴中公司直营和委托经营的工矿业数量也非常庞大，并在华北地区形成了一个庞大的经营网，牢牢地控制了华北地区的经济命脉。

二 满铁垄断华北经济

七七事变爆发后，满铁便向日本政府提议全面垄断华北经济。1938年8月8日，满铁向日本政府提出了《作为大陆经营资金渠道满铁之地位》的意见书。该意见书指出，九一八事变前满铁运输业、农林矿业、工业、商业、金融业等在中国东北投资所占比例分别为30.0%、16.2%、9.2%、6.7%、11.6%，七七事变后，满铁制订了所谓"满洲开发五年计划"，在交通通信、工矿业、农畜业、移民部门等对华投资比例分别为27.74%、55.64%、5.11%、11.51%，总体来说，满铁作为大陆经营资金渠道，九一八事变前处于垄断地位，伪满洲国成立后与之形成对等地位，而七七事变后整体比例有所下降，在大陆经营甚嚣尘上的发展趋势下，要进一步提升满铁地位，为侵华战争服务。③ 满铁在《作为大陆经营资金渠道满铁之地位》中所阐述的中心内容，就是要求日本政府在对华北经济垄断中充分发挥满铁的作用。

满铁这种企图垄断华北经济的做法遭到了日本国内其他事务所的反对，并坚决阻止满铁势力直接进入华北。为了应对各种反对意见，满铁决定将总裁方案经过社议后，向日本政府提出以经营铁道和煤矿为中心的新方案，即由国家动员资本从铁道经营开始，逐步培养并开发产业，扶植资本家无利可图但在国策上却很重要的各种产业，从满铁在中国东

---

① 解学诗主编：《满铁档案资料汇编》第十一卷，社会科学文献出版社2011年版，第81—83页。

② 解学诗主编：《满铁档案资料汇编》第十一卷，社会科学文献出版社2011年版，第86页。

③ 解学诗主编：《满铁档案资料汇编》第十一卷，社会科学文献出版社2011年版，第149—151页。

北30年的经营经验来看，满铁在华北地区仍然想继续沿用最初在中国东北所担当的"先驱者"的经验，来实现对华北的经济统制。但是，当时日本政府却充分地考虑了满铁、兴中公司、东洋拓殖会社等各现地机构的对立主张，以及对华投资资本实际的要求，感到有必要建立一个开发华北的统制机构。

基于此目的，在军部的主导下开始策划建立华北开发株式会社和华中振兴株式会社。1938年4月30日，成立了华北开发会社委员会。其中，乡城之助担任委员长，委员有内阁书记官风见章，法制局局长船田中，企画院次长青木一男，对满事务局次长原邦道，外务次官堀内谦介，大藏次官石渡庄太郎，驻海外财务官大野龙太，陆军次官梅津美治郎，陆军少将喜多诚一、原田熊吉，海军次官山本五十六，海军少将野村直邦，海军大佐须贺彦次郎，司法省民事局局长大森洪太，农林次官井野硕哉，商工次官村濑直养，递信次官小野猛，铁道次官喜安健次郎，拓务次官荻原彦三，贵族院议员井上三郎、松本烝治、青木信光、酒井忠正、伊藤文吉，众议院议员望月圭介、堀切善兵五郎、东乡实、樱井兵五郎、松村谦三，从四位松冈洋右，从五位池田成彬、矶村丰太郎，正六位井坂孝、小林一三、大谷登、南条金雄、安宅弥吉、津田信吾、大久保利贤、门野重九郎、山下龟三郎、藤原银次郎、野村德七、松本健次郎、八马兼介、串田万藏，正五位十河信二，正七位池尾芳藏、井上治兵卫，正三位中井励作、根津加一郎，从四位成濑达、大仓喜七郎，从六位安川雄之助、渡边义郎，从七位小仓正恒、船田一雄、井仓和雄、堀新、宝来市松、户泽芳树、大平贤作、加藤武男、中根贞彦、村田省藏、保田次郎、松原纯一、松永安左卫门、万代顺次郎、青木镰太郎、明石照男、赤石初太郎、庄司乙吉、森广藏、杉野喜精，后又追加了大使馆参事官堀内干城，总领事日高信六郎、藤山爱一郎、关根善作等。[①] 以上是日本成立华北开发株式会社和华中振兴株式会社委员会的构成情况，从上述人员的构成来看，几乎是囊括了日本军部、政界、驻外大使馆在内的高层要员，这足以显示华北开发株式会社和华中

[①] 解学诗主编：《满铁档案资料汇编》第十一卷，社会科学文献出版社2011年版，第179—182页。

振兴株式会社在对华军事侵略和经济掠夺中的性质和地位。

1938年6月29日，日本政府批准成立华北开发株式会社和华中振兴株式会社。关于成立上述两会社的根本目的，《华北开发株式会社及关系会社设立关系书类集》中明确指出："（1）华北开发株式会社作为国策会社，本着日华共荣之精神，促进华北经济开发，以统一和调整华北经济命脉；（2）为摆脱蒋政权之羁绊，树立新政府，建设新中国而努力；（3）华北拥有广阔的土地，众多的人口，并且有极为丰富的煤、铁、盐、电力等资源，现在如果将华北地区的资源与日本资本、技术相结合，将有利于中国民生的安定，有利于培养亲日之基础，同时也为日本国防提供丰富的资源，以加强日本经济力量，此等意义重大；（4）华北开发的迫切任务在于尽快促进交通运输、河流港湾、电气通信、矿产、盐等基础工业和国防工业的开发，华北开发株式会社作为华北经济开发的先导，对上述事业的统一和协调责任重大。"[①] 9月16日，日本阁议通过了华北开发株式会社的组织结构。其中，总裁由贺屋兴宣担任，副总裁由神鞭常孝、山西恒郎担任，理事由大久保贞次、吉田浩、三云胜太郎、鳖宫谷清松、小川弥太郎担任，监事由中村应、野村盖三、小仓正恒担任。另外，华北开发株式会社还下设总务部、经理部、物资调整部、企画部、交通部、电业部、煤炭部、产业部，还设立了北京分社和张家口分社。[②]

华北开发株式会社的成立，也意味着兴中公司在华北的经济掠夺告一段落。1938年10月7日，兴中公司社长十河信二致电满铁总裁松冈洋右，提出了华北开发株式会社和华中振兴株式会社成立时兴中公司的处理意见。具体内容如下："（1）华北开发株式会社和华中振兴株式会社成立时，兴中公司撤销，并进行业务结算后，将其移交给华北开发株式会社和华中振兴株式会社；（2）兴中公司的社员在七七事变爆发前，一直在险恶的中日关系和困难的环境中战斗，事变爆发后，听从军方指

---

① 解学诗主编：《满铁档案资料汇编》第十一卷，社会科学文献出版社2011年版，第175页。
② 解学诗主编：《满铁档案资料汇编》第十一卷，社会科学文献出版社2011年版，第182页。

挥，到前线作战，参与对占领区的经济掠夺，因此最好是在兴中公司移交全部业务时，兴中公司社员身份关系改为两会社的社员。"①

以上是七七事变爆发后至1938年日本侵华战争陷入僵持阶段后，日本为了应对侵华战争所陷入的胶着状态，企图通过设立华北开发株式会社和华中振兴株式会社来取代兴中公司对华北和华中地区的经济统制，从而为日本侵华战争提供国防战略资源。从表面上来看，华北开发株式会社和华中振兴株式会社的设立，使兴中公司终结了对华北的经济统治，但实际上兴中公司所有的社员依然作为华北开发株式会社和华中振兴株式会社的骨干人员进行活动，而满铁的核心阶层仍然在两会社中占据主导地位。因此，华北开发株式会社和华中振兴株式会社的设立，其实质仍是满铁对华北经济的控制。

三　华北交通株式会社的经济掠夺

侵华战争进入相持阶段后，日本为了进一步强化军事侵略的需要，更加大了对中国资源的掠夺。据满铁有关档案资料的统计，至1943年9月底，日本为了对华北进行资源掠夺，在华北进行投资和融资经营的会社多达27家，矿业所3家，贩卖组合部2家。具体为：交通业4社（外两港湾局），通信业1社，用电业2社，煤炭业8社，矿业所3家，贩卖组合部2家，铁矿业1社、矿业所1家，制铁所1家，矾土业1社，重石矿业1社，采金业1社，化学工业1社，盐业2社，纤维业1社，一般产业1社，各社资本总额为157930万日元。②

除了上述会社、矿业所和贩卖组合部以外，日本还成立了相关的会社28家、矿业所3家、贩卖组合部2家、矿务局1家。具体为：交通业1社，华北交通股份有限公司；运输业1社，华北运输股份有限公司；港湾业2社，天津艀船运输株式会社、青岛埠头株式会社；电气通信及用电事业3社，华北电信电话股份有限公司、华北电业股份有限公司、

---

① 解学诗主编：《满铁档案资料汇编》第十一卷，社会科学文献出版社2011年版，第182页。
② 解学诗主编：《满铁档案资料汇编》第十一卷，社会科学文献出版社2011年版，第182页。

蒙疆电业株式会社；煤矿业9社、矿业所2家、贩卖组合部2家、矿务局1家，井陉煤矿股份有限公司、磁县煤矿股份有限公司、军管理开滦矿物总局、焦作煤矿股份有限公司、大汶口煤矿股份有限公司、新泰煤矿矿业所、柳泉煤矿股份有限公司、山西煤矿股份有限公司、大同煤矿株式会社、大青山煤矿株式会社、华北石炭贩卖股份有限公司、蒙疆矿产贩卖股份有限公司；铁矿业及制铁业2社、矿业所1家，龙烟铁矿株式会社、日本钢管株式会社金岭镇矿业所、华北制铁业株式会社；矾土矿业1社，华北矾土矿业股份有限公司；重石矿业1社，华北重石矿业株式会社；冶金业1社，华北采金株式会社；盐业2社，华北盐业股份有限公司、山东盐业株式会社；化学工业3社，山东电化株式会社、东洋化学工业株式会社、华北穴（室）素肥料株式会社；纤维业1社，华北纤维统制总会；一般产业1社，山西产业株式会社，上述28家会社、3家矿业所和2家贩卖组合部资金总额为159930万日元。[①] 上述这些会社、矿业所和贩卖组合部成立后，便开始大肆地掠夺华北地区的资源。

控制华北的铁路，通过组成庞大的运输网掠夺华北的资源，这是满铁对华北经济进行掠夺的第一项重要内容。七七事变后，日本除了大肆掠夺华北的重工业和轻工业资源，水陆交通、河流港湾也是控制的重要内容，主要是由满铁来负责。1939年4月，为了对华北地区的水陆交通、河流港湾形成统一的经营，满铁成立了华北交通株式会社。其中，资金总额4亿日元，内含开发公司23500万日元，满铁12000万日元，华北政务委员会4500万日元，所经营的业务除了华北域内铁道、公路、内河水运，还受托经营蒙疆地区的铁道建设，并承担了塘沽新港与连云港之间的工事修建。[②]

七七事变前，由满铁所控制的华北铁道总延长线为6250公里，约占全国铁道总延长线的一半，由于在七七事变过程中使一些交通线路遭到破坏无法运行，事变结束后便在满铁的主导下开始进行恢复。七七事

[①] 解学诗主编：《满铁档案资料汇编》第十一卷，社会科学文献出版社2011年版，第279页。

[②] 解学诗主编：《满铁档案资料汇编》第十一卷，社会科学文献出版社2011年版，第279页。

变前由满铁控制的铁道线路主要有：京山线（北京—山海关）450 公里、津浦线（天津—蚌埠）1050 公里、胶济线（济南—青岛）463 公里、石太线（石门—太原）282 公里、京汉线（北京—开封）1045 公里、同蒲线（大同—蒲州）1139 公里、石德线（石门—德州）181 公里、京包线（北京—包头）919 公里、京古线（北京—古北口）153 公里、陇海线（连云港—开封）503 公里，上述各铁道线总长 6185 公里。① 七七事变后，在满铁的主导下又新开设了 15 条线路，主要有通古线（通州—古北口）126 公里、新开线（小翼—开封）89 公里、同蒲线北段（朔县—原平）104 公里、大台线（门头沟—大台）34 公里、大青山线（包头—召沟）41 公里、西佐线（包头—西佐）21 公里、东路线（东观—潞安）174 公里、石德线（石门—德州）181 公里、史家岗线（蒋村—史家岗）8 公里、石滩线（轩岗镇—石滩）3 公里、八陡线（博山—八陡庄）9 公里、赤柴线（新泰—赤柴）40 公里、柳泉线（柳泉—柳泉矿）16 公里、怀庆线（清化—怀庆）18 公里、庞家堡线（宣化—庞家堡）48 公里，上述各铁道线总长 912 公里。②

控制华北的河运及海运，是满铁利用华北开发会社对华北进行经济掠夺的第二项重要内容。在河运方面，华北河川航线总长为 4200 多公里，日本重点控制的河川为东北河（天津—新友镇）、北运河（天津—杨村）、保津运河（全航线）、南运河（天津—南馆）、小清河（全航线）、大运河（运河—淮阴）。为了控制上述河运的运输，在满铁的主导下于 1941 年 10 月 1 日成立了华北运输股份有限公司，其业务除了控制华北的水陆运输劳动力的供应外，并兼营仓库事业、委托买卖和资金融通等，在仓库扩充建设方面主要在北京、太原、唐山和徐州等地，主要负责粮食的收集及分配。③

在港湾方面，主要是控制天津港、青岛港和塘沽港。对于天津港

---

① 解学诗主编：《满铁档案资料汇编》第十一卷，社会科学文献出版社 2011 年版，第 280 页。

② 解学诗主编：《满铁档案资料汇编》第十一卷，社会科学文献出版社 2011 年版，第 280 页。

③ 解学诗主编：《满铁档案资料汇编》第十一卷，社会科学文献出版社 2011 年版，第 280 页。

的控制，主要是在满铁的主导下于1942年7月1日成立了天津艀船运输株式会社，由开发公司、东亚海运、华北盐业、大连汽船、北岛商店五个会社共同出资。天津艀船运输株式会社的主要业务是负责将华北的煤炭、铁、棉花、盐等资源通过天津港输送到日本，还经营造船及船舶的修理。对青岛港的控制主要是通过成立青岛埠头株式会社予以实施。

七七事变后，在日本陆军、海军和驻华领事馆的主导下，于1938年4月成立了青岛埠头事务所，同年9月改为青岛埠头株式会社，1939年夏季制订了青岛港扩张计划，即在第一码头南部新建第六码头，以运输盐业为主，以前盐业运输码头全部变为煤炭装运之用，并扩大煤炭的储存场所及装卸用地，还设置小型收容所，整备运输机械设施。除了承担筑港工程外，还经营仓库业、栈桥业、船舶碇系场业、货物装卸，以及海运等其他代理。[①] 日本对塘沽港的经营主要是为了进一步强化海上交通及运输，由于塘沽港是天津的门户，所以把垄断塘沽港海上运输业务作为日本对华北海运事业侵略的首要目标。1939年4月，在兴中公司的主导下设置了北交新港临时建设事务所，开始大规模地进行筑港事业。1941年10月，由华北公司继承将其改为塘沽新港港湾局，并制订了第一期筑港计划，预计到1946年完成。[②] 对连云港的控制主要是由于该港为陇海线的吞吐港，可以直接垄断华北的海陆连接之要害。1942年6月，在华北交通运输股份有限公司的主导下设立了连云港港湾局，主要负责运输华北地区的煤炭。

控制华北的电气通信和用电事业，是满铁利用华北开发会社掠夺华北资源的第三项重要内容。1938年7月，在满铁的主导下由华北电信电话股份有限公司以3500万日元创建了中日合办华北电信电话股份有限公司，从此独占华北的电气通信事业。华北电信股份有限公司主要经营电气通信设施及经营、租赁、受托、投资等各项事业，所覆盖的地区包

[①] 解学诗主编：《满铁档案资料汇编》第十一卷，社会科学文献出版社2011年版，第282页。

[②] 解学诗主编：《满铁档案资料汇编》第十一卷，社会科学文献出版社2011年版，第282—283页。

括北京、天津、青岛、济南、徐州、太原等各大城市，尤其是各铁路沿线的城市通信联络等。为了适应战时日本侵华之需要，在军部的主导下设置了如下业务：（1）与日本在华侵略之需要的国防治安有关的通信设施；（2）华北、华中及日"满"间通信业务之扩张应从以下七项实施，一是更新勤务管理，二是提高通信效能，三是保证重要通信，四是攻克工事实施中的难关，五是简化事务，六是调整会社机构，七是保证社员生活。①为了谋求发展在华的电力事业，日本华北电业便联合满洲电力协议会、华北开发公司等有关会社，召开了"中满蒙电力联络会"，制定了如下发展战略：（1）设立"中满蒙联络会"议案、大陆联络会议案和加强"大东亚恳谈"会议案，并组成小组委员会；（2）中"满"间产业开发及电力问题，由双方的关系者决定；（3）关于开发产业用电及技术交流，由"满洲"提供机材及技术，华北、蒙疆地区提供煤矿、石膏和劳力；（4）电气材料自给之事，则决定互相提供资材，主要以变压器、中小型电动机、电线和电灯泡为主。②

控制华北的煤矿业，掠夺华北的煤炭资源是满铁对华北经济进行掠夺的第四项重要内容。日本为了对中国的煤矿资源进行掠夺，在满铁成立后便组织地质勘测人员对中国各地的煤矿资源进行了秘密勘测和调查。根据满铁遗留的档案资料统计，当时中国全国煤炭储存量达2390亿吨，华北地区为1679亿吨，约占70%，其中河北省为3100百万吨，河南省为7800百万吨，山东省为115000百万吨，蒙疆地区为40104百万吨，总额是167974百万吨。③而华北地区的煤矿主要分布在河北省的开滦、长城、柳江、门头沟、坨里、大台、井陉、正丰、临城、磁县；河南省的六河沟、汤阴、焦作、凭心；山东省的淄川、黑山、悦升、旭华、官庄、文租、坊子、华宝、赤柴、新泰、莱芜、八宝、中兴；江苏省的柳泉、孤山；山西省的阳泉、寿阳、西山、轩岗镇、富家滩、介

---

① 解学诗主编：《满铁档案资料汇编》第十一卷，社会科学文献出版社2011年版，第284页。
② 解学诗主编：《满铁档案资料汇编》第十一卷，社会科学文献出版社2011年版，第285页。
③ 解学诗主编：《满铁档案资料汇编》第十一卷，社会科学文献出版社2011年版，第285页。

休、潞安；蒙疆地区的下花园、宝兴、大同、大青山。

日本对河北省煤炭的掠夺主要通过井陉煤矿股份有限公司（1940年7月成立）、磁县煤矿股份有限公司（1943年2月成立）、军官开滦矿务总局（1931年12月成立）进行侵占和掠夺。对河南煤矿的掠夺，主要是通过焦作煤矿矿业所（1929年12月成立）实施。对山东省煤矿的掠夺主要是通过山东矿业株式会社（1923年5月成立），对淄川、博山和章丘一带的煤矿进行统制经营，对峰县煤矿的掠夺主要是通过中兴煤矿股份有限公司实施，对赤柴、华宝煤矿的掠夺主要是通过大汶口煤矿股份有限公司实施，对新泰煤矿的掠夺主要是通过新泰煤矿矿业所实施。对江苏省煤矿的掠夺，主要是通过柳泉煤矿股份有限公司实施。对山西省煤矿的掠夺，主要是通过山西省煤矿股份有限公司、山西产业株式会社对阳泉、寿阳、富家滩、轩岗镇、西山等进行统治。对蒙疆地区煤矿的掠夺主要是通过大同煤矿株式会社、大青山煤矿株式会社实施。

控制华北的铁矿业及制铁业，掠夺华北地区的铁矿业，是满铁利用华北开发会社对华北进行经济掠夺的第五项重要内容。其中，主要是通过龙烟铁矿株式会社对宣化、龙关、怀来等三县的铁矿进行掠夺，通过金岭镇矿业所对铁山、四宝山、刘公山等地区的铁矿进行掠夺，通过北支那制铁株式会社对山西省的东西山、宁武、静乐、河口镇、磁县、临县、定襄、五台、代县等地区的铁矿进行掠夺。[1]

控制华北的矾土矿，掠夺华北的矾土页岩是满铁对华北进行掠夺的第六项重要内容。矾土是制铝、耐火砖瓦及研磨用材重要的原料，在满铁的主导下成立了华北矾土矿业股份有限公司，对长城附近的石门寨、冀东及开滦一带及山东淄川、博山等地的矾土进行控制，并研制开采。

控制华北地区的重石矿业，是满铁对华北经济进行掠夺的第七项重要内容。满铁对华北重石矿业的掠夺，主要是通过华北重石矿业株式会社实施。该会社成立于1930年10月，主要负责对冀东地区以密

---

[1] 解学诗主编：《满铁档案资料汇编》第十一卷，社会科学文献出版社2011年版，第289—291页。

云为中心的钨矿的开发与收买,在技术上最初沿用土办法,后来开采设备全部机械化。①

控制华北的盐业,掠夺华北的盐业资源,这是满铁对华北经济进行掠夺的第八项重要内容。对华北地区盐业的控制和掠夺,主要是通过对长芦盐场和山东盐场进行统制。七七事变后,日本通过兴中公司与冀东伪政府勾结成立了华北盐业股份有限公司,并控制了长芦盐场的采矿与运输。华北盐业股份有限公司除了改良并开设新的盐田之外,还重新开设了很多已经荒废的旧盐田,如汉沽、新河、塘沽、邓沽等地区的荒废的盐田都被重新开设起来。对山东盐业的控制主要是通过设立山东盐业株式会社实施,该会社不但控制了永利莱州的盐场,还将咸宁、石岛、全口、胶澳等盐场全部控制。②

控制华北的化学工业,掠夺华北的化学工业,是满铁对华北经济进行掠夺的第九项重要内容。为了控制华北地区的化学工业,在满铁的主导下成立了山东电化株式会社,负责华北地区的碳化钙等化工品的制作与贩卖。后来,在满铁的主导下又成立了东洋化学株式会社,主要是负责溴素结晶、芒硝、氯化钠、氯化镁、盐酸等化学工业的制造与贩卖。随着日本对华北粮食、棉花等农作物需求的不断扩大,满铁又设立了华北窒素肥料株式会社,出资总额4000万日元,控制了华北地区的整个窒素的生产,年产量在百万吨以上。③

控制华北地区的纺织工业,掠夺华北的纺织产品,是满铁对华北经济进行掠夺的第十项重要内容。为了对华北地区的纺织工业进行统制,在满铁的主导下先后成立华北棉产改进会、华北麻产改进会、华北毛皮统制协会、华北纺织工业会、华北纤维股份有限公司、华北纤维协会等

---

① 解学诗主编:《满铁档案资料汇编》第十一卷,社会科学文献出版社2011年版,第292页。
② 解学诗主编:《满铁档案资料汇编》第十一卷,社会科学文献出版社2011年版,第293页。
③ 解学诗主编:《满铁档案资料汇编》第十一卷,社会科学文献出版社2011年版,第294页。

机构，这些机构主要负责对华北地区的纺织工业进行管理、收买、加工、配给等统制。① 另外，在满铁的主导下还对华北地区的一些一般产业进行统制，如通过成立山西产业株式会社，负责对山西省内的重工业和轻工业进行统制。

由此可以看出，满铁主导下的华北开发会社不仅对华北地区的水陆交通、电气通信、煤矿业、矾土业、重石矿业、采金业、盐业等进行统制，还将一些电气、化工、纺织等也牢牢地控制在日本手中。

九一八事变后，满铁便撕下了"企业"的假面具，主动投入到关东军麾下，在整个事变中不但承担了军事运输任务，还派遣大量社员加入关东军各机构协助对东北的统治。为了"应对"国联调查团在东北进行调查，满铁还与关东军、领事馆一同制定各项"应对"措施，为国联调查团的东北调查制造障碍。在国联调查团来东北前，满铁便成立了"应对国联调查团准备委员会"，事先编造了各种说明材料，还在东北各地成立临时事务所作为接待的主要机构，并在国联调查团来华前与关东军一起炮制了伪满洲国政权，将大批满铁要员安插在伪满洲国各机构中担任要职，牢牢地控制伪满洲国的政治、经济、司法、财政、金融和教育等各项权力。国联调查团来东北调查后，满铁又作为接待的主体出动多辆专列进行接待，还"引导"国联调查团对产业设施、营业社会和教育设施进行视察，以此显示满铁在东北经营的"盛况"。以总裁内田康哉为首，一些满铁要员多次同国联调查团进行会谈，阐述日本在中国东北的领土侵略欲望，主张"满蒙非中国领土主权论"。

在日本向华北大举入侵的过程中，满铁还伙同关东军一起制造"华北自治"阴谋。七七事变后，满铁便顺应日本侵略之需求，将活动的重心向华北地区转移，并通过在华北设立株式会社将华北的重工业和轻工业进行全面统制。太平洋战争爆发后，日本更是加大了对中国国防资源和重工业的掠夺。日本投降后，满铁在中国遗留了数量庞大的满铁资料，这些满铁资料涉及当时东北的政治、经济、军事、法律、历史、文化、教育、民族、宗教、地理、自然科学等各个领域，

---

① 解学诗主编：《满铁档案资料汇编》第十一卷，社会科学文献出版社2011年版，第294页。

其中有大量资料是九一八事变后满铁根据关东军"嘱托"进行"调查"而产生的报告及情报资料,如东北国防资源调查、东北农村社会调查、军用地质给水调查、地质矿产调查、中国抗战力调查等,都是为掠夺资源和侵华战争服务的。

综上所述,关于满铁及战后满铁会的研究需要注意以下几个方面的问题:一是满铁作为日本帝国主义侵略与为战争服务的"国策会社"性质,在任何时候都是不能否认的事实,更不能因为某些调查成果在相关学术研究上具有某些参考价值,就以所谓的"学术性"抹杀或掩盖其自身的侵略企图和侵略性质;二是满铁从九一八事变爆发后,便彻底撕下了"企业"的假面具,成为关东军进一步大举侵华的"左膀右臂",满铁经调会作为关东军的"经济参谋本部",对华北地区的各项立案调查,实际是日本对华北进行军事侵略和经济掠夺的预案;满铁遗留的数量庞大的文献资料,如对华大批的文献调查和实地调查记录,都真实地反映出当时的时代背景和历史原貌,需要深入分析和利用。[1]

---

[1] 解学诗:《评满铁调查部》,人民出版社 2015 年版,第 516—535 页。

第二章

满铁会成立及权利保障

1945年8月15日,日本天皇发布终战诏书,标志着侵华战争结束。侵华战争结束后,满铁作为日本的"国策会社",也被盟军司令部宣布解散。从形式上来看,满铁的组织结构似乎已经解体,并在"企业"招牌的掩护下被免于追究战争责任。但是,满铁的阴魂却并没有因为满铁的解体而消亡,满铁回国人员不但建立了庞大的满铁会组织机构,还通过向日本政府陈情、请愿等一系列活动,使满铁回国人员的待遇与国家公务人员、军人等同,满铁社员的家属与军属享受同等待遇。满铁会要员还进入日本众参两院,成为国会议员。而且,满铁会成员在日本中央和地方政府中担任要职者数量众多,参与中央和地方政策的制定与行政管理,在日本一些政策决策中发挥重要作用。

尤其值得注意的是,满铁会还通过公开发行刊物、出版著作和发表言论等方式,向日本后人宣扬所谓的"满洲开发论",将满铁在中国的侵略活动标榜为"实现了东亚的产业振兴",为满铁在中国东北的侵略活动"歌功颂德"。满铁会的这种否定侵略战争、掩盖侵略行为的选择性的战争记忆和战争宣传,成为战后日本右翼势力否定侵略战争和侵华历史理论的始作俑者。另外,满铁会还通过建立"满铁留魂碑"等一系列活动向日本后世宣扬侵略有功论,这种剔除侵略、美化战争的片面的、选择性的"战争记忆",人为地抹杀了日本对华发动侵略战争的本质特征,使日本后代对日本侵华历史缺少了解历史真相的机会。战后日本这种从前人继承的扭曲的战争史观,人为地使历史认识问题成为影响中日两国关系发展的一个重要因素。

第一节　满铁社友新生会

满铁社友新生会是战后日本满铁会发展的第一个阶段，该组织机构成立于 1946 年。① 在第二次世界大战结束前，隶属于满铁会社的人员总数多达 40 万人。日本战败投降后，由于满铁在日本侵华战争和对外侵略扩张中发挥了"国策会社"的作用，被盟军司令部勒令解散。满铁在华人员也按照中日战争结束之规定，相继被遣返回国。这些满铁社员回国后，不断地定期举行集会，并以第二次世界大战前的满铁社员会、同盟援护会、"满蒙"同胞援护会、大陆铁道从业人员援护会等团体为主体，广泛地进行联络交流。经过多方策划，以原满铁要员为核心，以满铁社员会、同盟援护会、满蒙同胞援护会、大陆铁道从业人员援护会等团体为主体，酝酿成立了战后满铁新的组织机构——满铁社友新生会。满铁社友新生会成立后，便向日本政府多方陈情，积极地为满铁回国人员各项权利、生活保障、满铁社员死亡者家属的权利保障、滞留中国和苏联的满铁人员的遣返等问题进行交涉，并通过法律程序使日本政府对上述各项内容予以保障。

一　第二次世界大战结束前的满铁社员会

第二次世界大战结束前，满铁社员已经结成了强大的组织机构——满铁社员会，该组织机构的发展、壮大同满铁的发展历程几乎是同步而行，并且随着满铁势力的不断扩张，满铁社员会的成员遍及中国东北及华北地区。1927 年 4 月 1 日，满铁社员会成立，该机构属于满铁社员的组织团体，当时全称为社团法人满铁社员会。由于满铁是作为"国策会社"而产生的，有天皇颁布的成立敕令，还有递信、大藏和外务三大臣联合发布的任命书，所以满铁社员会成立后，自然为政府的对外侵略扩张政策提供服务，在对外活动中均以完成日本国家意志的指令性计划为

---

①　松岡満寿男「『満鉄会六十年の歩み』刊行にあって」、満鉄会編『財団法人満鉄会六十年の歩み』、満鉄会、2006 年、第 1 頁。

目标。尤其是九一八事变爆发后，满铁撕下了"企业"招牌的假面具，彻底投入关东军的麾下，成为关东军侵华战争的"左膀右臂"。满铁不但协助关东军接管东北地方各机构，还将大量人员安插在东北各机构中，日本对华侵略政策文件的草拟很多出自满铁要员之手，这主要是由于当时高层领导很多人也在日本内阁中担任要职，如内田康哉曾于1918年9月至1923年8月连续在原敬内阁、高桥是清内阁、加藤友三郎内阁担任外务大臣，1930年6月担任满铁第12任总裁，1932年5月又出任斋藤实内阁外务大臣；松冈洋右于1935年8月担任第14任满铁总裁，1940年担任近卫文麿内阁外务大臣。这样的事例还有很多，在此不一一赘述。由此可见，满铁是日本国家对外侵略政策的强有力的支持者。满铁社员会一方面作为日本政治团体，在多方面与日本政府的联系非常紧密。另一方面，满铁社员会也希望保持社会团体的独立性。关于这一点，可以从满铁社员会制定的组织章程中得到解答。满铁社员会章程中明确指出："第一，拥护满铁自主独立之地位，外部势力非法触及会社、阻碍会社健康发展之时，满铁社员会将全力以赴排除困难；第二，立足于会社之使命，拥护会社之地位；第三，以会社的健康发展为基础，增进社员的共同福利。"[①] 从上述满铁社员会章程的第二项内容可以看出，满铁社员会的活动目标是维护满铁在华侵略的使命，拥护满铁的"国策会社"的地位。

满铁社员会成立之初，本部设在东京赤坂满铁办公楼内，与满铁东京支社在同一地点办公，这样利于日本政界及军部所发布的命令能够及时通过满铁社员会向满铁在中国的本部传达。满铁社员会除了在东京设立本部之外，还在中国东北设立了满铁社员会"满洲支部"和"华北支部"。"满洲支部"的办公地点在满铁总部大连社员会馆内，华北支部的办公地点在北京。满铁社员会在"满洲支部"和"华北支部"的统领下，还在中国东北设立了"新京"、奉天、安东、抚顺等多个分会。[②] 满

[①] 庵谷磐「満鉄会の歩み」、満鉄會編『財団法人満鉄會六十年の歩み』、満鉄會、2006年、第12頁。

[②] 庵谷磐「満鉄会の歩み」、満鉄會編『財団法人満鉄會六十年の歩み』、満鉄會、2006年、第12頁。

铁社员会成立后,便在中国东北和华北地区迅速扩张势力,并形成了组织人员多达几十万人的庞大队伍。

1945年8月,日本天皇发布终战诏书后,满铁结束了对中国长达近40年的经济掠夺和军事侵略。日本战败投降后,日本军队人员、满铁社员与家族人员的遣返回国问题,成为战后中国政府和日本政府所需要共同处理的一项重要内容。按照中日间终战的有关规定,在华滞留的十几万名满铁社员将与日本诸多军队一样,从中国各地相继遣返回日本。所以,十几万名满铁社员的遣返问题,也是需要日本政府紧急处理的重要问题。原满铁总务局次长佐藤晴雄、末代总裁山崎元干接到了日本政府关于援助满铁社员回国的特命,并担任护送满铁社员回国的负责人。在接到日本政府的遣返命令后,山崎元干便向满铁原总务次长佐藤晴雄传达了在华满铁社员回国相关问题的指示,并选派佐藤晴雄担任满铁社员回国列车队队长,负责护送满铁社员返日的相关工作。1946年7月15日,满铁社员返日专列从长春出发,由于中途发生事故,该专列在10月末才抵达东京。此后,相继又有多辆列车运送满铁人员返回日本。由于满铁在华社员数量过于庞大,遣返回国的满铁社员被分成若干次分批乘车回国。末代总裁山崎元干、副总裁平岛敏夫两人于1946年10月25日回到日本。

这些分批次回到日本的满铁人员,为了继续保持原满铁社员的组织机构和团体,在经过多方串联后,决定要建立一个新的满铁回国人员的组织机构,以便进一步加强联络和统一行动,以此保护满铁回国人员的各项权利。经过多次协商后,最后选定东京武田京桥楼的日本精蜡东京事务所,即原满铁支社东京事务所作为集会地点,并与侵华战争期间满铁社员所结成的满铁社员会、同盟援护会、"满蒙"同胞援护会、大陆铁道从业人员援护会等进行密切联络。1946年10月26日,日本全国各地的归国团体纠集在一起,经过周密的策划决定将原满铁社员会、同盟援护会、满蒙同胞援护会、大陆铁道从业人员援护会等的成员为基础,将诸团体合并为一,建立一个组织机构,新建立的组织机构名称为"回国团体全国联合会"。①

关于满铁回国社员新组织机构的建立，当时满铁回国人员经过了多次的讨论，决定应该以第二次世界大战前的满铁会组织机构满铁社员会为母体来建立新的机构组织，这主要是由于无论是从人员数量、机构发展规模、组织完备程度、国内外的影响，以及在战后日本政治和社会的地位来看，以原满铁社员会来建立新组织机构都是最合适的选择。经过讨论，原满铁社员会、同盟援护会、"满蒙"同胞援护会、大陆铁道从业人员援护会等诸机构的负责人最后决定，为了保障满铁回国人员的各项权利，发起成立新的机构组织，并通过新机构组织与政府的交涉来保障满铁回国人员的各项权利。同时，为了扩大满铁回国人员的影响和宣传，经过磋商后决定新机构组织应该创办机关报，该机关报仍然以满铁的机关报《协和》为名在日本全国范围内公开发行。由于决定以满铁社员会为母体创建新的机构组织，所以机关报的用纸也选择了满铁社员会的机关报用纸。当时在一张 B4 大小正反面都是油印的仙花纸上，用手书体写下的"协和"两个大字，现在已经难以辨认，但这足以证明当时的满铁新的机构组织建立的情形。

1946 年 11 月，由满铁原理事古山胜、总务次长佐藤晴雄进京，联络原满铁东京支社的核心成员，组成新机构建立筹备工作小组，积极策划并推动成立新的组织机构的相关事宜。但是，山西恒郎会长向工作筹备小组传达了盟军总司令部的命令，即满铁作为近代日本发动侵略战争的"国策会社"，被盟军总司令部作为第一号战犯宣布解散。②为了使新成立的满铁组织机构能够被盟军司令部许可，便在《协和》第 4 号上发表了说明文章进行说明，指出："新成立的满铁社员会是与第二次世界大战前的满铁社员会不同的组织机构，新建立组织机构是为了满铁回国人员的自助和协力为目标，新组织机构计划进行回国社员大会。"③

---

① 庵谷磐「満鉄会の步み」、満鉄會編『財団法人満鉄會六十年の步み』、満鉄會、2006 年、第 12 頁。
② 庵谷磐「満鉄会の步み」、満鉄會編『財団法人満鉄會六十年の步み』、満鉄會、2006 年、第 12 頁。
③ 庵谷磐「満鉄会の步み」、満鉄會編『財団法人満鉄會六十年の步み』、満鉄會、2006 年、第 12 頁。

为了使盟军总司令部能够允许召开满铁回国人员大会,并成立新的组织机构,由满铁原总务次长佐藤晴雄作为代表亲自向盟军总司令部进行说明,最后"轻而易举"地得到盟军司令部的许可。① 由此可见,满铁回国人员新的组织机构的成立是经过盟军司令部的允许下的活动。关于这一现象,可以从以下几个方面进行分析:第一,第二次世界大战结束后,以美国为首的盟军总司令部对日本所进行的战后改造,其本身就具有不彻底性。正是由于这种暧昧的占领政策,导致了第二次世界大战前日本法西斯军国主义的一些特质被保留下来。第二,侵华战争期间日本在华一些财阀组织、社会团体、民间机构,以及一部分大学教授和学生均参与了对华资源"调查",并为日本军方提供了作为资政的军事情报,虽然这些机构和团体被盟军总司令部宣布全部解散,但同时也被免于追究战争责任。这就为满铁回国人员在日本全国范围内的公开活动提供了可乘之机。第三,由于满铁在侵华战争中发挥了"重要作用",所以战后日本政府对满铁回国人员的活动给予大力支持,这是他们能够在全国范围内进行广泛联络和活动的根本原因。

二 满铁社友新生会成立

前期准备就绪后,满铁新的组织机构——满铁社友新生会的建立便被提上新的日程。在满铁回国人员中的一部分满铁社员的核心人员,经过多次集会和讨论,决定把新成立的组织机构命名为满铁社友新生会,并确立新机构的初期的中心目标是实现社员债权保障、对社员与家族进行援助、残留满铁社员回国等三项内容。② 满铁社友新生会所提出的上述目标中,关于社员的债券保障问题后来成为要求政府保障满铁社员退休金,这项内容经过多方的交涉,其后由1954年所成立的财团法人满铁会继续积极推动。原满铁要员通过向众参两院议长和相关省厅机构进行陈情、请愿,以及联合有共同要求的众人聚会等方式向日本政府积极

---

① 庵谷磐「満鉄会の步み」、満鉄會編『財団法人満鉄會六十年の步み』、満鉄會、2006年、第14頁。
② 松岡満寿男「『満鉄會六十年の步み』刊行にあって」、満鉄會編『財団法人満鉄會六十年の步み』、満鉄會、2006年、第1頁。

申请。经过满铁会的多方交涉，最后使满铁社员工作期间的薪金待遇按照国家公务员的待遇进行通算。1974年，满铁会又把收集满铁相关资料、文献等作为新的目标。从满铁会60年的发展历程来看，前半期是为了实现满铁回国人员的生活保障而努力，后半期所实现的目标是通过编纂《第四次满铁十年史》，以向日本后人把满铁对华侵略活动宣扬为"丰功伟业"，使满铁在侵华战争中的活动在日本历史中"永远存留"，并将建立"满铁留魂碑"作为这一目标的实施手段。关于第二次世界大战前满铁的组织特征，松冈满寿男曾特别提出："我坚信，满铁是为了目的达到最强大的组织。为了实现目的，满铁具有多方面的素质，例如公共目的意识和未来理想、向上的智慧心、应对时代和环境变化的情报分析、确切的判断和敏锐的反应、承担责任的十全准备、优秀的指导者等。我们满铁会要将这些智慧和精神加以凝练并继承之。"① 从满铁会的发展历程来看，其主要活动可以归纳为以下几个方面：第一，与活跃在政界、官界、教育界、文化艺术界等当局者进行联合；第二，扩充、强化地方满铁会及相关职业领域的机构团体；第三，确定财务制度；第四，在月例恳谈会时召开国际视野情报学习会；第五，定期发行满铁会会报等。②

1946年12月6日，在东京帝国交通协会讲堂内召开了满铁回国社员全国大会。参加大会的人员主要是满铁社员会、同盟援护会、满蒙同胞援护会、大陆铁道从业人员援护会等诸团体的会员，总计600余人，盟军总司令部也派了2名检察官参加了成立大会。这次大会提出了4项决议：一是以回国满铁社员为主体组成新的组织机构，机构名称正式确定为"满铁社友新生会"；二是促进社员权利的保障；三是对满铁社员及家族的生活予以基本保障；四是促进滞留中国的满铁人员回国。③ 在满铁社友新生会成立大会上，推荐满铁原末代总裁山崎元干担任第一任

---

① 松岡満寿男「『満鉄會六十年の歩み』刊行にあって」、満鉄會編『財団法人満鉄會六十年の歩み』、満鉄會、2006年、第2頁。
② 松岡満寿男「『満鉄會六十年の歩み』刊行にあって」、満鉄會編『財団法人満鉄會六十年の歩み』、満鉄會、2006年、第2頁。
③ 庵谷磐「満鉄会の歩み」、満鉄會編『財団法人満鉄會六十年の歩み』、満鉄會、2006年、第14頁。

会长，选举古山胜夫为满铁新生社友会的理事长，还选举了12名理事，佐藤晴雄担任事务长兼理事，另外还选举了1名监事，将办公地点设在日本八重洲通武田京桥大楼内。另外，还组成了"社员债权保障委员会"，推举古山胜夫担任委员长。为了便于全国各地的满铁会员进行联络及作成各种书面材料，又在银座松阪屋地下的日满仓库事务所内设置了分会所。

满铁会会报也以《新生——协会改题 第7号》为题，从同年12月12日开始以油印形式印刷发行。在会报的卷首中，以《新生之成立》为标题阐述了创立满铁社友新生会的目的。该卷首语写道："12月6日，是10万同僚及25万家族为了旧谊与友爱而结成的纪念日，也是满铁新生社友会的成立纪念日。我们要清算一切旧秩序，毅然承诺建立新秩序，在这种新秩序中我们要从内心深处真诚地合作，建设我们健康美好的社会。"[1] 从上述卷首语内容可以看出，这是满铁社友新生会提出参与日本战后事务的宣传书，并以"新日本之宣言"为主题向社员大会进行了报告。满铁社友新生会成立大会召开后，日本各都、道、府、县以此为契机，纷纷设立地方满铁社友新生会，使满铁社友新生会的团体机构遍及日本全国各地。满铁社友新生会成立后，便积极地推动在华满铁滞留人员的回国相关事宜，最后除了一部分留用的技术人员外，满铁人员全部返回日本。满铁社友新生会成立后，便修改了章程，推选山崎元干担任满铁社友新生会的会长。

同时，公布了《满铁社友新生会章程》。该章程的具体内容为：

第一条　本会名称为满铁社友新生会。
第二条　本会以增进满铁社友的友好与协力为宗旨，以建立健康的生活和社员的相互和睦为目的。
第三条　本会为了实现上述之目的进行以下之事业：
（1）会员之间为了共同诸问题的解决进行交涉；
（2）会员相互联络；

---

[1] 庵谷磐「満鉄会の歩み」、満鉄會編『財団法人満鉄會六十年の歩み』、満鉄會、2006年、第14頁。

(3) 会员的生活的重建诸事项;

(4) 为达成本会之目的上一条款之外的必要之事项。

第四条　本会本部设在东京，在各都道府县设立支部，因需要在特定的地区设置地方联合会，支部及地方联合会的章程另行规定。①

满铁社友新生会成立后的一项主要活动便是解决满铁社员债权的保障问题。日本战败投降后，由于满铁被盟军司令部勒令解散，原满铁社员被遣返回国，这些回到日本的原满铁社员及家族一方面需要每个人都寻找新的出路，另一方面需要对他们所面临的共性问题，依靠新的机构组织——满铁社友新生会向日本政府请愿。回国原满铁社员的债权问题，是满铁社友新生会需要解决的一项重要问题。1947 年 1 月，满铁社友新生会组建社员债权保障委员会，首先是为了保障回国满铁社员的基本生活的安定。满铁社友新生会在社员债权保障委员会成立之时，正值日本进入战后改革的关键时期，颁布新宪法进行民主新制度的确立中。4 月 5 日，日本进行县知事的民主选举，满铁社友新生会成员纷纷报名参加选举，最后田中龙夫当选为山口县知事，西村美造当选埼玉县知事，并顺利当选为日本中央政府的两会议员，还有诸多的满铁社友新生会的会员当选了日本地方议员。4 月 22 日，在参议院的选举当中，满铁社友新生会成员北条秀一顺利当选。通过这次选举，使满铁社友新生会的多数人员进入内阁和地方政府当中。同时，也让更多的原满铁社员了解了满铁社友新生会这个新的组织。由于满铁社友新生会的成员纷纷当选为中央政府和地方政府议员，所以原满铁社员及家族的各项权利保障相关事宜便被提上新的日程。5 月 20 日，在日本召开的第一届特别国会上，专门设立了为解决原满铁社员的诸问题的回国满铁社员特别委员会。通过回国满铁社员特别委员会的设立，可以清楚了解回国满铁社员及家族的权利保障问题已经得到了日本政府的高度重视，该问题的解决进入一个新的发展阶段。

---

① 滿鐵社友新生会「滿鐵社友新生会規約」、滿鐵會編『財団法人滿鐵會六十年の步み』、滿鐵會、2006 年、第 72 頁。

三　原满铁财产及债权处理

1948年5月,《回国同胞对策决议》在日本众参两院顺利通过。5月末,满铁社友新生会也以此为契机,向运输省提出要继续采用原满铁社员团体名称的申请。6月,满铁社友新生会又向众参两院的议长陈情,提出了原满铁社员对满铁的债权处理问题和国内满铁资产的整理分配问题,要求日本政府在国内满铁资产的整理和分配时应该尊重原满铁社员的权利。于是,为了达成上述目的,满铁社友新生会一方面要求回国的满铁社员对满铁的资产进行清点上报,并要求联名提出申请;另一方面还向日本国内各大新闻媒体进行呼吁,要求通过新闻媒体的报道来进一步推动对原满铁社员的债权问题的解决。正是由于满铁社友新生会的多方呼吁和协调,最终联合了原满铁社员27387人向日本国会提出了联名申请书,在该申请书中提出的原满铁社员的债权资产多达3亿9300万日元,而这些债权资产的数量还不包括滞留在中国的原满铁社员的资产,以及已经回国却不知道满铁社友新生会公告的原满铁社员的债券资产。[1]

根据满铁遗留的有关档案披露,满铁在日本国内的资产数额最大的是位于东京虎门的原满铁支社的办公大楼,还有位于麻布狸穴的总裁公馆。这个满铁东京支社的大楼在第二次世界大战期间被"大东亚省"接收,第二次世界大战后被美国作为驻日大使馆事务所使用。如果把这个大楼返还给原满铁社员,需要与以美国为首的盟军司令部进行交涉。满铁社友新生会为了能使这座大楼归还,经过与美国的多方交涉和谈判,最终结果是以80万美元的价钱把这座大楼赎回,而这笔赎回原满铁东京支社大楼的钱款,是原满铁社员退休津贴原始资金的核心部分。[2]

正是在满铁社友新生会的积极推动下,再加之原满铁社员的联名申请和日本各界媒体的呼吁,从1953年2月开始,日本政府对已退休的原

---

[1] 庵谷磐「満鉄会の歩み」、満鉄會编『財団法人満鉄會六十年の歩み』、満鉄會、2006年、第16頁。

[2] 庵谷磐「満鉄会の歩み」、満鉄會编『財団法人満鉄會六十年の歩み』、満鉄會、2006年、第16頁。

满铁社员的退休津贴予以支付，所支付的退休金总额为2亿3600万日元，该数额相当于所规定的原满铁社员退休津贴数额的88%。当时，为了满铁新生社友会的未来发展，在收到日本政府所支付的退休津贴后，决定将这部分退休津贴中的5%捐赠给满铁社友新生会，作为平时的活动经费，总额600余万日元，这笔经费后来也作为财团法人满铁会成立的预备基金。随着满铁社友新生会活动范围的不断扩大，活动经费需要也逐渐增加，于是，从1955年4月开始，满铁社友新生会便提出将政府支付给原满铁退休社员退休金的6%，作为满铁社友新生会的活动基金。①

第二世界大战结束后初期，由于日本处于经济恢复阶段，再加之支付原满铁社员的退休金额也较为庞大，所以从国家层面上来说，原满铁社员退休津贴的支付手续的审查非常严格，与之相对应的原满铁社员每个人的档案资料也要求非常细致。而且，日本对于从中国回国的原满铁社员的名单并没有统一资料，这些原满铁社员的人事档案具体数字大部分是依靠中国有关部门向日本提供。

其实，第二次世界大战结束时，原满铁社员档案资料整理这项工作委托给原奉天总务局人事课课长代理藤原丰四郎负责，藤原丰四郎又动员其原来部下的28名原满铁社员，完成了全体满铁人员的人事档案的统计工作。但是，滞留在中国的日本人遣返回国时，由于满铁在华人员数量超过40万人，所以原满铁社员的档案资料数量庞大，满铁社员在撤离中国时没有办法将这批档案直接带回日本。后来，经过中日两国政府的协商，日本委托有关部分原满铁人员将所有档案资料，其中包括满铁社员名单、社员资格人员登记表、满铁历代组织人事登记表等，总计7大箱材料全部完好无缺地从中国邮寄回日本。后来，这些档案资料全部卡片化，并根据这些档案材料做成了15000张原满铁社员卡片，这些卡片详细地记录了原满铁社员的在职详细信息，对于研究和查询原满铁在职社员身份及孤儿身份调查等是第一手资料。

---

① 庵谷磐「満鉄会の歩み」、満鉄會編『財団法人満鉄會六十年の歩み』、満鉄會、2006年、第16頁。

第二节　财团法人满铁会成立

财团法人满铁会是战后日本满铁会发展的第二个阶段。财团法人满铁会成立后，不但实现了满铁回国人员与国家公务员、军人享受同等待遇，还在日本各都道府县建立了百余个满铁会地方组织。满铁会成员不但有多人进入日本众参两院成为国会议员，还有相当一部分人在日本地方机构中担任要职。满铁会从中央到地方，形成了一股强大的势力，在日本政策决策中起到重要作用。

这一时期，满铁会还通过建立"满铁留魂碑"、出版著作、影视作品等宣扬满铁的"业绩"，并将满铁在中国的资源掠夺和经济侵略美化为"满洲开发"，这种去侵略化的选择性的历史认知严重地影响了日本后世对侵略历史的正确判断和认识，成为战后日本掀起美化侵略战争高潮的始作俑者。

一　财团法人满铁会成立

满铁社友新生会成立时决定，在两年内将分散在日本全国各地的原满铁社员退休津贴支付完毕，但随着各地反馈的情报来看，当时已经查明具体情况的满铁社员为55000人，这个数字只不过占原全体满铁社员的40%左右。通过会报、有关团体的多方调查，还有3900万日元未支付的满铁社员的退休津贴需要处理。按照日本相关的财务管理规定，产生未支付的退休津贴时，需要成立专门的机构来管理这部分余款。于是，以支付原满铁社员退休金为契机，满铁社友新生会便向大藏省提出申请，其理由是原满铁退休的回国人员达到55000人，在未来2年内不可能完成对退休满铁社员退休金的全部支付，作为任意机构性质的满铁社友新生会没有管理这部分尚未发放的原满铁社员退休津贴的资格，所以需要将满铁社友新生会进行升格，变为具有财团法人资格的社会组织结构。满铁社友新生会的这一申请，很快就得到了大藏省的同意，并允许在满铁社友新生会的基础上来建立新的机构组织。

1954年1月，满铁社友新生会、满铁俱乐部召开了理事会，决定将上述两个组织解散，建立新的组织机构——财团法人满铁会，并在厚生劳动省的指导下制定新的章程、规定捐赠行为、组织机构的建立准备等各项内容，积极地为新机构组织的成立而紧锣密鼓地进行筹备。同年7月21日，在东京神田公立讲堂召开财团法人满铁会成立大会，并一致通过了财团法人满铁会决议。决议指出："致力于东亚大陆的开拓和近代文化的建设、立志民族共荣的志向虽然最终没有实现，但应将满铁之精神传给后世子孙。"[1] 大会选举原满铁末代总裁山崎元干[2]为会长，人见雄三郎、吉田要、石崎钊、伊藤清、佐藤晴雄、菅野诚、田中龙夫、西畑正伦、平井弘、安井谦、柳下昌男、安田英一12人为理事，奥田直、山本骏平2人为监事。[3] 山崎元干代表财团法人满铁会做了大会致辞。山崎元干指出："满铁并不只是满铁关系者的满铁，而是广大日本人的满铁。满铁会也并非仅是满铁关系者的满铁会，我们应该齐心协力，使满铁会在更广泛的范围内不断发展壮大。"[4] 理事吉田要也进一步指出："我们对满铁会寄托了很大希望，从精神层面上来看，满铁是我们永远的满铁，我们要发扬满铁的精神并使之永恒，我相信满铁会将永远存在，我们要齐心协力，满铁会将为日本的复兴做出重大贡献。"[5]

为了庆贺财团法人满铁会的成立，石井貘舞蹈团、满铁老友东海林太郎[6]等进行了演出，还放映了满铁的纪录片电影。参加财团法人满铁

---

[1] 庵谷磐「滿鉄会の步み」、満鉄會編『財団法人滿鉄會六十年の步み』、満鉄會、2006年、第17頁。

[2] 山崎元干（1889—1971），日本实业家、满铁最后一任总裁，负责终战处理。1916年5月入满铁总务部工作。1921年8月至1923年9月在欧美留学。1925年6月任抚顺煤矿参事。1926年8月任抚顺煤矿庶务课课长。1927年10月任社长室文书课课长。1930年6月任交涉部涉外课长。1931年7月任总务部次长。1932年10月任理事。1937年9月任满洲电业副社长。1942年4月任满铁副总裁。1945年5月任满铁总裁。

[3] 財団法人満鉄会「財団法人満鉄会寄付行為定款」、財団法人満鉄会『満鉄會報』1954年第1号、第5頁。

[4] 財団法人満鉄会「満鉄会结成記念大会記錄」、財団法人満鉄会『満鉄會報』1954年第1号、第1頁。

[5] 財団法人満鉄会「満鉄会结成記念大会記錄」、財団法人満鉄会『満鉄會報』1954年第1号、第2頁。

[6] 东海林太郎（1898—1972），近代日本著名的职业歌手。1898年出生于日本秋田县。1908年其父在满铁供职，其母也随其父进入中国东北。

会成立大会的人员主要有原满铁高层领导、一般要员、普通社员和家族成员等共计3000余人。1954年11月25日，厚生劳动省大臣草叶龙円正式批准财团法人满铁会成立。12月25日，财团法人满铁会正式成立，由此战后满铁会机构组织正式走向法人化阶段，其机关报《满铁会报》也正式开始公开发行。

财团法人满铁会成立之时，会员大会通过了总决议。该决议中明确指出："我等自明治维新时起，担负三代历史使命，为东亚大陆开拓与近代文化建设而奋斗。此志向之宗旨，乃为实现东洋之和平，民族之共荣。然此时处于不利时期，日本战败，祖业尽失，我同僚散落于颓败祖国的四方，受尽苦难，跋涉于苦难之途。满铁虽已解散，但满铁社员仍然存在，我等必须把具有开拓进取的使命感、贯彻友爱的满铁之精神传给子孙世代，并使之永远流传。我等要常忆光荣之使命，重振满铁之精神，为颓废祖国的再建而努力奋斗。我等要以共同之理想，以事业中所结成的深厚友谊为基础，同僚间相互扶持，共同进步，为滞留在中国及苏俄同胞的回归与发展竭尽全力。我等与祖国休戚与共，永不放弃正义与人道，为原满铁社员的权利的获取而努力。在满铁会成立之时，以上之决议将在全体社员的共同努力下得到贯彻执行。"①

财团法人满铁会成立之时，还通过了《财团法人满铁会捐赠行为章程》。该章程总计7章41条。具体内容如下：

第一章　总则

第一条　本会名称为财团法人满铁会。

第二条　本会以原满铁关系者为中心，以在中国东北回国者、未回国者或家族的生活援助为主要目的。

第三条　为了实现上述之目的，财团法人满铁会将进行以下之事业：

一、推动回国者财产处理、就职及生活保障；

二、对未回国者状况进行调查并促进回国，对其家族给予生活

---

① 財団法人満鉄会「決議」、財団法人満鉄会『満鉄會報』1954年第1号、第2頁。

保障；

三、本会为了实现上述之目标，将进行必要之事业。

第四条　本会将事务所设在东京都千代田区丸内二丁目丸楼九五区。

第二章　财产及会计

第五条　本会资产由以下名目构成：

一、成立时所捐赠的在附件上登记目录的财产；

二、成立之后所捐赠的财物；

三、由事业及资产所产生的收益；

四、其他收入。

第六条　本会财产分为基本财产和一般财产两种形式。

基本财产由以下方面构成：

一、上面条款第一号中规定的现金，金额为300万日元；

二、基本财产所规定的财务；

三、由理事会决议通过编入的基本财产。

一般财产指的是基本财产以外的财产。

第七条　基本财产不可用于消费或担保，但为了完成事业所必需时，则需要经过评议员2/3以上通过，并需要经过财务主管同意，方可将其中一部分充当事业费。

第八条　本会经费一般财产用于日常开支。

第九条　本会财产由理事长负责管理。管理的方法必须经过评议员的决议通过。

第十条　财产中的现金部分，应存入邮政官署所确定的银行内，并委托可靠的信贷公司换取可信的有价证券进行保管；购买固定资产时，必须由评议员决议通过。

第十一条　年度末剩余金额经过理事会的决议，将其全部或部分金额纳入下一年度中使用。

第十二条　本会的岁入、岁出的预算需要在年度开始前经过理事会编入预算，必须经过评议员会决议后实施，在临时紧急需要之时，经过理事长向理事会提出后，追加预算或变更预算，在下一届评议员会议上提出并经过许可。

第十三条　本会的岁入、岁出的决算需要在经过理事会制定，需要在年度终了前的两个月内，连同年度末财政目录一并经过监事会的审查，并经过评议员会决议通过后实施。

第十四条　本会经过理事会决议设立特别会计。

第十五条　本会会计的年度期限为每年的 4 月 1 日开始至第二年的 3 月 31 日。

第十六条　本会必须具备财政目录借款对照表，以及其他财会必要之账本。

第三章　干事

第十七条　本会设置以下干事：会长 1 名，监事 2 名，理事 15 名，评议员 50 名；本会也设立顾问。

第十八条　会长、理事及监事，通过评议员会选任，评议员由学识经验者担任，赞成本会的宗旨，经过理事会决议，由会长委托。

第十九条　会长为本会的业务总理，是本会的代表。会长有事情时由理事长代行会长之职。

第二十条　理事组织理事会，执行理事会决议。理事会选举理事长 1 名，常务理事 1 名。理事长统筹理事会决议，常务理事辅助理事长统筹日常事务。

第二十一条　监事依照民法第五十九条履行职责。

第二十二条　评议员组织评议员会，对重大事项进行审议。

第二十三条　会长、理事、监事、评议员及顾问是名誉职务，但要对常务理事给予报酬。

第二十四条　理事、监事及评议员的任职期限可连任 2 年，但任期期满之后，后任者没有就职前仍需要履行其职责，补缺而就任的干事的任职期限，为上任者剩余的期限。

第四章　会议

第二十五条　会议有理事会和评议员会两种形式。

第二十六条　理事会由理事长随时召集。评议员会议每年 2

次，由会长召集。但在特别必要之时，会长可以随时召集，如果评议员 1/3 以上或由监事联名请求召开时，会长必须召集开会。

第二十七条　理事会的议长由会长担任，理事会的副议长由理事互选决定，评议员会议的议长及副议长由评议员互选决定。

第二十八条　议长统筹会议，有事时由副议长代行其职。

第二十九条　会议召开时，必须有会员过半以上的人员出席方能召开。

第三十条　会议议事必须由出席会员过半数同意才能通过。

第三十一条　因故不能出席会议的评议员，需要事先将通知的事项以书面形式进行评议，或者让评议员的代理人出席会议，代行表决权。

第三十二条　关于简单事项或急办事项，理事长或会长可以不通过会议，直接以通过书面形式征求意见。

第三十三条　除了规定的捐赠行为，以下各事项需要经过理事会复议决定。

一、事业计划的决定；

二、诸规程的制定及改废；

三、其他需要理事长复议的事项。

第三十四条　除了规定的捐赠行为，以下各事项需要经过评议员会复议决定：

一、事业计划的认可；

二、其他需要会长复议的事项。

第三十五条　会长、监事及顾问可以出席理事会及评议员会并发表意见，理事可以出席评议员会并发表意见。

第五章　事务局

第三十六条　本会设置事务局负责处理日常事务，并设立专职人员，由理事长直接任免。

第六章　捐赠行为的变更与解散

第三十七条　上述捐赠行为不经过 2/3 以上评议员的同意，业务主管部分的认可不得变更。

第三十八条 本会解散时，需要依照民法第六十八条的有关规定，必须经过2/3以上评议员的同意、业务主管部门的许可。

第三十九条 本会根据上一条款解散时的剩余财产，经过评议员会、业务主管部门的许可后，捐赠给与本会目的相同的其他团体。

第七章 补充规定

第四十条 捐赠行为的实施经过理事会的决议后，制定细则。

第四十一条 根据第十八条的规定，本会设置的会长、理事及监事人员如下所示：

会长 山崎元干；

理事 人见雄三郎、吉田要、石崎钊、伊藤清、佐藤晴雄、菅野诚、田中龙夫、西畑正伦、平井弘、安井谦、柳下昌男、安田英一；

监事 奥田直、山本骏平。[①]

财团法人满铁会成立大会召开后，从1955年开始日本全国各地相继成立地方满铁会，与东京满铁会总会遥相呼应，从中央到地方的满铁会势力发展迅速，活动频繁，再加之上到国会下到各行各业中满铁会人员占据相当一部分比例，在各项政策制定中具有一定的发言权和决定权。另外，财团法人满铁会成立后，还借机向日本全国各地的满铁会组织发出通告，为进一步发现新的满铁社员而积极活动。1955年10月，财团法人满铁会在东京虎门附近的共济会馆举行了第二次"慰灵祭"和满铁会秋季全体会员大会。

通过上述内容可以看出，财团法人满铁会已经成为一个规模巨大、机构完备、人员众多的组织机构，而且这个机构的最终目标是要继续发扬满铁的"开拓精神"，要将这种精神向子孙后代予以传递。满铁从日俄战争后建立至第二次世界大战结束解体，作为日本侵华战争的"国策会社"，其目的就是与日本的对外侵略扩张融为一体，为日本发动侵华战争提供各项"调查"与"军事情报"，并在所谓"开拓精神"与"维护东亚永久和平"的幌子下参与侵华军事行动。所以，战后财团法人满铁

[①] 财团法人满铁会「财团法人满铁会寄付行為定款」、财团法人满铁会『满铁會報』1954年第1号、第4—5页。

会成立时宣言书的内容具有一个明显的特征，就是在别样的名称掩盖下完全继承了第二次世界大战前满铁的衣钵，而在侵略战争思想方面的宣传与认识上，以及所从事的各项活动的目标上也与满铁时期别无二致。

二　满铁会的机构组成

财团法人满铁会成立后，便迅速地开展组织化活动。关于满铁会的组织化问题，是由原满铁大阪事务所所长、现任日本放送联盟调查部部长矶村幸男提出来的。1955 年 12 月 31 日，他在《满铁会报》第 4 号刊发了《如何组织满铁会》一文，文中就如何开展满铁会的活动进行了详细阐述。其主要内容有以下几个方面：一是在满铁会会员中组织成立编辑委员会、援护委员会、协调委员会，并推选出委员长统一负责各项事务管理，由于目前除了各地方满铁会之外，总会登记的满铁会员有 3000 余人，同原满铁社员 14 万人的数量相比是极少的一部分，并且原满铁社员的家族、旁系会社人员、满铁关系者等在内已经超过了 100 万人，这些人员分散在日本全国各地，应该将其吸纳进入满铁会，这样可以形成一个强大的组织体系。① 二是在具体活动和组织方面要把全国的原满铁社员聚集起来，并以县、市、町、村为单位建立区域性的满铁会，尤其是要在役所、会社、职场等场所成立满铁会。财团法人满铁会的组织形式之所以要采取地方联合、本部统一的形式，这主要是由于满铁会的存在形式是多种多样，如以前同一年度入社的满铁社员被称为"几年会"的满铁会，到第二次世界大战结束后类似的满铁组织仍然还存在，另外也有在满铁时代工作过的"满铁会"。② 所以，为了便于形成统一的组织体系，财团法人满铁会要求把分散在日本各地的各种形式的满铁会进行会合，以便扩充满铁会的实力和影响力，形成强有力的组织结构。三是建立满铁会会员名簿，将日本国内各地的满铁会组织机构系统录入，确定满铁会会员的详细信息，统计姓名、职业、家庭住址、工作场

---

① 磯村幸男「満鉄会の組織化はどうすればよいか」、財団法人満鉄会『満鉄會報』1955 年第 4 号、第 1 頁。
② 磯村幸男「満鉄会の組織化はどうすればよいか」、財団法人満鉄会『満鉄會報』1955 年第 4 号、第 1 頁。

所、联络方式等，并对这些信息进行登记核实，作成满铁会员手册。①四是以东京为中心建立满铁会本部，创办满铁会报，将满铁会的活动定期向日本各地方满铁会进行传递，并加强满铁会有地位、有势力的人员之间的联合，并以这些具有深度影响力的人为核心组成强大的集团，作为满铁会活动组织的一个重要方面，如利用北条秀一、田中龙夫等这些当选众参两院的议员在政府中的力量，来推动满铁会的政治影响。② 五是要在日本各级所有的学校中建立满铁会同窗会，使在各级学校中具有重要影响的优秀的教师或学生加入满铁会，并以这些人员为核心形成地方教育界中的满铁会势力，因为在最初的设定中满铁会成员不仅包含原满铁社员及其家族成员，也包含其他各界的人士，这样就可以在全国范围内形成满铁同窗会社员网。③

战后日本满铁会的组织机构包括会长、理事长、理事、监事、评议员等，其中会长是由满铁末代总裁山崎元干担任，此后并无他人担任会长。理事长共计9人，分别为古山胜夫、人见雄三郎、佐藤晴雄、吉田要、杉山二郎、向野元生、加纳健一、野中六郎、松冈满寿男。具体内容详见表2-1、表2-2。

表2-1　　　　　　　战后日本满铁会会长·理事长一览表

会长·理事长名单		
会长	理事长	任职时间及情况说明
	古山胜夫	1946年12月6日，满铁社友新生会成立
山崎元干		1948年3月1日，修改章程，采用会长制
山崎元干	人见雄三郎	1953年12月
山崎元干	人见雄三郎	1954年7月21日，财团法人满铁会成立

---

① 磯村幸男「満鉄会の組織化はどうすればよいか」、財団法人満鉄会『満鉄會報』1955年第4号、第1頁。
② 磯村幸男「満鉄会の組織化はどうすればよいか」、財団法人満鉄会『満鉄會報』1955年第4号、第1頁。
③ 磯村幸男「満鉄会の組織化はどうすればよいか」、財団法人満鉄会『満鉄會報』1955年第4号、第1頁。

续表

会长・理事长名单		
会长	理事长	任职时间及情况说明
	佐藤晴雄	1957年4月1日，废除会长制。山崎元干1971年1月24日去世，佐藤晴雄1986年12月2日去世
	吉田要	1986年12月17日，1989年4月5日去世
	杉山二郎	代行理事长之职
	杉山二郎	1990年3月9日
	向野元生	1991年4月1日
	加纳健一	1993年4月13日
	野中六郎	1999年4月16日
	松冈满寿男	2001年4月1日

资料来源：庵谷磐「満鉄会の歩み」、満鉄會編『財団法人満鉄會六十年の歩み』、満鉄會、2006年、第90页。

表2-2　**战后日本满铁会理事・监事・评议员一览表**

理事・监事・评议员名簿			
姓名	原满铁部门	评议员担任时间	理事担任时间
青木荣	博克图工务区	1990—1998	
青木金策	建设局	1967—1989	1976—1989
青塚重雄	经理局	1996—2003	
秋田丰作	牡局	1954—1967	1955—1967
秋本嘉明	哈尔滨大和旅馆	1980—2001	1993—2006
浅野辉彦	经理局电品课	1985—1988	
浅见寅一	哈尔滨建设	1993—1994	
朝日启一	总局水运局筑港课	1984—1986	
芦泽不二男	设施局建筑课	1963—1970	
足立笃郎	锦局	1958—1985	1958—1985
足立义昭	齐齐哈尔机关区	1993—2002	
阿部勇	调查局北京事务所	1961—1962，1975—1982	1975—1982

续表

理事・监事・评议员名簿			
姓名	原满铁部门	评议员担任时间	理事担任时间
安倍升	中央试验所	2006	
安部慎一	大陆铁道输送协会	1955—1972	1959—1972，1973—1984（顾问）
天野利夫	工作局总务课	1971—1980	
天野博之	满铁二代	2003	2004—2006
荒井善美	大石桥站	1962—1983	
有木秀次	煤矿西制油所	1995—1997	
有马勇	大石桥管理部	1990—1993	
阿波谷久雄	北满江运局	1996—2001	
伊藤修	上海事务所	1993—1995	
伊藤清	煤炭露天掘	1955—1986	1954
伊藤显道	埠头局	1961—1980	
伊藤昌二	华交保定地局	1979—1992	
伊藤武雄	参与		1946
伊藤晴芳	哈尔滨建设	1992—2001	1993—1994，2002—2006，1999—2001（专务）
井口俊夫	中央试验所	1977—1978	
井上孝	满铁二代	1995—1996	1997—2004（顾问）
井上道男	苏家屯公务区	1991—1994	
井上盛一	苏家屯机关区	1971—1989	
井藤龟鹤	大连工厂	1999—2000	
猪原春雄	奉天交通调查室	1975—1989	
猪岭一郎	东亚经济调查役	1971—1989	
五十岚节三	吉局经理部	1990—1992	1989—1993（监事）
饭田立夫	吉局总务部	1973—2002	1994—2006（监事）
饭田义英	哈尔滨建设	1967—1980	

续表

理事·监事·评议员名簿

姓名	原满铁部门	评议员担任时间	理事担任时间
庵谷磐	煤炭总务局	1979—2001	1984—2006，1990—1991（常务），2002—2006（专务）
石井一男	北满经济调查	1973—1985	
石井真澄	新京大和旅馆	1999—2002	
石崎钊	东京支社庶务课	1955—1972	1954—1972
矶村幸雄	东京支社调查役	1955—1994	1946，1995—2000（顾问）
板仓创造	总务局勤务课	1963—1993	1970—1976（顾问），1992—1993（常务）
一井大次郎	牡局运输部	1993—2003	
稻川利一	新京铁道监理所	1954	
夷石隆寿	调查部调查课	1961—1975	1967—1975
岩田三平	总务局炼成课	1979—1986	
岩田昭三	牡丹江电气区	1996—2001	1996—2006
岩渕正登	煤矿经理局	1996—1997	1995—1997
上野义见	经理局	1996—1998	
上村三郎	新京保健部	1992—1994	1993—1994
宇木甫	铁技研所长	1954—1964	
内海英男	东京支社	1970—1993	
浦田安荣	煤矿矿务局	1998—2004	
浦野和彦	牡丹江工场	2004—2006	
榎本义平	大石桥机关区	2002—2006	
江原弘	满洲医大	1971—1972	
小栗克一	运输局运输课	1984—1990	
小泽恒三	工作局	1976—1981	
小畑繁金	新京检车区	1996—2006	1999—2006
小花盛雄	齐齐哈尔医院	1965—1976	
小原贞敏	整备局	1954—1988	

续表

理事・监事・评议员名簿

姓名	原满铁部门	评议员担任时间	理事担任时间
大越兵司	哈尔滨管理部	1965—1989	
大岛忠雄	总务局炼成课	1990—1994	1991—1994
大沼清	吉林站	1996—1997	
大平美代志	大连工场	2000—2001	
大森畅	牡局总务部文书课	1990—2001	
大山茂生	锦局总务部	1982—1990	
大宫二郎	总务局人事课	1954—1964	1955—1962
太田勇	不详	1996—1997	1996—1997
太田弘	奉天电气区	1962—1963	
太田皆雄	设施局电气部	1994—1995	
尾崎久市	运输局货物课	1954—1986	1955—1972，1973—1986（监事）
越智美吉	雄基站	1990—2002	1992—1993，2002—2003，1994—2001（常务）
及川诚	锦局经理部	1971—1988	
冈正光	哈尔滨工场	1996—2006	
冈田满夫	东京支社	1997—1999	
冈川荣藏	调查局	1955—1960	
冈岛正义	埠头局	1955—1962	
冈野敬	总务局炼成课	1955—1962	
奥田直	经理局	1955—1969	1954—1967，1968—1975（顾问）
押川一郎	调查局	1955—1962	
折田有信	埠头局	1958—1965	1958—1964
折田道夫	满铁三代，埠头局	1998—2001	1998—2001
笠井重光	总务局人事课	1954—1984	1962—1964
笠原太郎	四平电气区	1992—1993	
片桐慎八	运输局	1954—1961	

续表

理事・监事・评议员名簿

姓名	原满铁部门	评议员担任时间	理事担任时间
挂贤二	灵山检车区	1996—1999	
加藤太一	罗局总务部	1985—1991	1985—1991
金井史郎	满铁二代，建设局	2000—2001	
钟江重夫	中央试验所	2003—2006	2006
加纳健一	运输局配车课	1990—1988	1990—1991，1991—1992（专务），1993—1998（理事长）
上村行孝	东京支社	1963—2000	
仮屋园盛一	奉局工务部	1980—1983	1980—1983
川下直行	拉拉山信号场	1997—1998	
川濑正一	吉林满洲石油	1967—1987	
川村修	齐齐哈尔建设	1996—2003	
川村谆子	满铁二代，总务局	1993—1994，1997—2002	1993—2006，1995—2001（常务）
河合正夫	罗津列车区	1995—1997	1995—1997
河合友之	经理部会计课		1946（社友新生会监事）
河岛テル	海拉尔电气区	1997—2002	
河原克平	奉天建设	2003	2004—2006
河端雄二郎	哈局总务部	1963—1979	
木坂规矩三	哈局经理部		1946（社友新生会监事）
木村常次郎	经理局		1946（社友新生会监事）
菊池善隆	运输局货物课	1954—1962	
利部宗农司	齐齐哈尔检车区	1962—1983	
九鬼隆三	经理局	1979—1989	
日下和治	煤矿制铁工场		1975—1982
草ヶ谷省三	参与		1946（社友新生会监事）
桛山弘	调查部上海事务所	1965—1967	
熊本恒明	经理局预算课	1993—2002	

· 100 ·

续表

理事・监事・评议员名簿				
姓名	原满铁部门	评议员担任时间	理事担任时间
公文建夫	煤矿工事事务所	1990—1991	
九里正藏	大连都市交通	1954	
黑泽忠雄	生计局	1958—1961	
犬童信男	罗津机关区	1995—1997	
小岛真寿男	罗局运输部	1973—1976	
小岛高明	公主岭站	1996—2003	
小林国雄	企画室参与	1990—1991	
小林正己	满铁二代，秘书课	1974—1979	
小味渊肇	奉局副局长	1980—1983	1980—1983
小味渊敦雄	满铁二代	1994—1999	
小向井波吉	牡丹江站	2002—2006	
古贺叶	满铁高等学院	1954—1965	1955—1959
古贺薰	大连都市交通	1954—1978	
向野元生	国际运输	1954—1991	1954—1991，1991—1992（理事长），1993—1994（顾问）
越村舍五郎	施设局建筑课	1964—1991	
神代新市	华交北京局	1958—1981	
近藤真造	哈尔滨建设	1996—1998	
今野利胜	齐寿殖产部	1931—1940	
佐贺平	大连站	1994—2006	
佐佐木博	施设局水道课	1965—1990	
佐佐木义武	东京支社	1961—1968，1976—1986	
佐藤四郎	北满江运局总务部	1990—1995	
佐藤哲雄	华交经理局	1965—1991	
佐藤农夫雄	新京地方事局	1955—1978	

续表

理事・监事・评议员名簿

姓名	原满铁部门	评议员担任时间	理事担任时间
佐藤晴雄	总务局企画室	1954—1986	1946（社友新生会理事），1965—1986（理事长）
佐藤正典	中试	1954—1972	1967—1984
齐藤进次郎	华交总务局	1977—1983	
境敬一郎	安东检车区	1995	
酒井节司	锦局总务部	1969	
坂口辽	富锦矿业所	1954—1988	1973—1988
坂口麓	运输局自动车部	1955—1985	
坂部一郎	哈尔滨建设	1990—1991	
崎山成见	牡丹江工场	1995—2002	1996—1998，2002—2006，1999—2001（常务）
作间正朝	锦局整备局	1972—1983	
西乡龙雄	锦局运输部	1995—1996	
樱井茂尚	东亚经调	1965—1968	
樱井肇	奉局运输部	1979—1993	
樱井弘之	生计局	1955—1985	
樱井久七	滨江站	1965—1967	
篠田庆治	牡丹江检车区	1997—2004	2000—2002
芝田研三	总裁室监查役	1969—1981	
岛贯柳助	炭矿经理局	1967—1970	
岛村宗和	满铁二代，经理局	1996—2000	
志村义久	锦局自动车	1996—2000	
庄岛辰登	育成学校	1992—1995	1992—1995
白井修一	生计局总务部	1990—2002	1991—1995
白井卓	埠头局总务部	1967—1990	1973—1990
白川修	总务局炼成课	1985—1992	1985—1992
白川清	调查局上海事务所	1963—1971	

续表

理事・监事・评议员名簿			
姓名	原满铁部门	评议员担任时间	理事担任时间
新家忠男	炭矿龙凤采	1990—1997	
菅野诚	企画室化学工业	1954—1966	1954—1966，1946（社友新生会理事），1967—1982（顾问）
杉浦政恒	锦局殖产部	1992—1997	
杉山二郎	奉局运输部	1963—1990	1963—1990，1973—1989（常务），1991—（顾问）
须乡正信	不详	1995—1997	
数枝木宽	哈局工务部	1986—1995	
铃木达男	哈局总务部	1954—1979	1967—1979，1980—1990（顾问）
铃木荣治	牡丹江工场	1998—2001	
铃木猛	本社弘报室	1994—2006	
铃田正武	哈局运输部	1954—1989	
须知邦武	华交	1973—1976	
砂广万夫	旅顺站	1992—1994	1993—1994
宗川昇	甘井子埠头	1965—1975	
曾根高伸	牡丹江工场	2002—2003	
染谷诚	东亚经调	1973—1991	
田口胜海	罗津站	1997—2002	
田口豊藏	大连酒店	1997—2006	
田岛胜雄	施设局建筑课	1971—1979	1979
田代由纪男	吉局	1968—1971，1978—1992	
田中昭夫	罗津电信所	1998—2003	
田中泰夫	中试	1981—1988	
田中彻雄	调查局	1970—1979	
田中喜一郎	中试	1993—2002	1994—2006

续表

理事・监事・评议员名簿			
姓名	原满铁部门	评议员担任时间	理事担任时间
田中富太郎	总务局炼成课	1990—1998	
田中镣四郎	齐局	1963—1964	
田中龙夫	调查部	1955—1992	1954—1992，1993—1997（顾问）
田边哲夫	生计局	2003	2004—2005
田沼哲夫	吉局经理部	1999—2000	
田伏正七	哈尔滨电气区	1994—2006	
田渊正治	哈尔滨站	1994—2001	2001—2003，2004—2006（常务）
田村羊三	华交副总裁	1955—1966	1958—1981
田山一雄	工作局	1982—1986	
高木周治	经理局资材课	1984—1993	
高杉英男	兴城试验场	1972—1987	
高田精作	满洲瓦斯	1954—1964	
高野与作	施设局	1954—1965	
高桥キミ	不详	1970—1973	
高桥恭二	奉天铁道工场	1970—1991	
高桥サヨ	齐齐哈尔医院	1992—2001	
高桥延夫	锦州机关区	1999—2006	
高松秀一	苏家屯电气区	1993—1998	1995—1998
高松政夫	东京支设文书课	1973—1988	1987—1988（监事）
高山朗	新京站	1984—1996	1991—1996
高山宗寿	罗局港湾局	1967—1971	
竹内照藏	满洲人造石油	1983—1985	
竹口弘	企画室	1960—1963	
竹森恒男	华交天津局	1954—1962	
武勇	罗津站	1992—1998	1994，1995—1996（常务）
武田秀男	总务局	1977—1992	

续表

理事·监事·评议员名簿

姓名	原满铁部门	评议员担任时间	理事担任时间
武智幸弘	总务局	1967—1969	
岳尾光春	牡丹江工场	1994—1999	
谷口美津子	哈局电气部	2000—2006	
谷屋恭彦	满铁二代，铁岭医院	1993—1999	
種村七郎	佳木斯工务区	1994—2001	
千叶孜	东京支社	1963—1968	
土桥良成	华交北京局	1990—2003	1991—2002
柘植正树	牡丹江电气区	1997—2004	
手岛佑	新京站	1992—2001	1999—2001
户仓能时	埠头局经理部	1955—1960	
户田修	新京保健部	1966—1979	
富田正	调查部总合课	1999—2006	
富尾木惣一	经理局	1980—1991	
那须宣晴	满铁二代，大连机关区	2002—2006	
中川仁吉	奉天机关区	1997—2004	
中川寿	炭鉱总务局	1954—1960	1946（社友新生会理事）
中泽信三郎	新京管理部	1970—1989	
中岛和市	四平电气区	1999—2000	
中田敏郎	承德管理部	1954—1988	1986—1988（监事）
中西七郎	铁技研	1999—2004	
中原贯吾	哈局运输部	1974—1976	
中村公乡	总务局庶务课	1980—1989	
中村谦治	华交大阪事务所	1973—1978	
中村末雄	满铁二代，总务局文书	1981—1984	
中山隆	哈尔滨建设	1995—2002	1998—2006，2002—2006（常务）
中山正导	吉林铁道炼习所	1978—1983	
长尾次郎	锦局运输部	1954—1965	

续表

理事・监事・评议员名簿

姓名	原满铁部门	评议员担任时间	理事担任时间
长谷好平	总务局	1990—1992	1989—1990（监事）
永井孚彦	大石桥站	1990—1992	
永岛道也	满铁二代，运输局旅客	2000—2006	
永末英一	总务局	1962—1992	1967—1992
并木荣作	东京支社庶务课	1993—1996	
成田清次郎	哈局总务部	1993—2001	1996—2000
西润次郎	炭矿制铁工场	1995—1997	
西川总一	华交理事	1961	
西田武	施设局水运课	1976—1982	
西畑正伦	建设局参与	1955—1978	1954—1978
西村纯义	不详	1993	
西本大祐	新京支社	1977—1982	
西山贞义	佳木斯列车区	2002—2006	
野上九州男	奉局运输部	1961—1963	
野崎嘉英	施设局电气部	1995—2000	
野路武敏	总务局弘报课	1962—1994	1963—1991，1992—1993（常务），1994（专务），1995—2006（顾问）
野中六郎	敦化站	1973—2000	1992，1993—1994（常务），1995—1998（专务），1999—2001（理事长），2002—2004（顾问）
野中聪	朝阳川管理部	1993—2006	1994—2004
芳贺千代太	华交天津局	1967—1975	
桥诘一男	苏家屯站	2005—2006	
长谷米次	华交施设局	1970—1977	
畠中正一	宫原列车区	1967—1989	
羽生省吾	满铁二代，奉天保健所	1993—1998	1999—2000
马场久孝	图们列车区	1994—2006	

续表

理事·监事·评议员名簿			
姓名	原满铁部门	评议员担任时间	理事担任时间
浜正雄	企画室参与	1971—1986	
浜崎顺三	鞍山医院	2001—2006	
浜田有一	牡局局长	1954—1962	
浜田幸雄	理事		1958—1973（顾问）
滨地胜太郎	满铁二代，满洲人	1993—2002	1998—2006
针生久之助	总务局	1955—1989	
林七郎	埠头局运输部	1993—2001	
榛泽末吉	大连工场	2000—2001	2002—2003，2004—2006（常务）
坂野鍷一	生计局	1965	
日高茂晴	东京支社	1955—1960	
日野武男	勃利站	1990—1991	
久山卓二	不详	1958	
人见雄三郎	大连本社参与	1955—1969	1955—1964
百束秀夫	生计局业务课	1990—1997	
平井喜久松	副总裁		1967—1968（顾问）
平井弘	运输局货物课	1954—1965	1954—1965
平井环	施设局电气部	1954—1986	1963—1986
平岛敏夫	副总裁	1955—1972	1973—1981
平田笃资	总务局保健课	1982—1987	
广濑信卫	运输局运转课	1970—1990	1971—1988，1991—1996（顾问）
广濑秀吉	总裁室人事课	1963—1996	1997—2006
广田钢藏	中试	1990—1992	
深泽功	牡丹江食堂营	1985—1995	
深濑信千代	江运局总务部	1970—1985	
福井道二	整备局第二课	1958—1990	
福岛功夫	新京站	1993—2003	2004—2006

续表

理事·监事·评议员名簿				
姓名	原满铁部门	评议员担任时间	理事担任时间
福岛二七治	罗津局	1955—1965	
福岛辰己	蔡家站（连京线）	1999—2000	
福本一郎	哈局运输部	2000—2001	
福本善次	奉局工务部	1984—1991	
藤田康夫	满铁二代，炭矿开采	1998—2006	
藤森章	企画室	1980—1981	
藤原豊四郎	总务局人事课		1993，1954（事务局长），1973—1991（常务）
古野守人	华交	1960—1971	
古山胜夫	总务局长理事		1946（社友新生会理事长），1954—1975（顾问）
边春弘显	哈尔滨建设	1992—1994	
北条秀一	社员会参与	1955—1972	1958—1972，1973—1991（顾问）
细江贞助	入船站	1993—2000	
细川义孝	锦州机关区	1994—1998	
前田德辉	牡局工务部	1994—2002	
前场卓三	奉局工务部	1983—1996	
牧田喜义	奉局总务部	1995	1995
牧野龙夫	东京支设调查室	1970—1991	
真下松三郎	苏家屯电气区	1992—1996	
益田秀人	大连技养	1973—1989	
增山佐兵卫	齐局经理部	1964—1994	
增山辰夫	通化建设	1992—2001	1993—2002
松尾四郎	总务局调查部	1982—1994	
松冈满寿男	满铁二代，铁道部	1994—1996	1997—2001，2002—2006（理事长）
松岛茂	炭矿西制油	1964—2006	

·108·

续表

理事・监事・评议员名簿				
姓名	原满铁部门	评议员担任时间	理事担任时间
松绳勉	施设局电气部	1990—1994	1990—1994，1992（常务）
松宫彰	埠头局运转部	1955—1964	
松村恭二	奉局工务部	1962—1967	
松本侠		1958—1962	
松本成干	运输局运转课	1955	
松本快昭	满洲人	1990—1993	1992—1993
松山敏	锦局审查统计	1998—2001	
马渊诚刚	东京支社	1992—1994	
丸尾毅	东京支社	1954—1994	1991—1994
丸岛正男	牡局工务部	1999—2002	1999—2002
三浦敬三	运输局总务课	1967—1986	1968—1985
三浦矢一	东京支社	1955—1962	
三角了	奉局总务部	1974—1991	
三津山俊明	朝阳川工务区	1999—2002	1999—2006（监事）
三宅亮三郎	本社经理部	1970—1971	
水野昭造	西鸡宁检车区		2002—2004
南亮二郎	罗津站	1994—2001	
宫崎了	牡局工务部	1993—2000	
宫田弘	不详	1994—1995	
宫永次雄	总裁室弘报课	1954—1962，1989—1993	1990—1993
宫本通治	调查局上海事务所	1954—1964	1965—1976（顾问）
村冈正三	总务局人事课	1980—1991	
村田稔	锦局副局长	1958—1966	1958—1966，1946（社友新生会理事），1967—1972（监事），1973（顾问）
村山茂雄	奉天建设	1960—1964	
室贺定信	调查部	1955—1994	1963—1994

续表

理事・监事・评议员名簿

姓名	原满铁部门	评议员担任时间	理事担任时间
毛利松平	炭矿劳务课	1955—1985	
毛利元靖	新京支社	1954—1961	
望月龙	总裁室	1954—1961	
本岛邦男	总务局	1968—1991	
森川清	企画室参与	1979—1980	
毛吕正幸	牡丹江站	1993—1995	
柳下昌男	奉局运输部	1954—1969	1954—1969
安井谦	经理局	1955—1985	1954—1985
安田英一	施设局电气部	1954—1956	1954—1956
安田和孝	哈尔滨电信所	2000—2006	
安田慎一	奉局工务部	1965	
安增一雄	华交总务局	1964—1968	
矢田昌四郎	工作局	1955—1964	
山县彦三郎	调查部庶务	1970—1979	
山上喜八郎	奉局运输部	1993—1994	
山口外二	运输局配车课	1954—1965	
山崎元干	总裁		1954—1970（会长）
山崎义雄	通化建设	1997—2002	2000—2006
山崎拓	满铁二代,调查部	1974—1996	1997—2006（顾问）
山下清	施设局计划课	1996—2001	1996—1998，1999—2006（常务）
山下寅男	总务局人事课	2002—2003	
山下雅章	锦局运输部	1986—1988	
山田章策	奉天技养	1971—1983	
山田昌太郎	施设局改良课	2000—2002	2003—2004
山领贞二	总裁室参与	1955—1956	
山中昭俊	满铁二代,通化建设	2002—2003	
山根良男	锦局运输部	1998—2001	

续表

理事·监事·评议员名簿			
姓名	原满铁部门	评议员担任时间	理事担任时间
山本庄毅	施设局水道课	1963—1994	
山本正夫	齐齐哈尔酒店	1955—1961	
山本岩	总务部人事课	1954—1984	1967—1984
山本骏平	哈局总务部分室	1964—1966	1964—1966
山本政弘	总务局	1967—1992	1981—1992，1993—2006（顾问）
大和美佐子	齐齐哈尔电气区	1997—2001	
汤浅照夫	牡丹江医院	1990—1997	
汤地利一	埠头局第二生产	1960—1976	
横江胜	满洲里机关区	1997—2004	
横濑多喜	社员会事务局	1955—1964	
横山斧吉	北安站	1983—1985	
吉武正嗣	新京工场	1990—1991	
吉田要	吉局运输部		1946—（社友新生会理事），1954—1972（常务理事），1973—1986（专务），1987—1989（理事长）
吉田健	瓦房店站	1990—1993	
吉田久逸	鞍山站	1998—1999	
吉田茂一	苏家屯列车区	1998—2001	2001—2006
吉永定一郎	生计局业务部	1978—1983	
米川健夫	齐局总务部	1963—1977	1946（社友新生会理事）
和田耕作	调查部	1967—1990	1983—1990，1992—2006（顾问）
和田舍造	哈局工务部	1993—1999	
和田正雄	大连工场	1967—1968	
和田久	总务局人事课	1995—1996	
渡边健三	不详	1973	
渡边三郎	新京机关区	2004—2006	

· 111 ·

续表

理事・监事・评议员名簿

姓名	原满铁部门	评议员担任时间	理事担任时间
渡边诚八	大连电气区	2000—2002	2003—2006
渡边新治	奉天机关区	2003—2006	
渡边久卫	大连列车区	1990—1998	
渡边真	华交本社经理部	1997—2006	

资料来源：庵谷磐「満鉄会の歩み」、満鉄會編『財団法人満鉄會六十年の歩み』、満鉄會、2006 年、第 90—102 頁。

第三节　满铁人员权利保障

一　与公务人员和军人同等待遇

财团法人满铁会成立后，多次召开会员大会决定与政府交涉、陈情、申请，把原满铁社员的退休金和共济年金的通算问题以及作为军属的处理问题提上日程。关于原满铁社员的退休金和共济年金的通算问题及作为军属处理问题提出的条件，其基本问题是满铁对当时日本国家来说是以何种形式而存在，而作为满铁的社员又在国家对外政策中做出了怎样的"贡献"。财团法人满铁会明确向政府提出："满铁实质上作为的日本国家的机关而存在，满铁通过其社业为国家所做出的贡献，并不比优秀的国家官员、军人所做出的贡献逊色。"[①] 以上观点的提出，是基于满铁从其成立至解体近 40 年间在侵华战争中所发挥的作用而言，也通过财团法人满铁会自己的言行更进一步证实满铁自身"生于侵略战争，死于侵略战争"的发展历程，也充分说明满铁在侵华战争中发挥的帮凶作用。

财团法人满铁会成立一年后，势力不断地在日本各府县内扩大，会员人数也不断增加。其中，鹿儿岛满铁会在鹿儿岛县内的市、町、村均设立分会，在地方上形成了一股强大的发展势头，鹿儿岛满铁会各市町

[①] 庵谷磐「満鉄会の歩み」、満鉄會編『財団法人満鉄會六十年の歩み』、満鉄會、2006 年、第 18 頁。

村分会长组织8000名满铁社员联名向总会进行申请，要求政府对退休人员的各项权利予以保障，已经退休的近80%的原满铁社员拿到了政府的补贴。原新京站长山口义人、原牡丹江机关区长樱井虎雄两人代表鹿儿岛满铁会参加了满铁会在东京举行的总会，提出了应联合全日本满铁会会员，向日本政府提出满铁回国人员的各项权利保障的建议。鹿儿岛满铁会提出的建议得到了满铁总会的认可，并形成了决议。该决议的具体内容如下：

> 我等为满铁社员，从中国内地被送回祖国已十年有余。在静静地期待滞留在混乱的中国东北的满铁社员能够平安归来，同时对这些回归者的生还肃然起敬。由此以来，我等开始了以文字求生存的艰难之路。去年4月，在原满铁东京支社总裁官邸举行原满铁社员退休金的发放工作，退休金的支付是按照第二次世界大战结束时货币价值额的80%进行支付。这种支付的方法，对于当时的年轻人来说可能是无所谓的，但对于奉职满铁30余年的满铁老社员来说，心情犹如秋风般冷瑟。如果与身边的国家公务人员进行比照的话，他们的俸薪相当于第二次世界大战前的100倍之多，另外，现在又对军人的俸薪进行恩加，鲜铁、台铁也开始进行恩加。如果从战前谈起，满铁则是明治大帝的遗产，是国策会社，满铁社员则是为国舍己奉公，为国策而殉职。我等满铁社员要求正当权利应与国家公务人员及军人一视同仁。①

这段话从表面上来看，是鹿儿岛满铁会对战后满铁回国人员待遇"不公"向日本政府进行的呼吁，实质上是为满铁社员"历史地位"进行"正名"，并刻意通过"奉职满铁30余年""为国舍己奉公""满铁是明治大帝的遗产"等描述，将满铁的侵略塑造成"爱国"的一种形式，以此来推卸和回避"战争责任"。

财团法人满铁会成立后，战后日本满铁会的发展势力迅速在日本全

---

① 財団法人満鉄会「地方満鉄会の動静」、財団法人満鉄会『満鉄會報』1955年第2号、第5頁。

国各地得到扩大，日本都府县纷纷开始建立地方满铁会。1955 年 10 月，财团法人满铁会在东京的虎门共济会馆召开第二次"慰灵碑祭"与秋季大会。财团法人满铁会成立后，开始向国家申请原满铁退休社员的恩给·共济年金①，即退休养老金及抚恤金，总额为 3900 万日元，并在东京中央区日本桥的春阳楼设立了分会，负责处理回国满铁社员的退休养老金及抚恤金。

为了彻底解决原满铁社员的退休养老金及抚恤金问题，财团法人满铁会便召开了会议，要求把回国满铁社员的退休养老金及抚恤金的计算与军属同等对待，其理由是"满铁作为日本的国家机关，满铁通过社业国家而效忠，满铁与日本国家共存亡，满铁社员对国家的贡献与官员、军人相比同样优秀，并不逊色"，这是财团法人满铁会的基本主张。② 从财团法人满铁会向日本政府提出的满铁社员的权利主张及申请可以看出，满铁在日本对华侵略战争中所发挥的作用不亚于军人和官员，这也充分揭示了满铁从其成立到解体在中国的所有活动是以"企业"之名为掩盖，实际上却是行"国策会社"殖民侵略之实。

正是由于满铁成立之初便被赋予了"国策会社"的经济掠夺职能，所以财团法人满铁会便在原满铁社员的权利保障方面提出了如下要求：（1）终战时在职满铁社员应与国家公务人员一样，享受退职补贴法、养老法、互助组合法、灾害补偿法等相关待遇；（2）滞留在苏联、中国的满铁社员及死者家属应与军属享受同等待遇；（3）因公职死、伤、病的满铁社员及其家属，应与军属等同对待；（4）在中国东北特殊地区工作的满铁社员，以及在苏联对日宣战后战死或被抗日军民所杀的满铁社员及其家属，应与军属享受同等待遇。③ 财团法人满铁会提出的这些要求的核心内容便是要求满铁回国社员同国家公务人员、军人享受

---

① 恩给·共济年金就是退休养老金、抚恤金，指工作一定年限的公务员在退职或死亡后，由国家支付给本人或家属的年金或一次性补助金。日本的这种养老制度于 1959 年改为互助年金制度。
② 庵谷磐「満鉄会の歩み」、満鉄會編『財団法人満鉄會六十年の歩み』、満鉄會、2006 年、第 18 頁。
③ 庵谷磐「満鉄会の歩み」、満鉄會編『財団法人満鉄會六十年の歩み』、満鉄會、2006 年、第 19 頁。

同等待遇,以及死亡者的家属与军属享有同等权利。通过上述内容可以清楚以下事实。

第一,满铁虽然作为日本的"国策会社",从其成立到解体近40年中掠夺了中国大量的资源,并为日本侵华战争提供了大量的军事情报,但战后日本养老法中并未对满铁社员的各项权利予以保障,而且1961年日本对伪满洲国的公职人员及医疗卫生机构的非公职人员的养老人数进行了综合统计,但原满铁社员并不包含其中。所以,财团法人满铁会成立后,便向厚生省提出申请要求满铁社员的各项权利应与日本国家公职人员、军人等同对待。

第二,财团法人满铁会提出原满铁社员及其死亡者家属的退休及养老待遇应与国家公职人员及军属等同,这充分说明满铁在对华侵略中做出了"重要贡献",而这种"重要贡献"本身则是通过对中国资源的"调查"及掠夺予以实现的,所以满铁同日本军人一样作为侵略者中的一分子,在日本的侵华战争中应当承担一定的战争责任,其战争罪责值得深究。

第三,财团法人满铁会之所以能够直接向厚生省提出各项权利要求,充分地说明战后日本满铁会在当时的日本已经形成了一股强大的政治势力,这种政治势力在相当长的一段时间里操控着日本的政策方向。

尽管满铁成立之时是被赋予了"国策会社"的性质,而且在侵华战争中也彻底服务于日本国家所进行的侵华战争,但由于满铁成立当时为了掩人耳目,在形式上以"企业"为名进行各项侵华活动,因此被冠以民间株式会社的性质,所以退休养老金和抚恤金不适用于原满铁社员。而财团法人满铁会要求满铁回国人员与国家公务人员及军人享受同等的待遇,这需要突破日本政府相关规定的层层障碍。为此,财团法人满铁会的山崎元干、佐藤晴雄、吉田要等人多次向日本政府的有关省厅、两院议长、各党首提出申请,并多次进行请愿、陈情,将满铁在中国的侵略活动作为获取各种权利的资本,始终坚持满铁作为日本的"国策会社",回国的满铁社员待遇应与国家公务人员及军人等同,享受退休津贴、抚恤金、互助年金、灾害补偿等各项权利。

1953年6月,日本开始进行战后各项法律改革,国家公务人员、公共企业职员、地方公务员均享受国家恩给·共济年金,满铁社员、伪满洲国的公职人员、公共企业职员等也被赋予享受退休养老金、抚恤金的权利。1967年11月末,田中龙夫担任国务大臣、总理府长官后,满铁回国人员各项权利的保障得到了政府的大力支持。1968年,田中龙夫当选为众议院议员,为了解决原满铁社员的退休养老金、抚恤金问题,召开众议院内阁委员会,在大会上就满铁回国人员待遇的改善问题进行了质询答辩。随后,日本政府便于1968年5月、12月两次进行有关法律的修订,将第二次世界大战后回国的满铁社员、伪满洲国任职的人员,与国家公务员、地方公务员、公共企业职员享受同等待遇,并按照统一的标准进行统计。从1970年4月开始,满铁的准社员、雇员的待遇也按照有关规定进行统计计算。从1971年5月开始,滞留在中国和苏俄的满铁社员也开始进行统计计算。从1973年4月开始,满铁社员中因从事与军人同等事业而伤残、死亡者的家属也开始使用救济法,并于同年5月31日开始为负伤的满铁社员安装假肢,且安装假肢的费用仅收取一半。

原满铁人员及其家族的权利之所以能够得到保障,与满铁会向政府积极活动密不可分,再加之一些满铁会人员相继当选众参两院的国会议员,这在一定程度上对于保障满铁回国人员的各项权利起到了积极的推动作用。而且,国会在对满铁回国人员权利相关法案进行审议时,满铁会也派出代表积极参与讨论,这就使原满铁社员各项权利的保护顺利地得到日本国会的审议通过。可以说,自从满铁会会员当选众议院议员后,财团法人满铁会关于原满铁社员各项权利保障的提案在众议院中的审议通过率得到提升,使原满铁社员各项权利的保障也得到了国家的认可。

1956年,满铁会再次向日本政府提出了关于原外地铁道职员养老金发放请愿书。在该请愿书中满铁会明确提出:"一是原外地铁道的从业人员,至终战撤回日本时一直从事铁道业务,应该适用国家公务员共济年金组合法,或者是公共企业共济年金组合法。二是南满洲铁道株式会社、华北交通株式会社、华中交通株式会社等一些在外企业的从业人员是为了完成日本政府的使命,与国家公务人员和军人的贡献等同,满铁是根据1906年6月第142号敕令而设立的,其后近半个世纪以来以铁路经营为中心，进行满蒙资源开发、产业建设，作为日本国家的代行机关负有管理附属地的行政职责的使命，不仅为日本产业经济的发展做出了巨大贡献，而且一旦发生战争，满铁便与军队一起站在国防的最前线，根据军队的命令直接参加军队的活动，担当起日本国家防卫的重任；华北交通株式会社和华中交通株式会社是日本为了应对对华侵略的长期化，作为军占铁路的运营机关而设立的，其主要任务是进行军队的作战运输，并且在日本中国派遣军司令部的指挥下改组为中国华北交通团、中国华中交通团。三是铁道作为国家的命脉和军队的武器，在外铁道会社的职员与国家公务人员和军人处于同等地位，为了维护国家的利益和职责担当方面，在死守国家生命线方面与军人相比有过之而无不及，因此希望政府对在外原铁道职员的保障权益给予特殊的考虑。"[1]

上述这段文字的表述，从表面上来看是要求"社会保障"的诉求，实际上却是通过"作为国家的代行机关""死守国家生命线""与军队一起站在国防前线""担当国家防卫的重任"等描述，把对中国的侵略行为美化成"国家义务"。在本质上来说，满铁与华北交通株式会社、华中交通株式会社都是近代日本对中国进行殖民侵略的代行工具，它们与侵华日军相互勾结，充分发挥对华进行经济侵略和资源掠夺的职能。

同年11月，宫城县满铁会会长安部慎一作为地方满铁会的代表，向日本政府提出了《宫城县满铁会提案——关于原满铁社员待遇方案》，要求日本政府对原满铁社员及家族待遇予以兑现，该提案中提出的关于原满铁社员及其家族的对象权利主要是退休津贴、身份保证金、伤病津贴、未支付奖金、互助年金、退休津贴领取延期金、社员储蓄金、信托股票等，请求政府以现在的生活费为基准，换算成公平合理的金额，尽快支付。[2] 宫城县满铁会提出原满铁社员待遇方案的理由主要有以下几个方面："一是满铁是明治政府在1906年6月第142号敕令作为国策会社，是日本为了推行对满蒙的政策而设立的国家代行机构，总裁以下的

---

[1] 「元外地鉄道の職員に関する恩給法等の特別制定に関する請願」、財団法人満鉄会『満鉄會報』1957年第8号、第4頁。

[2] 安部慎一「宮城県満鉄会提案『元満鉄社員処遇案』」、財団法人満鉄会『満鉄會報』1957年第8号、第5頁。

董事的任免由日本政府进行，资产的一半归日本政府所有，对民间股票的分红和公司债券由日本政府担保，以及预决算和股票分红都需要政府的认可等，日本政府既是满铁的直接监督者，也是满铁保护者；二是满铁的职责是遵照敕令的命令在满洲经营铁道港湾与警备，在满蒙进行经济调查与资源开发、以矿工业为首的各种产业的建设，在满铁附属地实施教育以及其他各种行政，直至第二次世界大战结束长达半个世纪的时间里，满铁作为日本在满蒙活动的全面代行机关执行了对华侵略任务；三是日本战败的结果导致满铁被外国政府接收，满铁社员被遣送回日本后生活没有任何保证，满铁的私有财产也没有归还给满铁社员；四是日本经过战后恢复期，经济逐步复兴，军人退休金恢复，并且根据基础法律第 155 号修订案增加了军人退休金，对于转职到满铁会社、辞职后回到政府机关工作的人员根据退休津贴法，在满铁在职时间的 2/3 视为公务员在职时间予以通算，所以满铁社员的待遇应该同国家公务人员等同。"[1]

二 《撤回者补助金法案》

经过各地满铁会的请愿、陈情、申诉及国会满铁会人员的多方协调，满铁回国人员及其家族的在外财产的各项权益得到了日本政府的认可，并通过 1957 年 4 月 1 日公布实施《撤回者补助金法案》，以立法的形式对原满铁人员及其家属的各项补助金予以保障。该法案共计 23 条，其部分内容如下：

第一章　总则

第一条　根据本法的规定，向撤退者、其遗属以及在撤退前死亡的遗属支付补助金。

第二条　在本法中，"撤回者"包含以下人员：

（1）至昭和 1945 年 8 月 15 日为止，连续 6 个月以上在本国以外的地区拥有生活根据地的人，以及随着战争结束时态的发展，按

---

[1] 安部慎一「宫城県満鉄会提案『元満鉄社員処遇案』」、财团法人満鉄会『満鉄會報』1957 年第 8 号、第 5 页。

照国外官宪的命令以及生活手段丧失等不得已的理由，在1945年8月15日当天回到本国者；（2）至1945年8月9日为止，连续6个月以上在外地有生活根据地者，以及随着苏联参战事态的发展，在1945年8月9日后至14日前回到本国者；（3）至1945年8月15日为止，连续6个月以上在外地有生活根据地者，以及滞留在本国时因战争结束而无法返回在外生活根据地者；（4）随着战争结束事态的发展，在1945年8月15日后不得不继续在外地滞留者，以及1952年4月29日后回到本国者。

第三条　领取撤回者补助金或遗属补助金权利的认定，由厚生省大臣根据接受者的请求进行。

第二章　撤回者补助金的支付

第五条　撤回者补助金的金额，根据1945年8月15日的年龄所定之金额，以记名国债发给：

（1）50岁以上为28000日元、30岁以上未满50岁为20000日元、18岁以上未满30岁为15000日元、未满18岁为7000日元。

（2）第二条中第一项第四号所列者，根据与日本国的和平条约第十一条所规定的审判而被拘禁，或者在与此相同的情况下被迫留在外地的人所支付的撤退者支付金额，与前项无关，均为28000日元。

第六条　1956年的所得税额［包括配偶（未申请结婚，但事实上与婚姻关系相同情况者，下同。）中有应缴纳所得税的所得时，其配偶的所得税额之和，下同。］超过88200日元者及其配偶，不支付撤回者补助金；但1954年至1955年各年份所得税平均额不足88200日元则不受此限制。

前项所规定的所得税额是根据地方税法（1950年法律第二百二十六条第六号）第二百九十二条第五号之规定的所得税额，所得税法（1945年法律第二十七号）在执行地以外的地区获得收入者，其金额应代替政令规定的金额。

第七条　享有领取撤回者补助金权利的人死亡时，死者在生前没有申请撤回者补助金时，死者的继承人可以自己的名义申请撤回者补助金。

在前项的情况下，有数名相同顺序的继承人时，其中一人提出的撤回者补助金的请求，视为全额赔偿，对其中一人的领取撤回者补助金的权利的认定，视为对全体人员的认定。

第八条 以下所列者的遗属，在1957年4月1日（第一号所列者的死亡日期为同年同月2日以后的，即为该日）拥有日本国籍者，支付遗属补助金。

（1）1945年8月15日在外地者，随着终战事态的发展，由于外国官宪之命令及生活手段的丧失等不得已的原因，在被迫返回本国后在外地期间死亡的人，或因战争结束而发生的事态被迫继续留在外地期间死亡的人；（2）1945年8月9日在外地者，随着前苏联的参战及实态的发展，被迫返回本国后于同年同月14日前在外地死亡者；（3）符合第二条第一项各号之一，至1956年3月31日前死亡，死亡时年龄在三十岁以上。

第九条 领取遗属补助金遗属的范围，死者死亡时的配偶子女及父母，以及1945年8月15日（关于前条第二号所列者的遗属给付金，于同年同月9日；关于同条第三号所列者的遗属给付金，于死者去世时）靠死者维持生计或与死者共同生活的孙子、祖父母及兄弟姐妹。（1）死亡者死亡当时还是胎儿的孩子出生时，视为死者死亡当时的孩子；（2）前项的孩子在1957年4月2日以后出生，并且通过出生取得日本国籍的，视为该孩子在同年同月1日（死者的死亡日期在同年同月2日以后的，其死亡日期）具有日本国籍。

第十条 领取遗属补助金的遗属顺序如下所示。但关于父母，在1945年8月15日（第八条第二号所涉及者的遗属补助金，于同年同月9日，同条第三号所涉及者的遗属补助金，在死者死亡的当时），由其维持生计，或者与其共同维持生计者，关于同顺位的父母，养父母在先生父母在后，关于同顺位的祖父母，养父母的父母在先，生父母的父母在后，父母的养父母在先，父母的生父母在后。（1）配偶者（指死亡日期在1957年3月31日之前的人中，除了在该死亡日期之后、同日前去世的二亲等以内血亲〔以下本款同〕以外的人）所称的"遗属"，不包括与其结婚的人（包括虽未办理结婚登记，但被认定为事实上已处于婚姻关系状态的人），以及在同年4月1日时已成为非遗属之人的养子的人；（2）子女（死者的死亡之日在同年同月2日以后的，为其死亡之日，以下在这条中相同，作为遗属以外的人的养子人除外）；（3）父母；（4）孙子（在1957年4月1日，遗属以外者，养子者除外）；（5）祖父母；（6）兄弟姐妹（在1957年4月1日，遗属以外者养子者除外）。

第十一条 遗属补助金支付金额，死亡者每人按下列各号规定的金额，以记名国债发给。（1）关于第八条第一号所列者的遗属补助金，死亡者在1945年8月15日的年龄；关于同条款第二号所列者遗属补助金，死亡者在死亡日期规定如下：18岁以外为28000日元，未满18岁为15000日元。（2）关于第八条第三号所列者的遗属补助金，死亡者在1945年8月15日（同年同月14日以前）的年龄规定如下：50岁以上28000日元，30岁以上至50岁以下为20000日元，18岁以上至30岁以下15000日元。

第十二条 符合下列各号之一的遗属，不支付遗属补助金：（1）第六条所规定者；（2）1957年3月31日以前因离婚死亡者亲族关系终止者；（3）关于死亡者的死亡，根据其他法令，如果有人取得了根据战伤病者、死者、遗属等援护法的遗属给付金或吊慰金等与其他遗属给付金相当的给付权利，则不向其遗属支付遗属给付金。

第十四条 根据第五号第一项及第十一条之规定，政府可以发行限定必要金额的国债；根据前项之规定，发行的国债应该在十年内偿还，其利息为年六分；根据第一项之规定，发行的国债除政府规定的情况外，不得转让、设定担保权或进行其他处理。

第三章 不服的申请

第十五条 对于撤回者补助金或遗属补助金的处理有不服者，从接到该处理的通知之日起一年之内，可以以书面的形式向厚生大臣提出申诉；根据前项规定的不服之申请，关于时效的中断，视为审判上的请求；厚生大臣认为有不得已的理由时，即使在经过第一项的期间后也可以受理不服的申请。

第十六条　厚生大臣在受理不服申请时，应当进行必要的审查，迅速作出裁决，并通知不服之诉者。

第四章　杂则

第十八条　领取撤回者补助金或遗属补助金的权利，在三年内不履行时，根据时效而消减。

第十九条　领取撤回者补助金或遗属补助金的权利，不可以转让或者担保之用，但关于撤回者补助金领取的权利，如果撤回者转让给与其共同生活的配偶、子女、父母、孙子孙女、祖父母或者兄弟姐妹等享有撤回补助金的人，则不受此限制。

第二十条　领取撤回者补助金或遗属补助金的权利，以及第五条或者第十一条所规定的国债不能扣押；但是，根据国税征缴法（1955年法律第二十一号）或国税征收的例子，不在此限制。

第二十一条　关于撤回者补助金、遗属补助金、第五条或第十一条所规定的国债，撤回者、遗属或遗属的继承人所获得的利息以及通过转让获得撤回者补助金的权利而获得的所得，不征收所得税。

第二十三条　该法律所赋予的后大臣的权限，按照政令所规定，可以将一部分委托给都道府县知事，以及其他政令所规定者。①

以上是日本政府公布的满铁撤回人员补助金方法的相关法案内容，该法案对满铁回国人员及其家族的补助金的发放予以保障。为了促使原满铁人员及家族的权利再次得到日本政府的重视，满铁会在1957年10月15日发布了《决议文》，该决议文指出："满铁实质上是国家机关，我等通过满铁社业为国家所做的贡献，鉴于不比官员、军人逊色的事实，在临时退休金等调查会中，满铁职员的待遇问题成为审查的对象，我们热切期待能找到适当的解决方案。先前满铁会通过国会及政府要道

---

① 「引揚者給付金等支給法案」、財団法人満鉄会『満鉄會報』1957年第9号、第2—3頁。

进行请愿陈情，体现了 14 万社员的夙愿，希望今后能更加强原满铁社员的团结，一致协力解决本问题。以上决议，于 1957 年 10 月 15 日，财团法人满铁会秋季大会。"①

三 原满铁在外人员调查及回国

满铁在华滞留社员的回国问题，也是战后满铁会积极推动的一项重要事项。1954 年 9 月 26 日，滞留在中国的满铁要员北村义夫（抚顺煤矿）、笹仓正夫（调查局）、田边锑司（哈矿）、筱原晋（三棵树列车区）、福田满子等 5 人返回日本。② 11 月 30 日，内藤传一（中央试验所）、片冈三郎（中央试验所）、荻原定司（中央实验所）、小夜元彦（铁道技术研究所）、水岛权十郎（集安电气区）、益水致义（大连加工所）、山岸文雄（大连机械区）等 7 人返回日本。③ 1955 年 2 月 24 日，一批滞留在中国的满铁技术人员相继回国，主要有中央试验所的丸沢常哉、小田宪三、关弘之、浜井专藏、山泽逸雄、大竹良平、细井敬三，大连埠头的佐佐木幸夫、庄子浅治、山下秀雄，大连汽船的青木元男，大连工厂的服部信次、阿部清三，工专的井上爱仁、鹫尾弘园，工专已故浜田顺子、浜田祥子，电器课课长山田信夫，铁研栈敷清次，大连图书馆大谷武男，抚顺煤矿的高野气次郎、月野正流，锦州医院的中村ソメ，齐齐哈尔建筑师大石保之、须川春子，朝阳镇自营者小椋清一郎，罗局训诫站的川添通，安东机关区的奥田判治，安东自营的平田巍，锦州局的中村密次，卫生研究的奥原广治、高桥末吉、真子宪治、笠井久雄等 34 人。④ 3 月 29 日，在中国政府的协助下，将一批滞留在东北的满铁人员遣送回日本，主要有原瓦房店医院的荻原康男、殖产局的中村正、铁道研究所的杉原坚二、工专已故浜田笃一郎之后人浜田文子、埠头局的阿部渠、哈局小山田二郎的夫人小山田万里子、哈尔滨工务区的大村公雄、齐齐哈尔运输部的高桥嵩、中央试验所的龟冈丁一、金州医

---

① 「決議文」、財団法人満鉄会『満鉄會報』1958 年第 12 号、第 1 頁。
② 財団法人満鉄会「祝御帰国」、財団法人満鉄会『満鉄會報』1954 年第 1 号、第 5 頁。
③ 財団法人満鉄会「祝帰国」、財団法人満鉄会『満鉄會報』1955 年第 2 号、第 5 頁。
④ 財団法人満鉄会「祝帰国」、財団法人満鉄会『満鉄會報』1955 年第 2 号、第 5 頁。

院的山本丰治、哈尔滨自营者吉冈文夫、国际运输部足立弘、锦州自营者白石保、锦州议员藤原伦子等14人。①

1955年12月，满铁会会员、原劳动政务才长、参议院议员安井谦在《满铁会报》第4号发表了《在外滞留者的问题》一文。关于滞留在外的原满铁人员回国问题，安井谦指出："作为原满铁职员之一，认识不少滞留在中国和苏联的满铁社员，对滞留在中国和苏联的原满铁人员非常关心，也在积极为这些人员的早日回国而呼吁。而且，滞留在苏联的满铁人员受到不好的待遇，在西伯利亚严寒地区吃着不好的食物，导致了很多满铁人员死亡。所以，强烈地要求在日苏邦交正常化的形势下，使滞留在苏联的这些满铁人员早日回国。"②

1956年5月1日，日本厚生大臣小林英三签署了厚生省令第13号《撤回者在外事实调查规则》，厚生大臣签署该文件的目的是解决原满铁人员的在外财产的补偿问题，这是由于满铁会联合了日本全国各地撤回者机构团体，组成了撤回者团体全国联合会向日本政府请愿，日本政府便根据厚生省第十三号条例（官报第8801号所载）实施撤回者在外事实调查，并向各都道府县当局及各地撤回者团体等发出通知，进行相关的联络工作，时间期限截至本年的6月末，并规定在联络期限内并未联络到的人员向都道府县民生部、市町村役所或者各地撤回者团体互相询问，以免遗漏。这次实施撤回者在外事实调查有三个要求：一是只限于战争结束时还是满铁社员者（战争结束时已经退休或死亡的人，由于本会没有资料，所以无法办理）；二是证明委托书中要写明入社的时间、入社时的工作部门、资格名称，以及终战时的工作部门、资格名称；三是证明手续费，满铁会会员免费提供，其他人员需要提交50日元手续费，如果10名以上团体提出申请，手续费为30日元。③厚生省第13号令《撤回者在外事实调查规则》的具体内容如下：

---

① 财团法人满铁会「祝帰国」、财团法人满铁会『満鉄會報』1955年第3号、第5页。
② 安井谦「祝帰国」、财团法人满铁会『満鉄會報』1955年第3号、第5页。
③ 満鉄会「引揚者在外事実調査について」、财团法人满铁会『満鉄會報』1956年第6号、第2页。

第一条　撤回者在外事实调查（以下简称"撤回者调查"），关于撤退者在1945年8月9日以后的事实，按照这个省令的规定执行。

第二条　该省令中所说的撤退者，是指在1945年8月9日后在日本国以外的地域有住所，并且在同年的9月2日以后撤退回到日本国的人，在实施撤退者调查日时在日本具有住所或居所的日本国民，但从外地所招募者以外的军人或者军属不包含在内。

第三条　撤回者所调查的事项包括以下几个方面：一是撤回者姓名、出生年月日、本籍地及现住所；二是在外地的住所、居住期限、职业及世代构成；三是撤退时离港地、着陆地和着陆时间。

第四条　撤回者按照前条的规定，填写撤回者在外事实调查表，由都道府县各知事向厚生大臣提出。根据前项规定之申报，原则上是对1945年8月9日现在的世代构成成员的所有撤退者进行的一次性申报。①

1956年5月9日，厚生省以事务次官之名向都道府县各知事致电《关于撤回者在外事实调查的实施》，将厚生省主导下实施的撤回者在外事实调查情况进行通报。该文件共由九个部分构成：一是调查的主旨基于1956年4月10日内阁谅解备忘录《关于在外财产问题撤回者实态调查之件》，并由首相鸠山一郎签批在总理府成立了"在外财产问题审议会"，负责撤回满铁人员的相关申报材料的审核；二是调查实施主要是由厚生省委托各都府县知事进行办理，在相关都道府县组成的撤回者团体，根据其组织、能力等判断，认为可以负责调查事务的，可以将调查表的分发、收集等其他必要的事务委托给该团体进行调查；三是调查对象为1945年9月2日以后（在桦太、千岛及朝鲜拥有住所者，由于此情况特殊，同年8月9日以后）从日本以外的地区撤回日本，现在居住在

---

① 厚生大臣小林英三「引揚者在外事実調査規則」、財団法人満鉄会『満鉄會報』1956年第6号、第2页。

日本的撤回者的全数，以1945年8月9日的家庭为单位，调查其在外事实；四是调查时间是从1956年6月10日至30日；五是调查表由都道府县知事将辖区内的撤回人员提交的调查表进行汇总，于1956年7月末前向厚生大臣提出；六是调查事项的统计由厚生省进行；七是调查实施上的细节将另行通知；八是调查所需经费也将另行通知；九是调查实施方面注意事项，虽然很少有人误解，认为只要调查实施，就可以立即对在外财产进行补偿，但调查的宗旨和目的始终是获得在外财产问题的审议资料，希望相关人员能够充分了解和彻底了解这一点；在实施这项调查的过程中，要严格留意调查的全过程，以免受到不合时宜的评价；此调查由于是规模特别大的一项调查，一定要留意防止相关数据的遗漏，并保证调查能够正确、迅速地实施。① 为了保障满铁撤回人员在外事实的调查顺利实施，厚生省撤退援护局专门负责此项工作的实施。《满铁会报》第6号登了《撤回者在外事实调查其他方面注意事项》，该注意事项中又进一步详细地明确了调查目的、调查对象、调查时期、调查方法、撤回家庭关系、调查表的分布与记入指导、调查表各栏文字书写与墨水使用、家庭代表者与成员状况、在外家庭成员的主要职业等。

四 满铁在外财产归还

1956年5月10日，在日本政府的指导下还成立由国会议员、政府代表、学者、撤回者代表等组成的在外财产问题审议会委员会。该委员会的成员名单如表2-3。

表2-3　　　　　　在外财产问题审议会委员会名单一览表

委员类型	委员姓名	委员职业
国会议员	爱知揆一	众议院议员（自民党）
国会议员	大平正芳	众议院议员（自民党）

① 厚生事务次官への都道県知事宛「引揚者在外事実調査の実施について」、财团法人满铁会『満鉄會報』1956年第6号、第2页。

续表

委员类型	委员姓名	委员职业
国会议员	藤枝泉介	众议院议员（自民党）
国会议员	古屋贞雄	众议院议员（社会党）
国会议员	受田新吉	众议院议员（社会党）
国会议员	远藤柳作	众议院议员（自民党）
国会议员	小西英雄	众议院议员（自民党）
国会议员	田畑金光	众议院议员（社会党）
国会议员	竹下丰次	众议院议员（绿风会）
政府代表	田中荣一	内阁官房副长官
政府代表	高辻正巳	法制局次长
政府代表	门胁季光	外务事务次官
政府代表	平田敬一郎	大藏事务次官
政府代表	木村忠二郎	厚生事务次官
学者	葛西嘉资	日赤副社长
学者	森山锐一	原法制局长
学者	村濑宣亲	前任议士
学者	土屋清	朝日新闻论说委员
学者	柳井恒夫	律师
学者	松岛鹿夫	撤回同胞对策审议委员会
撤回者代表	北条秀一	原满铁全运理事长
撤回者代表	田中武雄	日韩协会会长
撤回者代表	大津敏男	全桦运会长

资料来源：「在外財産問題審議会委員名簿」、财团法人满铁会『満鉄會報』1956年第6号、第5页。

以上是日本政府主导下成立的满铁撤回人员在外财产问题审议委员会人员构成情况。从上述数据可以看出，在外财产问题处理委员会成员共计23人，而国会议员众议院9名代表参加，其中自民党5人、社会党3人、绿风会1人；政府代表5人中分别为内阁官房副长官，法制局次长，外务、大藏、厚生省事务次长。这说明日本政府在满铁会的发展方满铁撤回人员在外财产问题审议委员会的成立，使撤回人员在外财产问题的处理进一步程序化，各项调查也得以迅速地在日本全国范围内展开。其后，在日本又组成了社团法人撤回者团体全国联合会，该联合会的本部设在东京，办公地点为东京都新宿区四谷一一五，会长为大野伴睦，由东京、北海道、青森、岩手、秋田、山形、宫城、福岛、群马、千叶、茨城、栃木、埼玉、神奈川、新潟、富山、石川、福井、静冈、岐阜、三重、爱知、长野、大阪、和歌山、兵库、滋贺、京都、鸟取、岛根、冈山、山口、广岛、爱媛、香川、高知、德岛、福冈、熊本、大分、佐贺、宫崎、长崎、鹿儿岛、冲绳45个都府县团体45人构成。具体人员如表2-4所示。

表2-4　社团法人撤回者团体全国联合会构成团体构成一览表

地区	代表者	所在地	团体名称
东京	城户忠爱	东京都千代田区丸内三——民生局内	东京都撤退者团体联合会
北海道	横汤通之	札幌市北三条西七丁目	撤回者团体北海道联合会
青森	山口谦次郎	青森市柳町五一	青森县撤退者协会
岩手	斋藤茂	盛冈市内丸五五	岩手县撤退者联合会
秋田	梁田正治郎	秋田市县厅水产课气付	外资同秋田县支部
山形	大口靖太	酒田市本町三——二	撤回者团体山形县联合会
宫城	林源之助	仙台市勾当台通二七	宫城县撤回者团体联合会
福岛	田畑金光	郡山市虎丸町安积地方福祉事务所	福岛县撤回者团体联合会
群马	片野英一郎	前桥市相生町二六	群马县撤退者联合会
千叶	小川国广	千叶市要町六五樫田仓之进方	千叶县撤退者联合会
茨城	菊地弘	茨城县筑波町大字小田	茨城县撤退者联合会
栃木	影泽高	宇都宫市西崎田町开拓会馆内	栃木县海外撤退者联合会
埼玉	土居美水	浦和市岸町七三二埼玉县社会福祉协议会内	埼玉县撤退者联合会

续表

地区	代表者	所在地	团体名称
神奈川	濑下末吉	横滨市中区山下町七〇日赤支部内	神奈川县更生同盟
新潟	本间孝义	新潟市松波町二—二六	外资同新潟县本部
富山	饭田粒一	富山市新总曲轮町一	富山县更生协力会
石川	户水泰臣	金泽市下本多町县民生部援护课内	石川县更生同盟
福井	白川义隆	福井市春日町四七	福井县撤退者联盟
静冈	山田重太郎	三岛市木町二二三一	外资同静冈县本部
岐阜	坂井博延	岐阜市大宫町二———	岐阜县撤退者更生会
三重	冈本仓市	津市县厅厚生课内	三重县撤回者团体联合会
爱知	松井庆严	名古屋市中区南外堀町县厅社会课第二室内	爱知县撤退者更生团体联合会
长野	上仓藤一	上野市县厅厚生课内	长野县更生协会
大阪	桥爪恭一	大阪市北区曾根崎上四——九	大阪府更生连盟
和歌山	上肥正敏	和歌山县那贺郡上野町下佐佐	海外撤退者和歌山县更生会
兵库	小国丰	神户市兵库区松本通市役所内	兵库县海外撤退者联盟本部
滋贺	大塚太顺	大津市四宫町一三自治会馆内	滋贺县外地撤退者联盟
京都	池田志干	京都市中京区东洞院三条下	京都府海外撤退者同胞联盟
鸟取	仲市实	鸟取市元鱼村町二—三九读卖新闻鸟取西部贩卖所内	鸟取县海外撤退者协会
岛根	福间定朝	松江市殿町县厅社会课内	岛根县更生会
冈山	冈崎寿太郎	冈山市石关町七二冈山县社会福祉会馆内	冈山县海外撤退者联盟
山口	冈崎茂树	山口市东惣太夫	山口县更生会
广岛	濑户道一	广岛市袋町五五——广岛县社会馆内	广岛县撤退同盟厚生会

续表

地区	代表者	所在地	团体名称
爱媛	山泽和三郎	松山市萱町二町目事业馆内	爱媛县海外撤退者更生会
香川	山下好太郎	高松市天神前九九——	香川县海外撤退同盟联合会
高知	竹内英省	高知市相生町七八	高知县海外撤退者更生联盟
德岛	国行利雄	德岛市新内町一丁目德岛县社会福祉协议会内	德岛县撤退者联盟
福冈	贝原收藏	福冈市春吉大字西中洲八五六——县民生部世话课内	福冈县海外撤退者更生会联合会
熊本	山中大吉	熊本市行幸一九县厅内	熊本县撤退者总联盟
大分	胁铁一	别府市浜町商工会议所内	外资同大分县本部
佐贺	加藤日吉	佐贺市松原町七三市役所别馆二楼	佐贺县更生会
宫崎	落合兼行	宫崎市南广岛通三丁目	外资同宫崎县本部
长崎	余语弥	长崎市常盘町乙一九	外资同长崎县本部
鹿儿岛	林昌治	鹿儿岛市西千石町七〇	外资同鹿儿岛县本部
冲绳	仲本兴正	那霸市美荣桥町教育会馆内	外资同冲绳本部

资料来源:「遮断法人引扬者团体全国连合会の构成团体一览表」、财团法人满铁会『满铁会报』1956年第6号、第6页。

表2-5　　　　东京都内撤回者团体支部一览表

支部地区名称	会长	所在地
港支部	石仓荣助	港区芝公园一四号—六
新宿支部	铃木信一	新宿区户塚町二——一二
北支部	成田勘四郎	北区岸町一——
葛饰支部	吉村信	葛饰区本田一
涩谷支部	伊藤一水	涩谷区代代木西原一、〇〇八
江东支部	森下爱三郎	江东区深川三好町三——三
品川支部	坂野武夫	品川区西中延西一二九三都南生协会馆内
足立支部	上原诚治	足立区千住东町二九

第二章　满铁会成立及权利保障

续表

支部地区名称	会长	所在地
目黑支部	上泷利雄	目黑区上目黑五—二、六八五
世田谷支部	小岛哲郎	世田谷区代田二—九九三
板桥支部	千叶潮	板桥区长后町二—四
中野支部	田中整	中野区围町四番地大和住宅协同组合
杉井支部	渡边刚	杉井区马桥二——九〇
大田支部	津田和吉	大田区新井宿四—九二—大田区撤退者同盟
墨田支部	黑崎逸朗	墨田区厩桥四—三
台东支部	阿久泽胖	台东区浅草雪门二——〇
练马支部	石川粂三郎	练马区中村町三—六七八
调布支部	后藤信夫	调布市国领町六——领事所调布市福祉事务所
立川含砂川大和支部	藤村三郎	立川市富士见町——八二
三鹰支部	门胁信夫	三鹰市下连雀四三二
府中支部	生田光	府中市车返一、九〇〇
田无支部	中平定辉	北多摩郡田无町役场厚生课内
稻城支部	真岛常雄	南多摩郡稻城村大丸稻城寮内
小金井支部	寺本正男	北多摩郡小金井町小金井新田——二
清濑支部	蓬田清志	北多摩郡清濑町清户一、〇一三
昭岛支部	臼井舜一	昭岛市役所福祉事业事务所内
武藏野支部	岛崎静马	武藏野市境七七三

资料来源：「東京都内引揚者団体支部一覧表」、財団法人満鉄会『満鉄會報』1956年第6号、第6—7頁。

1956年10月，滞留中国和苏联的满铁人员遣返回日本，主要是原大连埠头局的片冈一信、泉田薰，博克图机关区的大崎信三，满铁调查部的田中九一。[①] 同年12月，滞留在苏联的一批满铁人员遣返回日本，主要有原天津调查室的佐藤健雄、小田切利马、木原善次、篠崎武雄、田中义丸、冈本正巳，原调查局的笹川良一、上野友藏、濑户胜、矢泽启作，哈尔滨局的佐藤富藏、本渡等、矢岛晁、小野田次郎、的场泰雄，总务局人事课的堀江庆二，罗津局的和田延二，吉林局运输部的小

[①] 財団法人満鉄会「祝帰国」、財団法人満鉄会『満鉄會報』1956年第7号、第3頁。

田柿操，吾妻站的西尾久夫，营口站的儿岛正员等20人。①

1958年8月，一批滞留在中国的满铁人员被遣返回日本，主要是原满铁调局的藤井满洲雄、哈尔滨医院的关口威、长谷川辉和松原勋、总务局文书课课长后藤邦子、入船检车区的儿玉胜美、安东医院的横井鳟（后改姓冲永）、开田次代、新京医院的野下初美（后改姓多田）、哈尔滨综合试作场的工藤明、安东站的福田富福、哈尔滨教习所的山口昭二。②

---

① 财团法人满鉄会「祝帰国」、财团法人满鉄会『满鉄會报』1957年第9号、第7頁。
② 财团法人满鉄会「祝御帰国」、财团法人满鉄会『满鉄會报』1958年第14号、第7頁。

第三章

地方满铁会的势力发展

第二次世界大战结束前，满铁就已经建立了统一的组织机构——满铁社员会，总人数多达40万人。[①] 日本投降后，按照盟军的指令，满铁对外宣告解体。虽然满铁在形式上宣告解体了，但根植于其思想内部的殖民侵略意识并未随之消除。这些满铁社员回国后，不断地加强联系并密切活动，通过在日本各地建立满铁会组织扩大对外影响，在地方形成满铁会机构团体，并积极参与日本中央政府及地方政府的参政议政活动，一些满铁会的要员纷纷进入众参两院及各省部任职，政治地位不断地蹿升，满铁会也成为独立的财团法人。

第一节 地方满铁会的建立及活动

财团法人满铁会成立后，日本各地地方满铁会积极参加活动，各地满铁会成员在一部分人的牵头下以都府县命名纷纷成立地方满铁会，并与东京的总部满铁会形成呼应之势，在全国范围内形成一股强大的发展势头。日本地方满铁会在各地会长的组织及带领下，在政治权利保障、退休生活保障、养老保障等方面不断地向东京满铁总会提出具体要求，满铁会便集中各地方满铁会代表召开理事会和评议员会议，最后通过理

[①] 关于满铁社员的总人数，在原满铁东京支社书法家本签止所提书的《满铁留魂碑碑志》中记述满铁社员总计为40万人，其中日本人为14万人，中国人、蒙古人、俄罗斯人为26万人，后来满铁又抽调15000人到华北交通株式会社对华北经济展开"调查"。

事会和评议员会的表决通过，然后再形成统一方案，通过满铁会理事长向政府的各部门提出。

一　鹿儿岛满铁会提案与"陈情"

鹿儿岛满铁会是日本国内地方满铁会较为活跃的代表之一。为了扩大地方满铁会之间的联络，鹿儿岛满铁会在县内的各市、町、村都设立了分会，并严格按照有关规定执行原满铁社员的退休津贴发放，该县内原满铁人员退休津贴发放完成率达到80%以上，超额完成了满铁会所规定的发放任务。而且，鹿儿岛满铁会还是日本地方满铁会率先实行原满铁社员退休津贴增额的代表，通过组织8000余名原满铁社员进行联名申请退休津贴增额运动，并形成了一份由8000余名原满铁社员签名的决议案，由原新京站站长山口义人、原牡丹江机关区长樱井虎雄二人携带决议案进京参加本部满铁会理事会，并向总会提议希望在全国满铁会范围内举行原满铁社员退休津贴增额运动。鹿儿岛满铁会的提案得到了满铁会总部的赞成和支持，只是实施的时间和方法需要进一步研究决定。于是，在鹿儿岛满铁会的带动下日本全国各地方满铁会纷纷掀起了增加原满铁社员退休津贴的运动。鹿儿岛满铁会的决议案之所以会起到如此鼓动效应，需要从其决议案的内容进行分析。该决议案的具体内容如下：

> 我等满铁社员被送回日本内地，从穿好衣服到踏上祖国的土地已经快10年了。静静地回顾过去从混乱的满洲能够得到生还，直到现在都觉得是噩梦一样。从今以后我等的生活就将名副其实地一直走在荆棘的道路上。前年4月，满铁东京支社和满铁总裁官邸处理后作为原满铁社员退休金予以支付，但以战后当时货币的价值进行通算后仅支付了总额的80%。年轻人就不用说了，想想那些为满铁服务了30余年，把大半个人生都贡献给满铁的老社员的心情，犹如秋风萧瑟般无限悲凉。没有其他可比较的东西，现在我等身边的国家公务人员的退休年金、抚恤金等是战前的100倍以上，军人的退休年金、抚恤金也予以恢复，朝鲜铁道株式会社、台湾铁道株

式会社的员工也按照这个比例发放。如果按照战前的业绩，满铁是明治大帝的遗产，满铁是国策会社，满铁社员以这种自豪感为克己奉公国策而殉职，为政府的意志所左右，我等又挺身为国家而效力了。所以，我等这些满铁社员作为正当的权利，要求与国家公务人员及军人同等待遇，鹿儿岛县满铁会会员兹以代表全体会员之意愿，联合全国百万同志为纠正此等不公平之待遇，唤起政府当局与全国国民的良知，以期目的之达成。以上之决议。鹿儿岛县满铁会、各市町村分会长。①

以上是鹿儿岛县满铁会为了争取原满铁社员的退休年金、抚恤金与国家公务人员及军人同等待遇，联合8000余名满铁人员向满铁总会提交的署名决议案，决议案中非常明确地提出满铁作为国家的"国策会社"，代表着日本的国家意志所做出的贡献与国家公务人员及军人等同，所以要求享受同等的待遇。这一提案当时在日本全国各地引起强烈反响，以这种形式向政府进行施压的结果是得到了日本当局的高度重视。随后，日本全国各地的满铁会也纷纷进行宣传和集会，强烈要求全额支付原满铁人员退休年金、抚恤金等。

1955年2月，首相鸠山一郎到九州进行视察，鹿儿岛满铁会的部分会员向鸠山提交了《陈情书》。该陈情书全文如下：

鸠山首相来九州游说的机会，虽诚惶诚恐，但作为县级满铁会的代表，能够将前满铁社员诸问题向日本政府进行陈情，深感无限光荣。

回顾往事，满铁作为日俄战争的结果，于1906年7月作为国策会社而设立，承担昭和三代之大业，40年间为了民族的繁荣、东亚大陆的开拓和文化建设而做出贡献，特别是在九一八事变、七七事变和太平洋战争中，发挥了军部与满铁一体的精神，忍受一切牺牲与苦难，为了祖国及东亚的和平而继续奋斗，这是人尽

---

① 財団法人滿鉄会「地方満鉄会の動静」、財団法人滿鉄会『滿鉄會報』1955年第2号、第6頁。

皆知的事实。但是，划时代的第二次世界大战结束后，作为历史而存在、日本的生命的满铁也随之解体，从而作为明治大帝的遗业也随之宣告结束。

这些值得尊重与夸耀的奋斗的15万名满铁社员及家族，在日本战败投降的同时也遭受了巨大的苦难，因未被救助的牺牲者，或者是被拘留者、俘虏者、掠杀者，回想起这些惨状让人禁不住流泪。

如今，第二次世界大战结束后10年的媾和会议已经结束，经过4年之久遣返回国的原满铁社员有四成生活条件基本稳定，能够从事自己以前的职业，但有三成的原满铁社员在自己完全不习惯的土地上从事自己所不习惯的工作，另外三成的原满铁社员则在不安定的布满荆棘的道路上奋争，这是实际情况。

当初，1951年7月1日，我们这些被遣送回来的满铁社员彼此和睦的归国者、未归国者及家属等人，为了得到厚生省的援护，在本部东京以全县地方满铁会作为支部成立了满铁社友新生会（当时的会长是已故的古山胜夫，现在改名为满铁会，会长是山崎元干），就满铁社员的退休金问题、诸债券问题等向当时的日本政府提出申请，最终将满铁在东京支社的办公楼、总裁公馆进行出售，经费用于支付满铁退休社员的退休年金，至1955年支付了80%左右人员的退休金，但平均每人仅得到了2000日元的小额资金，根本无法满足退休满铁社员的生活。

以前满铁在日本政府中掌握着运营的实权，满铁社员的诸补贴与日本政府各官厅相同，但退休后的退休年金及补贴得不到政府的认证，目前，日本国内的文官自不待言，驻在朝鲜、台湾的文官也得到了百倍以上的政府恩济及恩惠，最近在恢复军人恩济的形势下，对于曾经作为国策会社、对政府或军部命令挺身而奋斗不息的满铁社员，作为民主国家的公平的人权应该得到应有的尊重，所以满铁退休人员的恩济应该与其他人等同。

曾经与国家命运生死与共毫不后悔，但也不希望被国家抛弃，全国15万回国的满铁社员坚决主张正当的权利，这并不是什么可耻的事情。

特别是永年工作的满铁社员，而且作为国家的最高功劳者，现在却是国家的最大牺牲者，受尽了困苦与贫穷。这是一个尊重公平人权的民主国家的姿态吗？

现在在首相的带领下中国贸易得到振兴、日苏邦交得到调整，但为大陆建设而挺身的日本县内3万5000余名满铁同僚社员及其家族，不是更应该得到应有的尊重吗？并且全国近百万的满铁社员及其家族将基于友情彼此进一步团结与协力，期待着国际关系好转的同时，更期待同僚能够得到公平的待遇。恳请日本政府予以考虑，满铁会代表陈情书。

1955年2月8日
满铁会鹿儿岛县支部代表[①]

上述这段文字是鹿儿岛满铁会在1955年2月向鸠山一郎提出的陈情书。从表面上来看，是请求"经济补偿"和"国家公平对待"，但该陈情书中多次用"满铁承载昭和三代大业""为民族的繁荣、东亚大陆的开拓和文化建设做出贡献""为了祖国及东亚的和平而继续奋斗"等词语，来为满铁在中国的侵略行为贴上"去罪化"的标签，并把满铁塑造成"功绩者"的集体"形象"，这种对侵略历史和侵华战争选择性的叙述方式，实质上是一种企图为侵略行为进行自我"洗白"的宣传书。

二　各地方满铁会的成立

1954年12月21日，近畿满铁会在"亚细亚食堂"（满铁会员堀英一君经营）举行了12月例会暨忘年会。这次例会，中西理事、佐藤正典支部长等36人参加了会议，与会人员一致决定近畿满铁会支部将与东京的满铁会总部紧密联络，并就今后的发展进行了讨论。

1954年年初，在财团法人满铁会成立半年后，秋田县满铁会作为地方满铁会的重要通信机构，在联络地方与总部满铁会的各项活动中发挥了积

---

① 財団法人満鉄会「満鉄会鹿児島県支部代表『陳情書』」、財団法人満鉄会『満鉄會報』1955年第3号、第7頁。

极作用。秋田县满铁会在评议员笠井重光的带领下，组织当地满铁社友进行联合、集会和演讲，在当地掀起了强大的组建地方满铁会的声势。

1955年1月23日，旭川满铁会在旭川北海旅馆举行成立大会，这是日本最北部的地方满铁会，参加者除了从深川、上川、美瑛、下川等从远地赴旭川参加成立大会的人员外，并联络旭川附近居住的满铁会员一同参会，主要有入江利明、中山源七、松浦敏雄、藤原伯美、大森正男、深井良弥、大槻荣一、远藤乾藏、中岛光男、太田健三郎、森田兔、引地弘、斋木武、北岛保、藤原雅、毛利常治、山口兔等。大会宣布旭川满铁会正式成立，并齐唱满铁社歌来追忆满铁时代的生活。2月6日，宫崎县满铁会举行成立大会，向财团法人满铁会成立大会顺利召开表示真诚感谢，并制定如下章程：一是2月6日作为宫崎县满铁会成立纪念日；二是全体会员一致通过选举原满铁副总裁平岛敏夫为宫崎县满铁会的会长；三是将事务所设在宫崎府橘通四丁目八三汤地利市方处；四是由事务干事统计会员名单并向满铁会总会提交。① 3月26日，札樽（札幌·小樽）满铁会在札幌丸井百货商店特别会议室内举行成立大会，出席成立大会的满铁会员总计42人，主要是对规约、役员推荐等相关事宜进行恳谈，并就今后的计划进行介绍，最后以三遍高呼万岁而结束。② 札樽满铁会其前身是满铁社友新生会北海道支部，在联络回国的满铁人员上起到了积极的推动作用。当时，为了寻找满铁的相关人员分成不同联络区，在社长九里正岁的带领下积极参与满铁新生社友会的各项活动。4月3日，长崎县满铁会在长崎市工商会议所会议室举行成立大会，参加大会的会员有70余人，铃田正武当选为会长，并对满铁社友新生会成立到财团法人满铁会诞生经过、东京满铁会本部的状况等进行了报告，其后又在议长松本光之的带领下进行制定章程、理事会选举等各项工作；大里甚三郎发表了满铁回顾和满铁会的意义等讲话；满铁会会员、长崎县议会事务局局长、原满铁国际运输部负责人向大会

---

① 財団法人満鉄会「地方満鉄会の動静」、財団法人満鉄会『満鉄會報』1955年第2号、第6頁。
② 財団法人満鉄会「札樽満鉄会便り」、財団法人満鉄会『満鉄會報』1955年第3号、第6頁。

致辞；满铁社员三次高呼满铁会万岁。① 5 月 29 日，广之俱乐部举行成立大会，400 余名会员参加，还在全日本 7 个地方成立分会。另外，山形满铁会、静冈满铁会等各地方满铁会也相继举行了成立大会，并将地方发展情况向满铁会总会进行了汇报。

1955 年 7 月 3 日，满铁会近畿联合会在大阪府立大手前会馆举行成立大会。当时，参加成立大会的满铁社员及家族 1500 多人，佐藤正典当选为新分会会长。山崎元干总会长致贺词，十河信二国铁总裁及各地满铁会纷纷发来贺电，从中国回国的原中央试验所所长丸沢常哉发表了《从中国归来》的演讲，并放映了满铁映画。这次满铁会近畿联合会的成立大会还有一项重要议题，原满铁干事押川一郎提出，应趁着日苏会谈之际进行紧急动员，并以满铁会近畿联合会的名义形成了决议文，向首相鸠山一郎、外务大臣重光葵、众参两院议长进行联合请愿，要求滞苏未归还的原满铁人员回国。② 可以说，这是满铁会近畿联合会所做的一件最重要的事情。另外，满铁会近畿联合会还发表了大会宣言书，具体内容如下：

> 对我国国民来说，不能忘记的是祖国日本战败的事实。这是我们每一个日本国民深刻反省的事，面向将来作为一个真正的大国民要下定决心重新开始，这是神赐予的唯一机会。但战后日本重建如何呢？战争时期的紧张状态得到释放，新宪法的自由被错误地定义，造成了今天无秩序、无道德、无理想的社会。当然，一半责任在于执政者，也不能否认另一半源自国民的不自觉，就这样白白地度过了十年的光阴。现在难道不是我们国民站在起跑线上，为重建祖国日本而崛起的秋天吗？"满铁魂"是过去我们作为满铁社员每天的工作直接与大陆开发的理想结合，并为此自觉而养成的气魄。当时，自私的岛国本性是不允许存在的。同僚们都有埋骨大陆的觉

---

① 財団法人満鉄会「長崎県満鉄会結成便り」、財団法人満鉄会『満鉄會報』1955 年第 3 号、第 6 頁。

② 財団法人満鉄会「満鉄会近畿連合会結成大会挙行さる」、財団法人満鉄会『満鉄會報』1955 年第 3 号、第 6 頁。

悟，有的已经实行了，也有尚未归还的朋友。今天在这里所见到的人，都是带着可怜的包袱回来的。我们没有把任何特产带回祖国日本，幸运的是我们带回了深深地埋藏在心底珍贵的"满铁魂"。祖国日本现在处于国家兴亡的十字路口。此时此刻，我们应该与广大的同忧之士携手，发扬满铁精神，在各个家庭、职场、社会上认真履行责任，发誓为国家的在建做出贡献。

满铁近畿联合会，昭和 30 年 7 月 3 日。①

1955 年 10 月 23 日，山口县满铁会举行成立大会，这次大会共成立了县下 13 个市分会和大岛郡下 14 个地方分会，并举行了两次联络会，足见其势力的发展非常迅速。② 同日，近畿满铁会也举行了活动，山崎元干到会致辞。

1956 年 11 月 25 日，冈山县满铁会在冈山市遗族会馆内举行成立大会。参加此次大会的满铁会员 80 余人，会长久山卓二致辞，全体人员齐唱满铁会会歌。③ 同年 12 月 12 日，国铁总裁十二信、满铁会会长山崎元干乘坐云山号赴长崎县进行考察，长崎县满铁会组织 20 余名会员打着满铁会旗全程接待，并在长崎市内的南山手庄举行了 40 余人参加的恳谈会，主题是缅怀满铁过去的历史，并齐唱满铁社歌以示纪念。④

1957 年 4 月 20 日，札幌满铁会在札幌丸井百货店召开春节大会。这次大会确立了满铁会员退休金未领取者调查、与厚生省进行会谈、会员遗属的现状调查及就职斡旋、满铁映画会召开、会员家族娱乐等下一步实施的计划和内容。⑤ 5 月 12 日，秋田县满铁会在横手公园内山口屋

---

① 財団法人満鉄会「満鉄会近畿連合会大会宣言」、財団法人満鉄会『満鉄會報』1955年第 3 号、第 6 頁。
② 財団法人満鉄会「山口県満鉄会秋季大会便り」、財団法人満鉄会『満鉄會報』1957年第 8 号、第 6 頁。
③ 財団法人満鉄会「岡山県満鉄会設立」、財団法人満鉄会『満鉄會報』1957 年第 9号、第 7 頁。
④ 財団法人満鉄会「長崎県満鉄会便り」、財団法人満鉄会『満鉄會報』1957 年第 9号、第 7 頁。
⑤ 財団法人満鉄会「札幌満鉄会総会」、財団法人満鉄会『満鉄會報』1957 年第 10 号、第 7 頁。

举行春季例会。另外，近畿满铁会还举行了会长换届会议，原东洋埠头株式会社顾问折田有信担任新一届会长。宫城县满铁会也举行了会长换届会议，由于安部慎一当选为京都地方行政监察局局长，由黑泽忠夫接任新会长之职。11月17日，山形县满铁会在鹤冈市马场町庄内町村会馆举行成立大会，山崎元干发来贺词，各地方满铁会也发来贺电。山形县满铁会成立之际，正值在财团法人满铁会的组织下，日本各地方满铁会纷纷为了保障回国满铁人员的待遇问题与政府进行多方交涉的关键时期，于是，山形县满铁会便提出要为了14万名满铁社员的切身利益而向政府提出交涉，与会人员一起放映了《满铁记录映画片第17卷》《王道乐土》《明治天皇与日俄大战争》等。此次成立大会选举鹤冈市市长松木侠为会长；副会长2人，分别为实业代表木间伊势藏、撤回者团体山形县联合会副本部长斋藤进次；顾问3人，分别为斋藤顺治、石原俊辅、横泽金吉；干事23人，分别为鹤冈市的梅木源次、酒井正四郎、小林藤吉、井上博、渡边一雄、池田善次郎、加藤丰太郎、原田久胜、阿部正典、高田清典、伊藤博、佐藤友春、佐川幸男、须田恒吉，酒田市的小野清、阿部惣太郎，山形市的海野荣次，最上郡的早坂桂次，西田川郡的阿部幸治郎、佐藤昭三，东田川郡的笹原茂藏、清和长治、宇佐美博久；监查员3人，分别为横山一雄、荒井传三、小花盛雄。[①]并且，山形县满铁会又提出了近期完成两项重要事情，一是协助财团法人满铁会进行原满铁社员遗属家族的调查，二是关于撤回者补助金的申请，将向满铁会本部提供相关的证明手续。同日，东三河满铁会在吉田城举行了第四次总会，参会人员30余人。12月8日，名古屋满铁会在本市内的料亭举行第4次亲睦会。

1958年1月17日，京都满铁会在京都府元山公园元山观光会馆举行成立大会，参加此次成立大会的主要是各地满铁会会员100余人。由于京都满铁会与近畿满铁会的相关联性，决定京都满铁会作为近畿满铁会的支部会进行活动，并推选了如下委员：会长为安部慎一，顾问为西川总一，干事为安部犹治、荒川隆三、有间勇、井筒义三、槌田倍二

---

① 財団法人満鉄会「山形県満鉄会結成大会について」、財団法人満鉄会『満鉄會報』1957年第12号、第10頁。

郎、吉田泰久、吉村辰治。① 1月27日，哈尔滨铁道局北安会在唐河原大伊豆举行第二次大会。2月15日，横须贺满铁会举行成立大会。大会推选东京湾仓库的高山宗寿为会长，横须贺市建设部的饭渊一、八千代工业的岩泽严为副会长，上之兰耕、南操、岩本小二郎、山田昌太郎、小林胜治、小佐佐正规、柏原平藏、挂田金吾等为干事。3月16日，北九州满铁会在小仓市金田市保健所讲堂召开大会，参会者有满铁会员及家族250余人。4月16日，东京满铁货物会在东京一个西餐馆内举行恳谈会，出席大会的有会津合同公共汽车株式会社的片桐慎八、日本贩卖公社的石桥竹苞、产业振兴株式会社的石桥正一、秀英印刷株式会社的尾崎久市、日本制版株式会社的木村史郎、财团法人运输调查局的工藤龟一、旭日铁产株式会社的小菅尚次、日本印刷株式会社的城市安成、横滨通商事务所的高山末西、秀英印刷株式会社的田中正方、兴亚火灾海上保险株式会社的鹤冈寿、电通株式会社的桥爪政勇、隆华工业株式会社的羽田平五、第十一兴生社的平井弘、日野靴店的日野懋、电源开发株式会社的藤崎肇、厚相秘书官细村千胜、人事院任用局长丸尾毅、旭工务所株式会社的吉田要、中劳委员会的米泽信二。② 5月25日，广之俱乐部在东京芝增上寺召开"慰灵祭"大会。6月3日，"昭十"（昭和十年入满铁）满铁会在虎之门共济会馆举行年会。

7月11日，"昭九会"（昭和九年入满铁）在东京站地下西餐厅举行联谊会，参加这次联谊会的人有自民党政调会财政部部长足立笃郎、空幕监理部部长加纳健一、陆上自卫队松户补给厂整备部部长飞松英助、帝都仓库取缔役渡边今朝雄、陆上自卫队运输学校研究课课长川越正德、私学振兴会总务课次长古川重树、经济企画厅海外经济协力室室长佐濑六郎、市川毛织劳动课课长朝比奈觉道、陆幕输送课栗田武雄、三兴商事专务荒木政之助、思密达商会常务成富猛、专卖公社审查部监查课石桥竹苞、空幕监理部桥立清、日本劳动新闻业务部部长建川正

---

① 财团法人满铁会「山形满铁会発会」、财团法人满铁会『满铁會报』1958年第13号、第6页。
② 财团法人满铁会「东京满铁货物会」、财团法人满铁会『满铁會报』1958年第13号、第7页。

美、富士电视编成局局长福田英雄、电通文书部部长中田敏郎、电通会计部部长桥本国治、日兴证券调查部部长长谷部照正、旭工务所社长满铁会常务理事吉田要、东京铁骨桥梁制作所纐纈八郎、日本钢钣工业常务中江清正、陆幕输送课课长东峰常二、交通社团体事务所所长村上正。①

1958年9月21日，三多摩满华会在鹰市的厚生园举行成立大会，参加这次成立大会的人员主要是原满铁和原华北交通株式会社的关系人员1000余人，参议院议员安井谦发来贺电，北条秀一致辞。大会经过选举产生如下役员：会长为原满铁总裁林博太郎、副会长为平山复二郎；常任干事有伊藤武雄、尾崎久治、鸟崎静马、铃木一郎、北条秀一、山中健次、伊藤武勇、斋藤忠雄、杉浦雄武、田中整、藤原丰四郎、三岛隆；会计干事有河合友之、美齐津好三；干事有伊藤香象、川上喜三、白井卓、田中弘之、森良雄、石桥竹苞、小出健藏、杉田一造、林不二男、吉原政纪。② 10月1日，埠头会在东京六义园召开联谊会。10月12日，满铁三一会在新宿小町园召开总会，参会人员有以九州满铁会员为首的地方满铁会员共计26人。10月19日，近畿满铁会举行第四次大陆会。10月26日，满铁会九州联合会在福冈市桥口町九州经济调查协会内举行第二次大会，参会者主要是福冈县、佐贺县、长崎县等地的40余人。11月9日，秋田县满铁会在秋田市日美文化会馆举行总会。12月22日，冈县满铁会在福冈市桥口町四九州经济调查协会旅馆举行忘年会，30余满铁会员及其家族参会。

1959年1月18日，熊本县满铁会在熊本市鹤屋百货商店举行成立大会，参加成立大会的原满铁社员2000余人，会长村山茂雄、原伪满洲国国务局局长星子敏雄发表贺词。熊本县满铁会通过了两项决议：一是以国会活动为中心，就原满铁社员的待遇向日本政府进行请愿，并借助满铁会人员在众参两院、地方议会、地方政府等的特殊关系，强力推

---

① 财团法人满铁会「昭和九会懇親会」、财团法人满铁会『满铁會报』1958年第14号、第6页。

② 财团法人满铁会「三多摩满華会结成大会」、财团法人满铁会『满铁會报』1958年第15号、第4—5页。

进满铁回国人员的待遇问题；二是加强熊本县内各地区满铁人员及其家族的联络，并结成强有力的组织机构。① 这次大会选举村山茂雄为会长，德村贞之、内田悦弘为副会长，事务干事为沟口清秀、西正俊等，顾问是星子敏雄、栉山弘、北村直躬。1月28日，满铁建筑关系者大会在东京都银座东京温泉举行。1月31日，满铁"昭三会"（昭和三年入满铁）在东京站西餐厅召开联谊会，撤回日本后当选国会议员的江藤夏雄、福田喜东2人，当选市长松冈三雄、桢田献太郎、竹内节雄3人，还有大学教授2人，会社会长、社长、专务及多名政府要员等诸多人士参会。另外，还有日本政界、经济界、产业界、新闻界、实业界等名流也纷纷参会，如通产省地质调查所的河田学夫、日本蒸馏总务部部长大石重藏、日宝兴发取缔役的稻叶卓一、水野组理事内田贵英、须贺工业工事部部长幡谷武夫、黑泽商事社长黑泽忠夫、北新工业工事代表取缔役片冈四郎、东神化学工业取缔役冈田三郎、兴化工业专务取缔役的岛崎静马、辩护士饭泽重一、中政连参与佐古忠夫、大东学园总主事冈田七雄、大平建设技师长山内丈夫、东芝驻巴西代表高木康夫、行政管理厅官房长官本岛邦男。② 2月10日，在京浜地区原罗津铁道局工作的30多名人员及家族举行成立大会。3月27日，儿玉会在东京站地阶西餐厅举行第9次会议。5月3日，满铁姐妹会在东京举行恳谈会。7月14日，三重县满铁会在松阪市商工会议所召开，这次成立大会的规模比较大，满铁会本部理事长佐藤晴雄、国铁总裁十河信二、前厚生大臣大陆铁道从事员援护会会长堀木镰三等一些重要人物参加会议，以及三重县下满铁会员800余人参会。经过大会选举会长为竹口弘，副会长3名当天并未选出，常任干事总务由原满铁生计局总务部的服部节夫、原满铁东京支社运输课的堀出政三2人担任，常任干事分别从三重县的北势地区、中势地区、伊贺地区、南势地区等各选派1人担任，分别为原满铁本部

---

① 财団法人満鉄会「熊本県満鉄会結成大会」、財団法人満鉄会『満鉄會報』1959年第17号、第9頁。
② 財団法人満鉄会「昭三会の懇談大会『三十一周年記念の集い』」、財団法人満鉄会『満鉄會報』1959年第17号、第10頁。

第三章　地方满铁会的势力发展

总务局的白石博、原奉局大官屯站的水口又一、原满铁调查局总务部的丰味成治、原满铁调查局的浜口芳吉。① 7月19日，大分县满铁会举行成立大会，出席人员45人。大分县满铁会选举顾问3人，分别为前旧杵市市长、原满铁经济调查会的三浦义臣，县商工劳动部部长、原满铁抚顺煤矿用度课的八并操五郎，县议会议员、原满铁东京支社门司事务所的野田文吾；会长为大分县教授、原满铁奉局运输部副部长野上九州男；副会长为大分地方行政监察、原满铁奉局货物课的三原泰雄。② 10月12日，从国外撤回的原铁路职员在富山市举行金泽铁道局满铁会，选举会长为冲滋芳，副会长为竹本久吉，干事为吉田务、今木信一、朝仓富男、田中庆二。③

1959年11月13日，丰岛区满铁会在东京都丰岛区内举行成立大会，选举会长为前田弘，副会长为关谷祥治、森谷忠八、杉浦政恒、石渡留吉、樋口节三、有村茂六、松下幸太郎，监事为松下幸太郎、三浦忠次、池田卯作。④ 1960年5月11日，绥芬河电气区会在日北举行了由岩手、秋田、四国等地区22人会员会议。5月14日，丰岛区满铁会在丰岛振兴会馆举行总会，大会又选举了新的役员，其中会长仍然为前田弘；副会长为关谷祥治、森谷忠八；常任干事为杉浦政恒、石渡留吉、安藤武雄、樋口节三、有村茂六、米山素之、保坂安藏、小林胜义；干事为村越二男、砂广万夫、冈野只雄、八户安雄、芝崎正昭、佐藤次男、中山秀治、力石友吉、福间定男、小泽忠重、冲元辰造、桝田善宗；监事为松下幸太郎、三浦忠次、池田卯作。⑤ 6月10日，满华配车会举行例会，满华会会员全日本共计330人，这次出席会议关东地区茨

---

① 財団法人満鉄会「三重県満鉄会の結成」、財団法人満鉄会『満鉄會報』1959年第19号、第9頁。
② 財団法人満鉄会「大分県満鉄会の設立さる」、財団法人満鉄会『満鉄會報』1959年第19号、第10頁。
③ 財団法人満鉄会「金沢鉄道局満鉄会結成」、財団法人満鉄会『満鉄會報』1960年第20号、第9頁。
④ 財団法人満鉄会「豊島区満鉄会総会」、財団法人満鉄会『満鉄會報』1960年第22号、第7頁。
⑤ 財団法人満鉄会「豊島区満鉄会結成大会」、財団法人満鉄会『満鉄會報』1960年第20号、第9頁。

城县5人，埼玉县6人，群马县1人，千叶县4人，东京都58人，神奈川县8人，共计82人。① 8月13日，三重县满铁会在津市听潮馆举行干事会议，主要是公布追加的满铁会员210人，并制定了900名会员名单，其目标是要继续扩大满铁会员的人数，以及就满铁回国人员的待遇权利争取等各项事宜进行恳谈会，并制定了具体的协议书，向日本政府进行陈情、说明。② 8月20日、21日，丰岛区满铁会又举行了干事会。9月4日，东三河满铁会在吉田会馆举行第6次总会，9名会议代表向众议院提出满铁回国人员权利保障法案。

表3-1　　　　　都道府县命名的地方满铁会一览表

名称	会长·负责人	成立时间	事务所地点
鹿儿岛满铁会	小原贞民	1955年	鹿儿岛市原良町三〇〇
近畿满铁会	佐藤正典	1955年	大阪市西区江子岛大阪府立工业奖励馆内
宫崎县满铁会	平岛敏夫	1955年	宫崎市桥通四一
长崎县满铁会	铃田正武	1955年	长崎市引地町四二
旭川满铁会		1955年	
青森县弘前满铁会	矢田昌四郎	1955年	青森县弘前市站前
札樽（札幌·小樽）满铁会	九里正藏	1955年	札幌市南二条西十一交通局内
枥木县满铁会	神山三男	1955年	宇都宫市商工会役所
名古屋满铁会	户仓能时	1955年	名古屋市千种区振浦町二丁目五十三号
宫城县满铁会	安部慎一	1955年	仙台市花京院通七三铁道弘济会内
近畿满铁会联合会	佐藤正典	1955年	大阪市西区江子岛大阪府立工业奖励会馆内

---

① 財団法人満鉄会「満華配車会関東例会」、財団法人満鉄会『満鉄會報』1960年第22号、第7頁。

② 財団法人満鉄会「三重県満鉄会幹事会開催」、財団法人満鉄会『満鉄會報』1960年第22号、第7頁。

第三章　地方满铁会的势力发展

续表

名称	会长·负责人	成立时间	事务所地点
吴满铁会	柳原英	1955 年	广岛县吴市公园通吴工业试验场
山口县满铁会	田中龙夫	1955 年	山口市道场町日本技工团内
北九州满铁会	冈田七雄	1956 年	小仓市鸟町二丁目小仓基督教青年会内
钏路满铁会	冈岛正义	1956 年	钏路市宫本町二四
弘前满铁会	矢田昌四郎	1956 年	青森县弘前市站前
秋田县满铁会	笠井重光	1956 年	秋田市秋田县厅内
栃木县满铁会		1956 年	宇都宫市商工会议所
爱知县东三河满铁会	福井道二	1956 年	爱知县丰桥市键田町三四福井渔网株式会社内
福冈县满铁会	宇木甫	1956 年	福冈市桥口町四九州经济调查协会内
长崎县满铁会佐世保满铁会支部	川上一郎	1956 年	佐世保市汐见町一六
冈山县满铁会	久山卓二	1956 年	冈山市遗族会馆
山形县满铁会	松木侠	1957 年	山形县鹤冈市马场町十日町口八番地鹤冈市役所内
满铁三一会	上村	1958 年	东京都品川区二叶町西四—四九〇
京都满铁会	安部慎一	1958 年	京都府元山公园元山观光会馆
横须贺满铁会	高山宗寿	1958 年	横须贺市
静冈县满铁会	长尾次郎	1958 年	静冈市东町五十一兴生自动车株式会社
满铁会九州联合会	小原九连		福冈市
熊本县满铁会	村山茂雄	1959 年	熊本市妙体寺町一〇五
久留米市满铁华交会	梅野实	1959 年	久留米市公民馆
三重县满铁会	竹口弘	1959 年	松阪市商工议所
大分县满铁会	野上九州男	1959 年	大分县
金泽铁道局满铁会	冲滋芳	1959 年	富山市
丰岛区满铁会	前田弘	1960 年	丰岛振兴会馆

资料来源：财团法人满铁会「各地满鉄会の動静」、财团法人满铁会『满鉄會報』1955 年第 3—25 号、第 5 页。

财团法人满铁会的势力发展，除了在日本各都府县成立地方满铁会以外，与满铁有关人员还成立了各种团体。具体如表3-2。

表3-2　　　　　　　　　满铁关系团体一览表

名称	责任者	事务所地点
大陆铁道从事员援护会	堀木谦三	东京都千田区丸内丸楼五九六
华交互助会	田村羊三	东京都千田区丸内丸楼一五九六
广之俱乐部（电气关系）	安田英一	东京都中央区银座东四三银座电机内
机友会（机械关系）		东京都大田区大森八—三九六八
若叶会（育成学校）	日高雪	东京都目黑区柿木坂二四〇夷石方
鳟鱼会（食堂车关系）	针生久之助	东京都中野区上高田一一二一八
儿玉会（生计关系）	樱井弘之	东京都水道局小河内蓄水池东京派出所
弘报会	宫本通治	东京都千代田区有乐町东洋埠头株式会社内
配车会	山口外二	东京都芝汐留二、国铁厅舍内运输调查局内
汽车会	田中洌	东京都芝汐留二、国铁厅舍内运输调查局内
齐自会	塚原俊一郎	东京都芝汐留二、国铁厅舍内运输调查局内
奉天站货友会	浅野勇	东京都涩谷区原宿三株式会社二四九ユスラ产业
公伤社员会	荒井善美	东京都新宿区户山町一国立身体障害者更生指导所内
罗津会	小岛真寿男	东京都北区赤羽袋台一——都住一一九四
哈尔滨会		满铁会内
抚顺会	浜地常胜	福冈市桥口町四九州经济调查协会内
昭三会	千岛邦男	东京都千代田霞关一一二行政管理厅监察部内

第三章 地方满铁会的势力发展

续表

名称	责任者	事务所地点
昭四会	佐藤农夫雄	东京都中央区银座西七电通内
昭七会	石原四郎	东京都涩谷区千站谷町一一三四二
昭八会	松宫彰	东京都港区赤坂葵町二虎门共济会馆内
昭九会	成富猛	东京都中央区京桥5号楼紫罗兰商会内
昭十会	山本蔵	东京都千代田区霞关一一二行政管理厅监察部三本岚
昭十一会	三浦矢一	东京都中央区银座西七电通内
昭十二会	高松征夫	东京都千代田区丸内岸本楼日曹制钢内
昭十六会	室贺定信	东京都杉并区马桥二一一四七
伏水会（大连工专）	水津利辅	东京市涩谷区中通三一三一电器百货店内
互亲会（埠头经理关系）	山下雄二	东京都江户川区松本町一〇二五
满铁姊妹会（奉天本部）	高桥君	东京都新宿区山集体住宅七一九〇九
东资会	福田清三	东京都中央区银座西六一五滝山楼丸星商事内
岭前会	伊藤伊织	东京都丰岛区要町一一六
哈尔滨北安站满铁会		汤河原大伊豆
东京满铁货物会	尾崎久市	满铁会本部丸楼五九四区
满华配车会		关东地区
三多摩满华会	林博太郎	鹰市日产厚生园
埠头会		东京六义园
东京罗津会		京浜地区
北安站会		
绥芬河电器区会	上野西乡	日北地区

资料来源：财团法人满铁会「满铁关系者各种团体一览」、财团法人满铁会『满鉄會报』1955 年第 3 号、第 5 页；财团法人满铁会「满铁关系各种团体追加」、财团法人满铁会『满鉄會报』1955 年第 4 号、第 7 页；财团法人满铁会「满铁关系者各种团体一览」、财团法人满铁会『满鉄會报』1956 年第 6—12 号。

三 满铁会员扩大"权利"呼声

随着地方满铁会的广泛建立，满铁会员的要求和呼吁也不断地向日本政府传递，日本政府对满铁会员的要求也予以高度重视。要求满铁回国人员待遇的保障是满铁会与政府进行多方交涉的首要问题，也是满铁会员最迫切希望得到解决的问题。满铁会会员广岛宇佐川金次郎在《满铁会报》1955年第3号发表《满铁社员的呼吁》一文，指出："满铁作为协力日本北方镇守的国策会社，发挥着治安大动脉的作用，而献身于满铁事业的社员由于会社本身为半官半民的性质，所以只能享受到朝鲜铁道、台湾铁道的一半权利，并且终战后已经十年了没有任何补偿的根据是什么？因为满铁会的活动不足，所以才收不到会费吧？没有钱就无法工作。只要积极开展活动，实现我们的愿望，会费哪怕是两倍也要缴，我想这样的人会很多。关于积极的陈情方法笔者想提出以下几点方案：一是我们同志负责以幸福的纸信的方式劝诱分散在各地的老满铁社员入会。二是身份保障金是现在通知书的100倍。由日本政府赔偿，所谓的百倍是指物价指数的200倍的一半。三是制定法律规定退职金在退职后3个月内成为公务员，按满铁在职年数的2/3计算；对于不是公务员的人，按照满铁的规定给予退职金；对于不是满铁解散当时的公务员的人，按照满铁解散当时的资格、工资额计算，其100倍是一部分现金一部分公债补偿。根据资格、工资额计算，以一部分现金一部分公债补偿其100倍。四是与中国及苏联尽快采取宣布结束战争的措施，进行国与国之间的谈判。"[①]

满铁公伤社员会预备会在《满铁会报》1955年第3号发表题为《为满铁公伤社员提供保障》文章，指出："满铁公伤社员终战结束以来经过10年星霜，没有任何的生活保障、医疗保健，因身体伤残之故在就职战线经常受到压迫，活在艰难的日子里，走在罄竹难书的荆棘路上，继续着艰难的日子。从这样的现状来观察我们的周围，同样战斗在国防前线满洲，同样为了国家政策的相同目的，负伤的军人、军属的生

---

① 広島宇佐川金次郎「満鉄社員の呼び」、財団法人満鉄会『満鉄會報』1955年第3号、第7頁。

活都有保障，另外，从事相同事业的铁道从业人员的朝鲜铁道、台湾铁道的职员都得到了国家的保障，只有满铁社员被置之不顾，这是何等的矛盾，这是何等的不公平！众所周知，满铁总裁是由政府任命运营的机构，我等常常被要求奉公灭私、为国家殉职，按照政府的意志行动，服从国策，我等也是为了国家昌盛而挺身工作，但在那个工作岗位负伤了。所以，我等满铁公伤社员作为正当的权利，要求政府让我等享受与军人、军属及国家公务人员的同等待遇，为了达到上述目的希望满铁会早一天积极开展活动。"[1] 从表面上来看，是为满铁"公伤"人员争取生活和医疗保障的诉求书，但实际上是通过"我等常常被要求奉公灭私，为国家殉职，按照政府的意志行动，服从国策，我等也是为了国家昌盛而挺身工作，但在那个工作岗位负伤"等叙述，来掩盖在侵华战争中对中国侵略所犯下的罪行，是一种典型的片面强调"受害"，而忽略"加害"的历史记忆方式。

另外，满铁会要求加强满铁回国人员的联系和交流，并分批次地作成了满铁会人名簿。冈山县满铁会会员羽贺则光在《满铁会报》1955年第3号发表《早日作成名簿》一文，提议早点把满铁会员的名簿作成，这样便于大家联络和交流。他说道："满铁！满铁！多么令人怀念的话语啊！每次听到满铁的话语，看到满铁的文字，无比疲惫的身心就像万盏明灯。希望早日看到社友名簿，也想给即将忘却的朋友写信，万般思念，今日月，流转中我之生命，归国日，姑娘采摘黍米，来处未枯之旷野，憎恶消去，山路雪明。"[2] 从表面上看，这是对满铁作为"精神家园"的一种怀念和依恋，但实际上是对"回归满铁时代秩序"的一种向往，是对侵华战争中满铁的"集体身份"和"精神世界"的怀念。

1955年2月8日，鸠山一郎在九州进行演说时，鹿儿岛满铁会会员代表向其递交了《陈情书》。该陈情书的内容要点如下。

---

[1] 満鉄公傷社員会準備会「公傷社員に保障を」、財団法人満鉄会『満鉄會報』1955年第3号、第7頁。
[2] 羽賀則光「早く名簿を」、財団法人満鉄会『満鉄會報』1955年第3号、第7頁。

第一,"满铁作为日俄战争的产物,于 1906 年 7 月作为国策会社而设立,近 40 年来为了民族的共荣,在东亚大陆开拓和文化建设中做出了贡献,特别是在九一八事变、七七事变、太平洋战争中秉承军铁一体的侵略理念,深入策划参与了侵华行动。众所周知,为了国家与东洋和平仍然在艰苦奋斗。然而,由于那场世纪性的战争结束,既是历史的存在,又是日本生命的满铁也逐渐消失,明治大帝的遗业终究终结了。"[1]

第二,"工作了 15 年的满铁社员和他们的家属,在战败的同时,或被拘留,或被处死。如今,有四成的回国满铁社员在生活条件方面姑且不论,在自己原本的职业中安定下来,但有三成的人在完全陌生的土地上做着陌生的工作,剩下的三成的满铁社员在荆棘的路上苦苦挣扎,这是现在的实际情况。"[2]

第三,"1951 年 7 月 1 日,这些回国的满铁社员彼此相互和睦,为了归还者、未归还者及其家属的援助福利之目的,在东京成立满铁新生社友会本部,在全国各地成立满铁社友新生会分会,当时会长是已故的古山胜夫,满铁社友新生会改组后,会长由山崎元干担任。其后,关于退休年金的支付问题及债券问题等正当的权利向政府当局提出申请,而作为满铁国内资产的东京支社大楼和满铁总裁公馆卖掉后,作为原满铁人员的债券基金予以支付,至 1953 年已经支付了 80% 左右,而人均得到 2000 日元小额支付金则未能使回国满铁社员满意。"[3]

第四,"过去满铁运营的实权是政府,社员的各项工资基本比照国内各官厅发放,退休金的支付规定也不受政府认证的限制。现在日本的文官以及过去驻在台湾、朝鲜的文官都享受百倍的退休金待遇,最近在恢复军人退休金的形势下,对于过去作为国策会社,为政府或军队命令而挺身艰苦战斗的满铁社员,与国家休戚与共,本无悔意,但无法舍弃

---

[1] 満鉄会鹿児島県支部代表「陳情書」、財団法人満鉄会『満鉄會報』1955 年第 3 号、第 7 頁。
[2] 満鉄会鹿児島県支部代表「陳情書」、財団法人満鉄会『満鉄會報』1955 年第 3 号、第 7 頁。
[3] 満鉄会鹿児島県支部代表「陳情書」、財団法人満鉄会『満鉄會報』1955 年第 3 号、第 7 頁。

的全国 15 万撤回满铁社员,在主张正义与人道的正当权利方面,相信绝对不是可耻的事情。特别是常年工作的满铁社员,过着贫穷和困难的生活。这应该是一个尊重公平与人权的民主国家应该有的姿态吗?"①

第五,"现在日本在首相的主导下,积极展开与中国的贸易振兴、日苏邦交调整,在大陆献身的县下 35000 余名同僚及家属,无不为之敬佩,更希望全国百万满铁社员及其家属,以更加深厚的友谊为基础,进一步加强团结协作,在期待国际关系不断好转的同时,我等代表县满铁会恳请对满铁同僚社员一直呼吁的公平处理问题给予特别的关照。"②

广岛满铁会代表宇佐川金次郎也向满铁会进行呼吁,要求对满铁回国人员的各项权利予以保障。他指出:"满铁作为协助守卫北方国策的治安大动脉,而为满铁而奉职的前满铁社员,所获得的权利仅是半官半民的鲜铁、台铁的一半,这也是第二次世界大战结束后近十几年来前满铁社员权利不能够得到补偿的主要依据。正因如此,满铁会也由于经费不足而不能定期集会,由于资金不足,各项工作也无法正常开展。我们希望进行积极的活动,而由于经费不足,一些人承担了两倍左右的会费。关于上述问题提出如下建议和方法:第一,向全国各地散发幸福的书写,劝说前满铁社员加入满铁会,这是我们的责任,每人要劝说 3 人以上的前满铁社员加入满铁会;第二,要求身份保障金提高 100 倍,即是日本政府补偿的 100 倍,仅为现在物价上涨 200 倍的一半;第三,退休年金在退休后的 3 个月内,作为公务员的应按照在满铁供职年数的 2/3 的恩给年限,按照通算法律支付,不是公务人员的人员,按照满铁的规定,退休金应按照解体时的资格所给予的额度计算,一部分作为 100 倍的公债基金给予补偿。"③

---

① 满铁会鹿儿岛县支部代表「陳情書」、财团法人满鉄会『満鉄會報』1955 年第 3 号、第 7 頁。
② 满铁会鹿儿岛县支部代表「陳情書」、财团法人满鉄会『満鉄會報』1955 年第 3 号、第 7—8 頁。
③ 广岛宇佐川金次郎「満鉄社員の呼び」、财团法人满鉄会『満鉄會報』1955 年第 3 号、第 7 頁。

第二节 满铁会与日本政界

一 国会中的满铁人

满铁会成立后,其势力不断发展壮大,遍及日本各府县,并且很多高层人员纷纷进入国会,当选为众议院议员,在战后日本形成一股强大的政治潮流。而且,满铁回国人员的各项权利的保障,也得到满铁会要员入国会后所进行的多方协助,所以,14万以上的满铁人员及家族对国会中的满铁会要员寄予了很大的希望。但是,满铁会认为战后日本的国会在国际政治中的作为却是令人不满意的,并借用老政客的言论来表示对战后日本国会的不满,认为:"战后日本的复兴无论在经济上还是文化上,都取得了令人刮目相看的成效,但在此期间作为政治中心的国会却给人一种后退的感觉,这实在令人遗憾至极。"[1] 所以,满铁会便积极推动其要员入国会,这也是满铁会要提升自身政治地位的一项重要措施。于是,在中央政府和地方政府中,均有相当一部分满铁人员进入政治机构中,并在中央政府和地方政府中发挥了重要作用。

其中,在参议院议员的选举中,满铁会的会员也占了一定比例,以1947年北条秀一当选众议院议员为开端至1972年最多的时候,满铁会有12人在众议院的议员选举中顺利当选,如毛利松平议员担任环境厅长官;安井谦在众议院中当选副议长,后来又当选为众议院议长。另外,担任过政府大臣的满铁会会员有以下人员:安井谦为自治·总务厅、足立笃郎为科学技术厅、田中龙夫为通产省、佐佐木义武为科学技术厅·通产省。

根据1955年3月31日所刊发的《满铁会报》第2号记载,当时共有9名满铁会会员当选众议院议员,其中田中龙夫为民主党山口一区、足立笃郎为自由党静冈三区、伊藤好道为左派社会党爱知四区、宇田耕一为民主党高知选区、与木庚子为自由党福井一区、黑金泰美为自由党

---

[1] 财团法人满铁会「満鉄出身の国会人」、财团法人满铁会『満鉄會報』1958年第13号、第3页。

山形一区、山下春江为诸派福岛二区、受田新吉为右派社会党山口二区、爱知揆一为自由党宫城一区。①

表 3-3　　　　　　　满铁出身的国会人一览表（1958 年）

姓名	国会及地方议会	选区及党派	入国会后现职	满铁所在部门及职务
足立笃郎	众议院	静冈县三区自民党	静冈县农业共济组合会组合会会长	满铁货物课、锦州铁道局运输部副部长参事；日本全国农共理事、自由党政调会副会长、大藏政务次官
伊藤芳子	众议院	爱知县四区社会党	众议院议员	满铁调查局
上塚司	众议院	熊本县二区自民党	海外移住振兴株式会社监查役	满铁调查部；大藏政务次官、亚马逊产业研究所所长、海外移住中央会副会长、日伯中央协会理事长
甲斐政治	众议院	宫崎县一区自民党	广播宫崎顾问	满铁地方部、伪满洲国地方副县长、黑河省开拓厅长、中国陕西省顾问、合作社山西省连合会副理事长；电通广播广告社常务取缔役、日本民间放送连盟专务理事
栫山弘	众议院	熊本县一区自民党	熊本县议员、爱乡建设株式会社社长	满铁调查部、上海事务所；中国安庆县顾问
小林绢治	众议院	兵库县三区自民党	海外移住振兴株式会社监查役	满铁秘书役、纽约支店长、庶务课长；中央新闻社主笔、编辑局长
田中龙夫	众议院	山口县一区自民党	内阁官房副长官	满铁庶务部、贵族院议员、山口县知事、经济审议政务次官、京滨汽车贩卖、播磨工业株式会社取缔役社长
浜田幸雄	众议院	高知县自民党	日本樟脑协会会长	满铁理事、大藏省财务局长、营缮管财局长、专卖局长

---

① 財団法人満鉄会「祝当選衆議院議員」、財団法人満鉄会『満鉄會報』1955 年第 2 号、第 5 頁。

续表

姓名	国会及地方议会	选区及党派	入国会后现职	满铁所在部门及职务
福田喜东	众议院	大分县二区自民党	辩护士、日本全国森林连合会副会长、大分县森林组合连合会长	满铁经济调查局；厚生省事务官、企画院书记官、千叶县民生部部长、神奈川县劳动基准局长
北条秀一	众议院	东京都七区社会党	内阁撤回同盟对策审议会委员、更生事业协力会理事长	满铁拓殖课长、调查局总务课长、养成课长、社员会事务局长；撤回者团体全国联合会理事长、参议院议员
毛利松平	众议院	爱媛县三区自民党	自民党政调会民情部理事、株式会社东进制作所顾问、财团法人满铁会评议员	满铁抚顺煤矿露天堀事务所劳务课课长；撤回后大和企业、东洋造机株式会社社长、众议院议员立候补三回
上仓藤一	参议院	长野县 无所属	长野县庶民政治连盟会长	满铁锦州铁道局总务部
关屋悌藏	参议院	全国区自民党	新明和兴业顾问、首都圈整备审议委员	满铁、辽阳、安东、奉天地方事务所所长
伊藤显道	参议院	群马县社会党	前桥市立第四中学校校长、群马县教职员组合执行委员长	满铁安东中学校、奉天第二中学校教谕、新京弥生高等女校校长
野田俊作	参议院	福冈县绿风会	众议院议员、当选六回参议院外务委员长	满铁社员；贵族院议员、福冈县知事
平岛敏夫	众议院	宫崎县自民党	满蒙同胞援护会会长	满洲电业株式会社理事长、满铁理事、满铁副总裁、电源开发株式会社理事
村上义一	参议院	滋贺县绿风会	广播东京、三菱银行、新帝国株式会社取缔役、日本交通协会副会长、日本经团连私铁经营者协会、日本交通公社顾问	满铁理事；日本通运、近畿日本铁道株式会社社长
安井谦	参议院	东京都区 自民党	参议院议员、连营委员长	满铁经理局参事；劳动政务次官、首都建设委员、自民党总务

续表

姓名	国会及地方议会	选区及党派	入国会后现职	满铁所在部门及职务
并木贞人	东京都	涩谷区	涩谷区议会议员、同建设委员长、涩谷地下街商协组理事长、第一兴产株式会社社长	满铁吉林铁道局、大陆铁道输送协会议会事务局
小林七之助	福岛县	福岛县		满铁牡丹江铁道局总务部部长
志波威和夫	长崎县	长崎县		满铁经理预算课课长
望月龙	广岛县	广岛县		满铁奉天铁道局运输部
竹森恺男	东京都	葛饰区	华交会理事长	华北交通天津地方铁道局局长；财团法人满铁会评议员
前田弘	东京都	丰岛区	前田兴业株式会社社长	满铁大连食堂营业员
岛崎静马	东京都	武藏野市	兴化工业株式会社专业取缔役	满铁本社总务课课长、监查役，三多摩满铁会役员
盐川寿介	静冈县	富山市		满铁通化铁建事
小田柿喜次郎	滋贺县	彦根市		满铁奉天工务区
山下几平	兵库县	尼崎市		华北交通、石家庄工场
宫川健二	广岛县	吴市	日亚制钢吴工厂	满铁哈尔滨铁道局运输部
池之上清德	鹿儿岛市	鹿儿岛市	鹿儿岛实业高等学校理事	满铁本社经理课

资料来源：财团法人满铁会「満鉄出身の国会人」、「中央地方政界の満鉄人」、财团法人满铁会『満鉄會報』1958年第13号、17号。

1956年7月，满铁会要员再次有三名在参议院议员选举中当选进入两会，其中平岛敏夫（原满铁副总裁）为自民党宫崎县选区、安井谦（原满铁经理局）为自民党东京选区、伊藤显道（原满铁地方部）为社会党群马县选区。[①]

---

① 财团法人满铁会「去る七月行われた参議院議員選挙に左記社友の方が目出当選された」、财团法人满铁会『満鉄會報』1956年第7号、第4頁。

二 满铁出身的市长

表 3-4　　　　　满铁出身的市长一览表（1959 年）

姓名	现职	满铁部门及职务
笠井重光	秋田县秋天市长、秋田县知事市长、总务部长、出纳长	满铁总务局人事课课长、财团法人满铁会评议员
小味渊肇	秋田县横手市长	满铁奉天铁道局副局长
松木侠	山形县鹤冈市长	满铁地方部、财团法人满铁会评议人、山形县满铁会会长
山口弘	埼玉县春日部市长	满铁奉天铁道局电气部
白川修	兵库县洲本市长	满铁总务部练成课
土肥京一	山口县岩国市长	华北交通、张家口铁路局总部部长

资料来源：财团法人满铁会「中央地方政界の満鉄人」、财团法人満鉄会『満鉄會報』1959 年第 17 号、第 5 頁。

第三节　"法人资格奉还"的交涉

一　"法人资格奉还"的提出

所谓的法人资格奉还问题就是将财团法人满铁会解散后再重新建立新的满铁会。在"满铁留魂碑"建立进行论证之时，关于财团法人资格的奉还问题也进行了讨论，提出了所谓的"法人资格奉还论"。关于这个问题的提出，财团法人满铁会是经过了很长时间的酝酿的，财团法人满铁会要员中有相当一部分人持"法人资格奉还论"，理由是从满铁社友新生会成立到财团法人满铁会的组建，建立财团法人的最初的目的是提高满铁回国人员待遇，随着满铁回国人员各项权利相继被日本政府予以保障，而且未支付的满铁回国人员的退休金将于 1973 年 2 月全部从国库中予以支付，所以财团法人满铁会已经完成了预期的使命。1986 年，在满铁会举行满铁创业 80 周年纪念仪式上，专务理事吉田要指出："滞留者回国的援护工作已经接近尾声，这十年来满铁会专门以亲睦活动为中心进行业务活动……"①

关于法人资格奉还问题，在财团法人满铁会要员中存在意见分歧，以理事长佐藤晴雄为代表主张财团法人满铁会完成其使命后，便将其解散重新建立新的满铁会。在1983年举行的评议员会议上，理事长佐藤晴雄再次提出财团法人资格的奉还问题，他指出："去年理事会上已经讨论了财团法人资格奉还问题，财团法人满铁会自建立以来正在着手满铁第四次十年史和满铁关系资料目录的整理工作，此项工作完成后打算将财团法人满铁会解散重新建立新的满铁会。"②理事长佐藤晴雄提出将财团法人满铁会法人资格奉还的原因主要是财团法人满铁会的终身会员有3500多人，而支付年会费的会员有4000多人，这便给财团法人满铁会的财政带来一定的困难。但是，尽管以理事长佐藤晴雄、专务理事吉田要为代表极力主张财团法人满铁会要在定期内解散，但以众议院议员安藤谦元为首反对财团法人满铁会法人资格奉还，最终导致财团法人满铁会法人资格奉还提案被推迟。继佐藤晴雄之后，吉田要担任财团法人满铁会理事，在1987年的评议员会议上，吉田要提出财团法人满铁会的发展状态应该向亲睦机构方向发展，并就这一提案进行了谈论，但该提案在40名会员中仅有26人赞成，没有达到2/3人员同意，并就这一问题产生了意见分歧，经过了很长时间的争论与协商，都没有达成统一意见，后因理事长吉田要病故这一议题被搁置。

二 "法人资格奉还"交涉及挫败

1991年，继吉田要之后杉山二郎担任财团法人满铁会的理事长。在杉山二郎担任理事长期间，财团法人满铁会的法人资格奉还问题又再次被提出。但是，多次讨论的结果仍然没有达到评议员2/3人数的同意，仍然没有被通过。那么，关于"法人资格奉还论"坚持者主要有以下几个方面理由：一是法人资格取得的目的已经达到，今后应该作为任意团

---

① 庵谷磐「満鉄会の歩み」、満鉄會编『財団法人満鉄會六十年の歩み』、満鉄會、2006年、第24頁。
② 庵谷磐「満鉄会の歩み」、満鉄會编『財団法人満鉄會六十年の歩み』、満鉄會、2006年、第24頁。

体，负责"留魂碑"护持、满铁与社员的功绩彰显之上；二是要保持满铁的高洁的传统；三是会员高龄化倾向越来越严重，财团法人国家层面上的限制比较多，相比来说还是任意团体比较好。① 而财团"法人资格奉还论"反对者的理由主要有以下几个方面：一是在积极进行活动与事业时，财团法人更适合；二是在税制、社会信用等方面财团法人更具有利的方面；三是在遗留财产的处理上，财团法人更具有利因素。②

正是由于财团法人满铁会高层及会员内部存在意见分歧，最终导致财团法人满铁会的"法人资格奉还"问题并没有实现。从上述过程可以看出，财团法人满铁会建立后，在满铁回国人员的各项权利保障等方面起到了积极的推动作用，并随着满铁会要人相继进入日本众参两院当中，财团法人满铁会的势力不断地得到扩大，在日本中央政府和地方政府中发挥着重要作用。所以，从保护自身政治权利和地方势力的角度出发，有相当一部分会员是反对财团法人满铁会法人资格奉还的。正因如此，反对者坚决不支持财团法人满铁会高层们提出的"法人资格奉还论"。

到了 21 世纪初期，财团法人满铁会的法人资格奉还问题再次被提上日程。2002 年 4 月，厚生劳动省对满铁会深入调查，重点讨论了财团法人满铁会法人资格奉还问题。按照 1999 年 12 月日本内阁决议通过的《公益法人设立许可及指导监督基准》《厚生省深入检查结果指导要领》相关规定，满铁会已经完成了当初作为财团法人的目的，现在缺少作为公益性法人的资格。由于政府出面干预法人资格问题，财团法人满铁会经过理事会的多次讨论决定在 2006 年满铁创业 100 周年纪念时实现法人资格奉还，并且将该决定向厚生劳动省进行报告后得到同意。最后，有关主管部门决定按照财团法人 2004 年 4 月满铁会的评议员会议之决定，法人资格奉还后财团法人满铁会作为民间的任意团体行事具有如下行为职责：（1）作为各地区、各职场满铁会或者满铁关系者的联络中心；

---

① 庵谷磐「滿鉄会の歩み」、滿鉄會編『財団法人滿鉄會六十年の歩み』、滿鉄會、2006 年、第 25 頁。
② 庵谷磐「滿鉄会の歩み」、滿鉄會編『財団法人滿鉄會六十年の歩み』、滿鉄會、2006 年、第 25 頁。

(2) 负责"满铁留魂碑"的护持；(3) 起到推颂满铁及满铁人的作用。① 尽管厚生劳动省同意财团法人满铁会法人资格的奉还请求，但财团法人满铁会法人资格奉还后将变成任意团体，而满铁会名下所遗留的财产和"留魂碑"护持会特别会计资产的处理也是一个很难办的事情，因为满铁会从成立时起便没有国家的任何补助，是依靠会员的会费和捐赠才得以正常运行，而且按照财团法人满铁会的《捐赠章程》的规定，满铁会财产的处理需要经过财团法人满铁会评议员会议的表决，还要经过日本有关部门的许可，才能按照相类似的团体的捐赠行为予以实施。因此，财团法人满铁会财产的处理问题也向厚生劳动省做了口头说明。

2005年12月，厚生劳动省在社会援护局援护企画课企画法令中规定公益法人制度改革后，法人解散时要通过内阁裁定，而且是否能够被保留其他的存在形式需要讨论决定。2006年春，财团法人满铁会根据厚生劳动省的有关规定，在满铁创业100周年纪念大会时召开了评议员会议，决定法人资格奉还事宜通过与厚生劳动省协调解决。同年5月，日本国会通过了公益法改革第三案，但是由于没有正式公布实施日期，所以在财团法人满铁会法人资格奉还后是作为财团法人还是任意团体的形式存在，或者还有其他的形式存在，当时并没有形成具体的决定方案。②

---

① 庵谷磐「満铁会の步み」、満鉄會编『財団法人満鉄會六十年の步み』、満鉄會、2006年、第26頁。
② 庵谷磐「満铁会の步み」、満鉄會编『財団法人満鉄會六十年の步み』、満鉄會、2006年、第26頁。

第四章

满铁会的"文化弘报"及教育活动

第一节 满铁会"文化弘报"的衣钵

一 亚洲·中国研究资料调查会

战后日本满铁会所谓的"文化弘报"活动，完全继承了满铁在华期间的情报收集活动的衣钵，其目的就是通过满铁回国人员进行满铁在华侵略活动宣传和传播，并为满铁的侵略活动"歌功颂德"。第二次世界大战结束前，满铁的弘报活动主要是为了日本侵略中国东北进行文化宣传。1923年4月，满铁调查部正式成立了弘报系，最初下设庶务班、第一班和第二班，分别由精通中文、英文等外文的人员组成，这些人员日常分布在满铁的各个机构中，进行日本对外侵略和扩张的宣传工作。直至日本战败投降，满铁的弘报活动遍及整个亚洲地区，为日本的对外侵略扩张进行积极宣传和调查。

战后日本满铁会的"文化弘报"活动中的一项重要内容，是全面收集和整理满铁对中国及其他地区的调查资料，并且将满铁资料的收集整理作为满铁会的一项重要事业。1958年10月，《满铁会报》第15号刊发了加强满铁资料整理的情况说明，说明中明确指出，战后日本满铁会成立了亚洲·中国研究资料调查会，作为专门从事满铁调查资料整理的中心机构。同年9月，在东京举行了关于加强满铁调查资料整理研究座谈会，大藏公望、山崎元干、伊藤武雄、佐藤正典、佐藤晴雄等人参会座谈，参加座谈会的还有乔治大学史学部教授杨觉勇，目标是申请基金形成满铁调查资料集成，并在满铁会的推动下积极开展满铁调查资料整理工作。这次确定的满铁调查资料整理主要有四个方面：（1）满铁三十年史的极秘部分；（2）调查汇报，主要是满铁调查部资料课负责调查的部分；（3）满铁调查部及产业部年度业务计划书；（4）太平洋战争爆发后的满铁调查资料。[①] 其后，为了保障满铁资料整理工作的有效实施，将专门从事满铁资料整理的亚洲·中国研究资料调查会的办公地点设在东京都中央区银座西六丁目一号银帝大厦的日本经济研究会内。满铁会之所以会花大力气对第二次世界大战前满铁的调查资料进行重新整理，主要是由于日俄战争后日本为了实施大陆扩张计划设立的满铁，是日本推行"文装武备"的殖民扩张政策的中心机构，满铁所形成的庞大的对中国及亚洲的调查资料，为日本的军事侵略行动提供了重要的情报。可见，满铁当时的调查资料在战后同样得到了满铁会的高度重视。

二 出版宣扬"侵略功绩"的著作

满铁会以出版满铁的有关著作为目标，来宣扬满铁所谓的"业绩"和"贡献"。在满铁会所出版的著作中，所宣扬的核心理论是否定满铁在中国的活动是侵略行为，并将满铁在中国东北的活动描述成基于日本民族复兴的"神圣之举"，给满铁在中国东北的侵略行为冠以"开发满洲"之名。1906 年满铁成立后，所从事的首要文化活动就是创办了满铁社员会杂志《协和》，并公开印刷发行了 62 册满铁社员会丛书。第二次世界大战结束后，满铁社友新生会便作为满铁回国人员的活动组织而成立，随即将《满铁会报》作为其机关报公开发行。但是，《满铁会报》作为机关报，其影响力还是不能达到满铁会以此进行宣传满铁"功绩"的真正目的，于是满铁会便开始通过公开出版著作，来为满铁在中国的侵略活动"歌功颂德"。1966 年，满铁社友新生会公开出版了《满铁会小史》，作为满铁会独立公开出版、发行的第一部公开出版著作，在当

---

① 財団法人満鉄会「満鉄資料の整備事業いよいよ具体化」、財団法人満鉄会『満鉄會報』1958 年第 15 号、第 4 頁。

时起到了一定的宣传和鼓吹作用。1973年1月,在满铁会主导下公开出版了纪念最后一任满铁总裁山崎元干的著作《满铁最后的总裁山崎元干》。该书以满铁会的会长山崎元干为主角,详细记述了山崎元干在满铁创业10年之时进入满铁入职,并作为满铁的核心人物在职将近30年,并指出:"山崎元干在担任末代总裁之时恰逢日本战败投降,为了满铁人员的人身安全与顺利回国,山崎元干与当时的关东军司令官、苏联进驻中国东北的指挥官进行交涉、协调。"①

从20世纪70年代开始,由于满铁回国人员的各项权利得到了日本政府的保障,财团法人满铁会对在华及苏俄滞留满铁人员的援护活动便告一段落,活动的重心也从经济方面向文化活动方面转换。满铁会通过出版或复刻满铁当时的著作及刊物,向日本民众灌输满铁作为"国策会社"在日本对中国东北殖民统治中所发挥的作用,而这种宣传的手段则是采用了"选择性记忆"的方式,将满铁在中国东北进行的经济掠夺和侵略之行为美化成所谓的"满洲开发",这也是战后日本满铁会对后世所宣扬的"满铁魂"的核心内容之一。基于以上之目的,1975年3月,理事长佐藤晴雄在评议员会议上重点强调把搜集、整理和出版满铁有关资料作为满铁会一项新的工作任务,要求对日本国内及中国、苏联和美国所藏的满铁资料进行联合调查。其后,日本国立国会图书馆请参议院议员安井谦出面与美国国会图书馆进行协调,希望将战后初期被美国收缴的资料原件返还日本,但遭到了美国的拒绝。后来,日本国立国会图书馆将馆藏的资料全部进行数字化,而满铁调查部相关资料就是其中的重要部分。

在日本满铁会的主导下,1976年2月,龙溪出版社以复刻版形式公开出版了1943年版《满铁要览》和全4卷《第三次满铁十年史》。之所以要以复刻版的形式再次出版《第三次满铁十年史》,主要是由于该书作为满铁的社史出版时被列为"军事机密",因此公开发行数量非常有限,日本国内当时只有东京大学图书馆仅存1套完整版,而且在原书的第276页明确说明研究满铁社史必须复刻此书,可见该书在研究满铁历

---

① 庵谷磐「満鉄会の歩み」、満鉄會編『財団法人満鉄會六十年の歩み』、満鉄會、2006年、第27頁。

史沿革方面具有重要的价值。① 同年3月，满铁会评议员会议审议决定公开出版发行《第四次满铁十年史》，但考虑到一些政治因素，该书并没有公开出版发行。继《满铁要览》和《第三次满铁十年史》之后，1977年5月在满铁会的主导下，龙溪出版社又以复刻版形式出版了全3卷《营业报告书》、全1卷《股东名簿》、全3卷《满铁附属地经营沿革史》、全17卷《帝国议会说明资料》、满铁社员会杂志《协和》等多部著作。

1986年10月，满铁会评议员会议经过终审决定公开出版《第四次满铁十年史》。以此为开端，满铁会选派19人担任主要负责人，开始搜集满铁相关资料。同年10月，公开出版了满铁会丛书2册，即山崎元干、田村羊三著《回忆满铁》，渡边谅著《满铁史余话》。1996年11月，在满铁创业90周年纪念时还出版了《满铁社员终战记录》，该书对第二次世界大战结束后原满铁各铁道部、事务所及相关机构的战前、战后的状况有详细的记述，为研究第二次世界大战结束时满铁各机构变迁及人员遣返状态提供了重要线索。但是，该书将日本对中国东北的侵略刻意隐瞒，是一部"失真"的著作。

三　推广映画宣传

战后日本满铁会弘报活动的第三项内容便是公开发行有关满铁的影视作品。为了向后代进行满铁"业绩"的宣传，在满铁会的主导下先后在全国范围内大量发行有关满铁题材的影视作品。战后日本满铁会通过电影和电视向后人进行满铁"功绩"宣传，在满铁创业80周年纪念活动之际，电视版《满铁》在全国上映。其后，在满铁会的主导下，上映了27集电视版《满铁记录电影集》（全12卷），由日本电影新闻社公开发行，后来通过DVD全国发行。1972年5月，在满铁会的主导下举行了恳谈会，后来形成惯例，在每月都要举行一次恳谈会。第一次恳谈会聘请的讲师是满铁原奉天图书馆馆长卫藤利夫之子、东京大学教授卫藤

---

① 庵谷磐「満鉄会の歩み」、満鉄會編『財団法人満鉄會六十年の歩み』、満鉄會、2006年、第27頁。

沈吉,讲授的主题是《中美苏关系与日本》。第二次恳谈会聘请的讲师是原满铁本社业务课长向坊盛一郎之子、东京大学总长向坊隆,讲授的内容是《日本的能源问题》。另外,战后日本满铁会在进行"文化弘报"活动的同时,也在坂口辽、庵谷磐的主导下成立了中日孤儿问题联络协议会,在伊藤武雄、向野元生、坂口辽等人的主导下成立了东方科学技术协力会。

第二节　满铁会与日本教育

1945 年 8 月,日本天皇发布《终战诏书》,向全世界宣告持续 14 年之久的侵华战争结束。中国政府按照人道主义原则,将滞留在华的大批战俘及其他人员分批遣送回日本。根据战后满铁会的相关统计数字,在这些被遣送回国的日本人中原满铁人员有 14 万人,他们当中有一部分人曾在满铁附属地的教育机构中担当各种职务。回到日本以后,这一部分人也相继在日本全国各地大学中担任校长或教授。正是利用这种便利条件,满铁会便以指导满铁回国人员及社友子弟入学为名,向日本政府提出成立入学指导部,该申请得到了日本政府的同意。于是,满铁会中便有 105 人进入日本大学担任学长、副学长和教授,有 52 人进入日本不同高等学校担任校长、教谕等职务。

一　设立入学指导部

日本政府为了保障满铁回国人员子女的正常入学问题,批准设立入学指导部,全面负责满铁回国人员子女的入学,并规定满铁回国人员子女享受与国家公务员和军人子女同等待遇。关于原满铁人员子女的入学相关事项,是由满铁会在 1961 年正式向日本政府提出申请,经过日本政府的审批后正式设立入学指导部。为了保障满铁回国人员及家族的子女可以正常享受平等教育,在满铁会的主导下发布了《入学指导部要领》,该要领中指出:"入学指导部负责对满铁会人员及社友的子弟希望所入学的学校进行指导,并与该学校进行联络;为入学考试提供住宿;

第四章 满铁会的"文化弘报"及教育活动

为申报日本育英教学金提供咨询；为预备校入学提供咨询；以上各项与相关部门进行协调。"① 并且，为了使满铁会人员及社友的子弟入学能够得到相关部门的支持，设立了入学指导部常任委员一职，由日本全国各地满铁会要员构成，具体人员如下：北条秀一、大岛清、加藤ライジ、高木政司、中村道冏、吉田重树、森川清、伊藤武雄、冈田七雄、川久保卯吉、泷泽传、中川重雄、藤原丰三郎、岩竹松之助、上村哲弥、佐藤正典、长守善、野野村一雄、前岛信次。②

表4-1　　　　　　　入学指导部委员在大学任职一览表

委员姓名	职称·职务	委员负责协调学校	学校所在地
天野元之助	教授	大阪市立大学文学部	大阪
安东洪次	教授	慈惠医科大学	东京
赤泽申一	教授	庆应义塾大学医学部	东京
相田重夫	教授	横滨市立大学文理学部	横滨
秋田穣	学长	晓学园短期大学	四日市
伊东丰治	教授	弘前大学农学部	弘前市
今川三郎	教授	日本大学	东京
岩竹松之助	副学长	芝浦工业大学	东京
伊藤四郎	教授	东京工业大学	东京
池田武夫	教授	长崎大学	长崎
猪口金次郎	教授	千叶工业大学	习志野
梅村耕造	教授	大阪府立大学	堺市
植村福七	教授	香川大学	高松
牛丸周太郎	教授	岐阜大学	岐阜
冈崎三郎	教授	武藏大学	东京
大岩峯吉	教授	中央大学	东京

① 满铁会理事长「入学指导部设置」、财团法人满铁会『满铁会报』1961年第25号、第6页。
② 财团法人满铁会「入学指导部要领」、财团法人满铁会『满铁会报』1961年第25号、第6页。

续表

委员姓名	职称·职务	委员负责协调学校	学校所在地
大岛清	教授	法政大学	东京
大宫满男	教授	熊本大学教育学部	熊本
大贺健太郎	教授	宫崎大学学艺学部	宫崎
小川正夫	学生课长	神奈川大学	横滨
小泽安喜	事务官	名古屋大学教育学部	名古屋
小原贞敏	工学部长	鹿儿岛大学	鹿儿岛
小田英一	教授	德岛大学工学部	德岛
小川博三	教授	岩手大学工学部	盛冈
冈田隽	教授	北海道大学农学部	札幌
奥村公司	庶务课长	名古屋大学工学部	名古屋
奥野源次郎	教授	大阪府立大学工学部	堺市
尾上贞五郎	教授	明治大学	东京
押山保常	教授	山梨大学工学部	甲府
加藤孝夫	教授	大阪府立大学工学部	堺市
加藤ライジ	教授	工学院大学	东京
金胜久	教授	埼玉大学文理学部	浦和
上池修	教授	大阪府立大学工学部	堺市
上村哲弥	教授	日本女子大学	东京
川副泰孝	人事部	中央大学	东京
川久保卯吉	教授	东京大学工学部土木	东京
门田重行	教授	鹿儿岛大学教养学部	福冈
木村德之	总务部长	爱知大学	名古屋
具岛兼三郎	部长、教授	九州大学法学部	福冈
鲸冈乔	教授	亚细亚大学	东京
佐藤正典	学长	千叶工业大学	习志野
佐藤忠吾	教授	亚细亚大学	东京
佐藤晴雄	理事	拓殖大学	东京
佐藤健吉	教授	信州大学工学部土木	长野

续表

委员姓名	职称·职务	委员负责协调学校	学校所在地
佐藤辉夫	教授	庆应义塾大学	东京
佐佐木圭司	教授	庆应义塾大学医学部	东京
坂本德松	教授	爱知大学	名古屋
坂本俊雄	教授	东京大学理学部	东京
樱木俊一	名誉教授	名城大学	名古屋
泽村企好	教授	九州工业大学	户畑
嶋田吉英	教授	千叶工业大学	习志野
岛田家弘	教授	神户大学工学部	神户
白石博三	教授	京都纤维工艺大学	京都
杉原洋	学务课长	法政大学教养部	东京
杉山隆二	教授	冈山大学	冈山
铃木正三	教授	东京农业大学畜产学部	东京
关皓之	教授	姬路工业大学	姬路
高木正司	事务局长	日本大学工学部	东京
高木幸二郎	教授	九州大学经济学部	福冈
高松英雄	教授	京都大学医学部	京都
田中义英	教授	静冈大学农学部	磐田
田中良太郎	教授	大阪市立大学理工学部	大阪
武石免	教授	大分大学	大分
武末正义	教授	东北大学农学部	仙台
滝沢传	教育	日本教英会	东京
长守善	教授	中央大学	东京
千叶喜美	教授	千叶工业大学	习志野
时任文一	教授	宫崎大学工学部	宫崎
南乡龙音	教授	久留米大学	久留米
内藤达夫	教授	浪速大学教养学部	大阪
中村道囧	教授	东京经济大学	东京
中山政吉	庶务课长	东京大学农学部	东京

续表

委员姓名	职称·职务	委员负责协调学校	学校所在地
中川重雄	教授	立教大学理学部	东京
西田彰一	教授	新潟大学理学部	新潟
野野村一雄	教授	一桥大学	东京
野上九州男	教授	大分大学	大分
野手悌士	教授	横滨国立大学工学部	横滨
野间清	教授	爱知大学	名古屋
花田信次郎	教授	名城大学药学部	名古屋
花嶋重	学生部	千叶大学	千叶
浜田健三	事务主任	早稻田大学理工学部	东京
原田千三	教授	东北大学理工学部	仙台
广濑雄一	教授	大阪市立大学	大阪
布施忠司	教授	大阪市立大学理工学部	大阪
古田重树	助成室长	私立学校振兴会	东京
星名秦	部长	同志社大学工学部	东京
前岛信次	教授	庆应义塾大学文学部	东京
松本秀夫	教授	岩手大学工学部	盛冈
水仓孝三郎	教授	大阪大学医学部	大阪
南谷文一	教授	中京大学	名古屋
村冈勇	教授	东北大学文学部	仙台
村田治郎	教授	京都大学工学部	京都
武藤洁	讲师	九州大学教养部	福冈
森川清	教授	东京工业大学	东京
山川出云	教授	群马大学工学部	前桥
山室周平	教授	横滨国立大学	横滨
安山信雄	教授	大阪市立大学工学部	大阪
吉野城	教授	宫崎大学	宫崎
横濑彰	名誉教授	德岛大学工学部	德岛
六所文三	教授	静冈大学农学部	磐田

续表

委员姓名	职称·职务	委员负责协调学校	学校所在地
鹫尾健三	教授	大阪大学工学部	大阪
鹫尾弘円	教授	名城大学农学部	名古屋
渡边精	教授	福井大学工学部	福井
若林正	教授	山梨大学工学部	甲府

资料来源：财団法人満鉄会「入学指導部委員（大学関係）」、财団法人満鉄会『満鉄會報』1961 年第 25 号、第 6—7 頁。

二　在高等学校中任职

满铁会人员除了进入日本各大学担任相关职务外，还有一部分人员在各地高等学校中担任校长和教谕。由此，满铁会便与日本的教育形成了一个庞大的关系网，并通过这个庞大的关系网来加强在日本教育体系中的影响。

表 4-2　　　　　　满铁会人员在高等学校任职一览表

姓名	高等学校名称	职务
东明	鹿儿岛先萨南工业高校	教谕
赤塚重雄	鹿儿岛商业高校	教谕
阿部武七郎	新潟市立工业高校	教谕
安藤卯喜郎	金泽二水高校	教谕
猪口理德	兵库县龙野工业高校	教谕
生田良平	福冈县田川东高校	教谕
生马严	松江工业高校	教谕
石持良作	千叶县安房农业高校	校长
伊藤龙太郎	秋田县横手工业高校	教谕
泉周吉郎	岛根县迩摩高校	教谕
冈田七雄	东京大学学园高校	主事
冈部松十郎	大分县中津北高校	教谕
大森阳	福井县大野高校	校长

续表

姓名	高等学校名称	职务
大塚守一	埼玉县大宫工业高校	教谕
金川保行	岛根县江津工业高校	教谕
金子忠太	福岛县磐城农工高校	教谕
金子俊雄	群马县高崎商业高校	教谕
柏户弘之	广岛县尾道诚之馆高校	教谕
河村泰雄	岐阜县岐南工业高校	教谕
菊池严	福岛县会津工业高校	教谕
菊池正	青森高校	教谕
清田清	北海道苫小牧工业高校	教谕
乡政德	鹿儿岛工业高校	事务长
樱井修	甲府商业高校	教谕
樱木芳武	香川县多度津工业高校	教谕
坂田芳雄	长野县丸子实业学校	教谕
迫田司	鹿儿岛县加世田高校	教谕
佐古宇吉	尼崎工业高校	教谕
佐藤雅雄	石川县大圣寺高校	教谕
酒井一雄	福井商业高校	教谕
下村善三郎	福冈县筑紫工业高校	教谕
新宫勇六	东京都立第三商业高校	教谕
白川亲良	福井县胜山高校	教谕
末永一三	横须贺工业高校	教谕
田中政五郎	新潟县高田商业学校	教谕
高野一郎	山形县置赐农业高校	教谕
高岛琢资	佐贺县鸟栖工业高校	教谕
高桥守一	大垣工业高校	教谕
津田明	佐贺县鸟栖工业高校	教谕
丰泉太郎	埼玉县所泽高校	教谕
中村公乡	山梨县菲崎高校	教谕
中村满雄	静冈县沼津工业高校	校长

续表

姓名	高等学校名称	职务
中山胜之助	山口县德山高校	教谕
长田四治男	长崎县犹兴馆高校	教谕
八町佐武郎	山形县酒田商工高校	教谕
芳贺ヤエ	秋田敬爱高校	教谕
广濑一	横须贺工业高校	教谕
藤原丰三郎	东京都立小石川高校	教谕
藤原伯美	北海道旭川东高校	教谕
前田康博	久留米工业短期大附属工业高校	教谕
松渊悌逸	秋田县大曲农业高校	教谕
三轮勋夫	大分工业高校	教谕
三角义敏	浦和市立高校	教谕
三云宗敏	大阪市立北阳高校	校长
水町种明	佐贺县鸟栖工业高校	教谕
道冈太郎	长崎商业高校	教谕
宫悌二	东京都第五商业高校	教谕
宫崎宽正	神奈川县藤泽高校	教谕
山田繁	熊本县济济黉高校	教谕
山内寿雄	大分工业高校	教谕
幸亨	大分县津久见高校	教谕
米田满丽	甲府商业高校	教谕

资料来源：财团法人満鉄会「入学指導部委員（高等学校関係）」、财团法人満鉄会『満鉄會報』1961年第25号、第7頁。

第五章

"满铁留魂碑"与"留魂祭"

随着满铁会势力的不断扩大及原满铁回国人员权利逐渐获得保障，再加之众多的满铁会要员相继在众参两院和地方政府中担任要职，满铁会在日本政治与社会中的发言权越来越大。在大阪满铁会的建议下，满铁会总会提出要通过建立"满铁留魂碑"，试图将满铁的精神传给子孙后代。满铁会所传颂的满铁精神的中心内容，是将满铁在中国的侵略活动美化，将其作为日本实现"东亚复兴"的壮举，认为满铁在近代日本的民族振兴中担负着重任，是"开发满洲"的先遣军。

经过了满铁会评议员会议的审议通过，"满铁留魂碑"的碑址最后选定在富士灵园。"满铁留魂碑"从1981年8月开始破土动工至工程结束，工期历时8个月。1982年4月14日，财团法人满铁会举行"满铁留魂碑"竣工仪式，900多名原满铁社员及其关系者参加了竣工仪式，理事长佐藤晴雄向大阪满铁会、建筑会等有关人员的协助表示感谢。在"满铁留魂碑"的筹建过程中，共有8029名会员、155个团体捐款，捐款总额为88575892日元。①

第一节 建立"满铁留魂碑"的筹备

一 大阪满铁会"留魂碑"提案

1979年3月，大阪满铁会会长小味渊肇在评议员会议上向满铁会提

---

① 庵谷磐「満鉄会の步み」、満鉄會編『財団法人満鉄會六十年の步み』、満鉄會、2006年、第21頁。

出了"满铁留魂碑"建立提案,主张建立"满铁社员彰显碑"。小味渊肇在提案书中指出:"要吊慰殉职社员、已故社员之灵,使其伟大的事业在后世流传,彰显其精神是在世满铁社员之责任,建立慰灵碑的目的一是将满铁的业绩在后世流传,二是为满铁事业做出牺牲的满铁人得到吊慰、彰显。"① 同年 3 月 27 日,财团法人满铁会召开评议员会议,一致通过建立"满铁留魂碑"总决议,并于同年 5 月 15 日制定了《满铁留魂碑建立纲要》。《满铁留魂碑建立纲要》由建立宗旨、推荐委员及赞助团体、建立委员会、建立地点变更、设计决定、工程承包、实行地镇祭、碑铭与碑文、留魂碑志、满铁社歌碑、竣工仪式、收支明细等几部分组成,在附录中还详细介绍了满铁徽章、满铁社员徽章、满铁社歌、富士灵园简介、山崎元干的《富士灵园祭》,以及捐赠团体及个人名单。财团法人满铁会对"满铁留魂碑"建立的宗旨进行了详细说明:"满铁在满洲存续 40 年,在国家防卫与大陆开发方面发挥先驱之作用。参与此大业之满铁社员的活动与功绩,将与满铁之功业一同被载入史册,为了使满铁魂被后世日本人传承下去,在此建立满铁留魂碑。"② 从"满铁留魂碑"建立的宗旨可以看出,财团法人满铁会之所以经过 30 多年的不懈努力建立"满铁留魂碑",主要可以从以下几个方面进行分析。

第一,满铁是日本的"国策会社",承担着对华侵略的职责。满铁名义上是以"企业"之名而设立的,但实则行使着"国策会社"之职责,是日本对华侵略的代行机构,在日本侵华战争中发挥着重要作用。满铁设立之初,是依照第 142 号敕令,以及由递信大臣山县伊三郎、大藏大臣阪谷芳郎、外务大臣林董三大臣联合发布的满铁设立的命令书而成立的。所以,满铁从成立之日起,便被赋予了特殊的使命,在性质上与一般的企业具有本质的不同,在侵华战争中担负着重要的职责。

第二,满铁在日本国家防卫与大陆扩张中起到重要作用。满铁从 1906 年成立至 1945 年解体,在中国东北盘踞的近 40 年中,不但大量搜集中国的军事情报,还对东北亚各国的军事情报进行搜集,尤其是对俄

---

① 庵谷磐「満鉄会の步み」、満鉄會編『財団法人満鉄會六十年の步み』、満鉄會、2006 年、第 21 頁。
② 财团法人満鉄会「満鉄留魂碑建立報告書」(未刊行)、1982 年、第 4 頁。

国及太平洋地区诸国情报搜集的程度，已经远远超出了人们的想象，这些庞大的军事情报成为日本军事进攻的重要参考。

第三，满铁在中国东北及亚洲各地的侵略活动，日本向来将其美化为"满洲开发""解放亚洲"的活动，将这种以侵略扩张为目的的活动，看成是近代日本民族复兴的"伟大壮举"，并要求将满铁的这种侵略精神传给日本的下一代，使之永存。

所以，财团法人满铁会要通过建立"满铁留魂碑"这种形式，为近代日本在中国的侵略行为"歌功颂德"，这也是日本 20 世纪七八十年代能够掀起美化侵略战争高潮的根本原因之所在，也为当代日本右翼势力在否定侵略历史和侵略战争方面起到了理论支撑作用。

二 成立筹备委员会

为了促进"满铁留魂碑"资金捐赠事宜在日本国内全面开展，满铁会成立了推进委员和委托赞助团体。推进委员总计 170 人，赞助团体总计 90 个。推进委员具体人员构成如下：足立笃郎、伊藤清、庵谷磐、上村三郎、小泽恒三、菊地严、小味渊肇、佐藤真美、四本木操、铃木传、田中喜一郎、户田修、西田武、平井环、福田クリ子、牧野龙夫、村冈胜次、安井谦、山本政弘、阿部勇、伊藤显道、臼井玉治、小原贞敏、北角正道、向野原生、佐藤哲雄、白井卓、铃木达男、田村羊三、中崎一之、西本大祐、平尾幸英、福原信吾、增山佐兵卫、村冈正三、三县彦三郎、汤浅照夫、安部慎一、伊藤昌二、板仓创造、内海英男、及川诚、北里廉一、河野广、齐藤进次郎、白井弘、铃木忠一郎、高井正明、中泽信三郎、沼田嘉市、平岛敏夫、藤冈大信、益田秀人、村上正、山岸守永、横山斧吉、青木金作、井上盛一、一色达夫、尾崎久市、冈下清、九鬼隆三、神代新市、坂口辽、芝田研三、铃田正武、高杉英男、中山正道、野路武敏、广濑信卫、藤原丰四郎、松岛茂、室贺定信、山口外二、吉田要、秋本嘉明、猪原秋雄、稻岭一郎、尾崎博、押山保常、久野健太郎、越村舍次郎、坂口籠、柴田紫郎、染谷诚、高野诚一、中村公乡、野田五郎、广濑秀吉、藤森章、丸尾毅、毛利松平、山崎拓、吉永定一郎、浅见七郎、饭田义英、入江利明、大泉松三

第五章 "满铁留魂碑"与"留魂祭"

郎、笠井重光、日下和治、佐佐木博、樱井肇、菅野诚、田岛胜雄、高野与作、长尾次郎、畠中正一、深泽功、舟泽音次郎、三浦敬三、物部弘、山下雅章、米田丰、天野利夫、饭田立夫、岩田三平、大越兵司、利部宗农司、小堺朝一、佐佐木正雄、樱井弘之、杉谷敏夫、田代由纪男、高桥恭二、永末英一、服部节夫、深濑信千代、北条秀一、三浦运一、本岛邦男、山田章策和田耕作、荒井善美、池田善次郎、岩渊正登、大山茂生、上村行孝、小林正巳、佐佐木义武、作间正朝、杉山二郎、田中龙夫、高松政夫、南谷正直、浜正雄、福井道二、前田研一、三浦矢一、森川清、山本庄毅、渡边忠、有贺静登、石井一男、宇佐美博、小栗克一、川濑正一、小林市太郎、佐藤正典、猿丸吉左卫门、铃木猛、田中彻雄、武田季男、丹羽利男、针生久之助、福岛三七治、前田八东、三角了、矢田昌四郎、山本藏。①

委托赞助团体主要有札幌满铁会、宫城县满铁会、东三河满铁会、大阪府满铁会、香川县满铁会、青森县满铁会、福岛县满铁会、名古屋满铁会、京都府满铁会、爱媛县满铁会、青森市满铁会、会津若松地区满铁会、山梨县满铁会、和歌山县满铁会、福冈县满铁会、秋田县满铁会、浜通地区满铁会、富山县满铁会、兵库县满铁会、本九州满铁会、横手满铁会、茨城县满铁会、石川县满铁会、冈山县满铁会、长崎县满铁会、山形县满铁会、丰岛满铁会、福井县满铁会、广岛县满铁会、佐贺县满铁会、岩手县满铁会、神奈川县满铁会、三重县满铁会、山口县满铁会、熊本县满铁会、宫崎县满铁会、鹿儿岛县满铁会、设施会、哈尔滨造船所会、儿玉会、北京会、铁友会、池之会、昭八会、三四会、建设会、满华机友会、弘报会、中试会、若叶会、姐妹会、昭九会、华交互助会、满铁广之俱乐部、检友会、抚顺会、北满三江会、伏水会、昭三会、昭十会、国际运输社员互助会、建筑会、配车会、罗津会、北山会、公伤社员会、昭四会、一一会、铁警同志会、水交会、保健会、牡铁会、辅仁会、昭五会、三十年会、工作会、大和旅馆会、齐铁会、齐自会、陵南会、昭六会、三一会、机械会、MDC、锦铁会、哈自会、

---

① 财団法人満鉄会「満鉄留魂碑建立報告書」(未刊行)、1982年、第7頁。

· 177 ·

蒙古风会、昭七会、三三会等。① 另外，还组成了"满铁留魂碑"建设小委员会。理事长为佐藤晴雄，专职理事为吉田要，常务理事有板仓创造、杉山二郎、藤原丰四郎，理事有板仓创造、杉山二郎、藤原丰四郎，理事有小味渊肇、向野原生、假屋园盛一、平井环，顾问为日下和治。② 小委员会主要是在"满铁留魂碑"筹备的过程中负责具体事务的协调工作。

三 团体与个人募捐

1981年8月4日，"满铁留魂碑"正式破土动工，在明治神宫举行神官祭时，举行了"满铁留魂碑"奠基仪式。1982年4月14日，财团法人满铁会举行"满铁留魂碑"竣工典礼，900多名原满铁社员及其关系者参加了竣工仪式，理事长佐藤晴雄代表满铁会对大阪满铁会、建筑会等有关团体及满铁会员募捐之举表示感谢。从"满铁留魂碑"建立发起之日起，共有8029名会员、55个团体进行捐款，捐款总额为88575892日元。团体捐款数额详见表5-1。

表5-1　　"满铁留魂碑"建立过程中团体捐款一览表

序号	捐赠者	金额（日元）
1	奉局白菊塾会	10000
2	烟台会	30000
3	灵山会	30000
4	灵山检友会	50000
5	苏家屯医院	10000
6	奉天站小件寄存会	30000
7	奉天机友会	45000
8	铁岭会	30000
9	公主岭会	50000

---

① 财团法人满铁会「满铁留魂碑建立报告书」（未刊行）、1982年、第8页。
② 财团法人满铁会「满铁留魂碑建立报告书」（未刊行）、1982年、第8页。

续表

序号	捐赠者	金额（日元）
10	洋车会（新京机关区会）	50000
11	锦铁资材部会	111000
12	锦铁西阜新机关区会	9000
13	大虎山机关区会	21000
14	锦生会	30000
15	吉林融合会	50000
16	吉林检友会	25000
17	吉林北山会	50000
18	绥芬河电气区会	20000
19	佳木斯埠头站友之会	17000
20	佳木斯机关区会	60000
21	佳木斯工务区会	50000
22	清新会（哈尔滨电信所）	20000
23	哈尔滨机关区会	80000
24	哈尔滨检友会	50000
25	哈自会	50000
26	哈尔滨技养三期生会	10000
27	三棵树机友会	38000
28	三棵树铁道工场会	54000
29	齐铁会	39000
30	齐局配车会	30000
31	齐电会	40000
32	齐自会	50000
33	洮南会	30000
34	罗津站友会	20000
35	罗津列车区会	10000
36	大连机关区九州支部会	85500
37	大连机关区九州西北部会	15000
38	瓦房店机友会	20000

续表

序号	捐赠者	金额（日元）
39	营口会	27500
40	北满三江会	75500
41	太原机务段会	40000
42	抚顺育成会（六期生）	10000
43	抚顺医院会	10000
44	青森县满铁会	20000
45	福岛县浜通地区满铁会	30000
46	福冈县满铁会	50000
47	三十年会（昭和五年）	567000
48	大连伏见会	50000
49	设施会东北支部	18000
50	广之俱乐部	120000
51	满铁公伤社员会	50000
52	白桦会东京支部	10000
53	泳池友会	10000
54	西日本工养同窗会	50000
55	辅仁会	20000

资料来源：财团法人满铁会「満鉄留魂碑建立報告書」（未刊行）、1982年、第25页。

第二节　"满铁留魂碑"的建立

根据战后日本满铁会的文献资料记载，"满铁留魂碑"的建立过程非常复杂，经过理事会及评议员会的决议后，才开始全面推进。1979年3月，满铁会召开评议员会决定建立"满铁留魂碑"，并制定了《满铁留魂碑建设要纲》，该要纲中关于"满铁留魂碑"场所选定、建设方案、资金募集、组织机构等都做了详细规定和说明。满铁会在"满铁留魂碑"建立的说明中明确指出："为了保卫祖国及防范北方之侵略（这里指的是苏联），实现东洋和平、大陆开发、文化繁荣、民族共荣之理想，满铁挺身担负起这一历史使命,在近40年的历史中,以立足于国际视野与国家目标实现之进取精神作为'满铁之魂',以此培养豁达独立之社风。为了彰显满铁之魂,以及使先人功绩被后世流传之目的,故建立'满铁留魂碑'。"①

一 "满铁留魂碑"选址及设计

正是由于满铁在中国及亚洲大陆的侵略行为被赋予了担负日本民族复兴和"兴亚大业"的使命,为了向日本民众灌输错误的历史观念,建立"满铁留魂碑"也就成为战后日本满铁会一项重大的"责任"。因此,战后日本满铁会对于"满铁留魂碑"地点的选择也十分地重视,最初将地点选在下关市赤间神宫的临接地的"大连神社"内,并由满铁建筑会进行立案后,由满铁会理事会表决通过,同时确定"满铁留魂碑"的建造费由各地满铁会团体与原满铁社员的募捐费支付。满铁会最初之所以将"满铁留魂碑"的地点选在下关的"大连神社",有一定的历史缘由。满铁成立时,在大连满铁本社的神社内供奉着天皇神像,日本投降后,在大连满铁本社的神社内供奉的日本明治天皇神像并没有毁坏,中国政府允许将其带回日本国内,于是由水野久直将其携带回日本。在1967年满铁创立60周年纪念时,满铁会便将明治天皇神像供奉在明治神宫内,从此在每年的正月,满铁会都会在明治神宫举行新年互礼会,并参拜明治天皇神像。水野久直回国后,在下关市担任赤间神宫宫司②,专门负责主持赤间神宫的祭祀活动,并在其主持下完成了明治神宫的复兴再建工程。在满铁会准备筹建"满铁留魂碑"期间,水野久直便在明治神宫的一角花重金购买了一块800平方米的土地,开始着手兴建"大连神社",要将在大连供奉的诸灵位在此进行合祭,作为"祖灵殿"。这是满铁会最初要将"满铁留魂碑"地点选在下关"大连神社"的主要原因。

关于"满铁留魂碑"建立地点的选定也是经过非常严格的程序,财团法人满铁会本部大会通过的第一块候选地为赤间神宫。理事长佐藤晴

---

① 财团法人满铁会「満鉄留魂碑建立報告書」(未刊行)、1982年、第5頁。
② 宫司是日本掌管神社的最高神官。

雄、专务理事吉田要先后到下关进行实地考察,最后将名称定为"满铁留魂碑"。随后,在评议员会大会上通过了《满铁留魂碑建设要纲》,并开始募集资金。但是,后来由于财团法人满铁会与神社交涉时没有达成统一意见,最后决定将"满铁留魂碑"的地点选在富士灵园。1981年1月,"满铁留魂碑"建立地定为富士灵园,并经过临时评议员大会的通过后最终得以确定。评议员会议结束后,财团法人满铁会的要员便乘车前往富士灵园进行视察,一致认为周围环境比较优美,适合作为"满铁留魂碑"建立地。

"满铁留魂碑"地点的选定大约经过了4年的时间,其间多次变更最后才得以确定。从1975年开始,满铁会便开始策划建立"满铁留魂碑"。由于满铁从成立之初便发挥着"国策会社"的国家职能,尤其是满铁回国人员通过建立满铁会来争取政治地位和社会地位,在"满铁留魂碑"地点的选定上是颇为下功夫的。鉴于满铁在侵华战争中发挥了重要作用,所以建立"满铁留魂碑"自然是需要得到日本政府支持与认可。为了使"满铁留魂碑"地点选定能够顺利推进,由满铁会事先草拟了实施方案,并通过永野宫司负责向日本政府的有关部门上报,但由于当时日本政府内部关于建立"满铁留魂碑"存在不同的意见,在第一轮讨论中"满铁留魂碑"地点方案没有被通过。其理由如下:一是在"满铁留魂碑"建立的主旨方面存在意见分歧;二是满铁会提出的建立方案需要进行修改,并征得宫司的同意;三是宫司提出的方案满铁会没有通过。[①] 从上述内容可以看出,"满铁留魂碑"建立需要征得宫司的同意,并需要宫司按照日本国家神社的程序进行上报,在没有任何异议后方能确定。

满铁会最初是将"满铁留魂碑"的地点选在了下关市"大连神社"内,但由于一些事情不能与宫司的意见相统一,最后不得不放弃了这个地点。为了与宫司的意见相统一,满铁会召开数次理事会讨论上述问题,最后将放弃在下关市"大连神社"内建立"满铁留魂碑"的意见向永野宫司通告,并提出重新选定"满铁留魂碑"的地点。后来,满铁会

---

① 财団法人満鉄会「満鉄留魂碑建立報告書」(未刊行)、1982年、第9頁。

经过了多次实地的考察和选择，决定把"满铁留魂碑"的地点选定在富士山脚下的富士灵园。1981年1月23日，满铁会召开了评议员会议商讨"满铁留魂碑"地点选择问题。由于"满铁留魂碑"建立的提议最初是由大阪满铁会提出的，所以新任大阪满铁会会长中村末夫也参加了评议员会议，并在"满铁留魂碑"地点选定方面积极提议，认为应该将"满铁留魂碑"的地点选在比叡山的梦见丘。① 大阪满铁会会长中村末夫的提议得到了京都府满铁会会长的积极支持，于是京阪满铁会代表一致倡议将"满铁留魂碑"的地点选在比叡山的梦见丘。最后，经过评议员会议讨论，没有采纳京阪满铁会代表的提案，决定将"满铁留魂碑"的地点选在富士灵园。

"满铁留魂碑"在富士灵园的具体地点是叫作"碑林公苑"的自然林区，林区东西长为25米，南北长为40米，总面积为1000平方米的矩形，倾斜度为30°左右。地点选定后，1981年7月25日，满铁会与财团法人富士灵园签订了契约书。该契约书的具体内容为：财团法人满铁会（以下简称甲方）与财团法人富士灵园（以下简称乙方），关于使用乙方园内用地达成如下协议：（1）乙方向甲方提供1000平方米用地供建立"满铁留魂碑"，甲方拥有永久使用权，1981年7月25日，甲方向乙方支付3000万日元作为永久使用费；（2）"满铁留魂碑"建立用地的位置由于处在以自然林区为主的公园区域，所以甲乙双方应对该用地特别是周围自然环境予以保护，使其永远保持美丽的环境；（3）甲方遵守乙方关于灵园的规章制度，并交付相同的管理费。②

"满铁留魂碑"地点选定后，满铁会开始就碑体的建造进行精细设计。其实，在"满铁留魂碑"地点尚未选定前，满铁会就已经于1981年6月30日召开了理事会，关于"满铁留魂碑"的碑形建造进行了讨论，最后决定"满铁留魂碑"的整体碑形根据用地的整体来建设，建成一个横向为20米、纵向为10米的椭圆形广场，在其里面设置主碑，主碑的左右两侧设计为碑铭碑和满铁社歌碑，在椭圆形的广场中还设计了4个用于"对话沙龙"的石凳。"满铁留魂碑"除了在外形设计上精心

---

① 財団法人満鉄会「満鉄留魂碑建立報告書」（未刊行）、1982年、第9頁。
② 財団法人満鉄会「満鉄留魂碑建立報告書」（未刊行）、1982年、第9頁。

细致外，关于石材的选用也非常讲求精细。主碑、碑标和石凳所用的石材为花岗岩，即茨城县筑波所产的中目石。① 碑铭碑、社歌碑所用的石材为黑御影，即南非所产的绿色花岗岩。②

主碑由5个粗壮的石磴构成，中间石磴正面雕刻着满铁社徽，以此呈现所谓满铁社业的一体性和多样性；碑铭碑的正面雕刻碑铭、碑文，背面雕刻碑志；社歌碑正面雕刻满铁社歌，背面雕刻乐谱；收藏库建在主碑后面的土中，里面收藏着满铁社员录、殉职社员名单，永久保存；碑标建在"满铁留魂碑"主道的入口处，用隶书雕刻。另外，为了纪念，将满铁东京支社毁坏时的黑色御影石运来镶嵌在收藏库内壁，将白御影石作为"满铁留魂碑"正面一部分台阶。③

1981年8月4日，在明治神宫宫司祭举行之时，满铁会举行了"满铁留魂碑"奠基仪式。承担"满铁留魂碑"建造工程的是熊取石材工业株式会社。8月15日，满铁会与熊取石材工业株式会社缔结了建造合同，按照合同规定，工程完成后满铁会将支付4190万日元作为建造费。

二 碑铭、碑志与祭文

"满铁留魂碑"的碑铭、碑文由满铁会理事会表决通过，由理事长佐藤晴雄手书而成，上面雕刻了满铁的社标。"满铁留魂碑"碑铭全文如下：

满铁继承国家使命，以先驱之身为兴亚大业奋斗，奠定了不朽基业，在此祭先人之灵，使满铁魂千古流传。

昭和五十七年四月，财团法人满铁会。④

碑志由满铁会理事会表决通过，由原满铁东京支社勤务的书法家衣

---

① 中目石是日本茨城县出产的名贵石料，叫作八乡御影石，业界将其称为中目石，大部分用于石碑。
② 财团法人満鉄会「満鉄留魂碑建立報告書」（未刊行）、1982年、第10頁。
③ 财团法人満鉄会「満鉄留魂碑建立報告書」（未刊行）、1982年、第12頁。
④ 财团法人満鉄会「満鉄留魂碑建立報告書」（未刊行）、1982年、第13頁。

第五章 "满铁留魂碑"与"留魂祭"

笠止手书而成。"满铁留魂碑"碑志全文如下：

南满洲铁道株式会社（满铁）是我国为了阻止俄国侵略东亚，以生死存亡为赌注通过日俄战争取得的成果，根据《朴茨茅斯条约》继承中东铁路南部支线及附属设施而设立的国策会社。从1907年正式营业至1945年大东亚战争失败解体，历时约40年之久，在激荡的历史中以铁路为基础，开拓交通，振兴产业，使民生安乐，以北方安宁为己任。满洲国建国后，随着中日战争形势的发展，满铁将附属地行政权委让于满洲国，进行重工业分离，满铁活动的领域和规模日趋扩大，水路交通达到整个满洲和朝鲜北部，在东亚广大的范围内进行调查活动和科学技术的研究开发，从事煤炭与特殊工业、产业辅助设施、教育卫生设施等广泛的、多方面经营事业的相关企业多达65个。社员中日本人有14万人，满洲人、蒙古人、俄国人等有26万人，总计40万[①]人。后来派遣到华北交通株式会社的15000人成为本社的主力人员。满铁的志向是为了国运昌盛、亚洲兴隆和民族共荣而锐意进取，激发使命感和开创精神，以充满激情的满铁魂同残酷的风土病疫抗争，在错综复杂的国际斗争舞台以先驱之身为使命献身。在满铁创业75年之际，追昔抚今，在原社员中1万名有志者的协助之下建立此碑，在祭奠先人的同时，使满铁魂流传千载。[②]

另外，社歌碑所雕刻的内容主要是歌颂满铁社员志向和满铁魂的诗歌，也是由衣笠止手书而成。

1982年4月14日，满铁会举行"满铁留魂碑"竣工仪式，出席这次仪式的满铁相关人员900余人，在明治神宫神官的主持下举行仪式。由理事长佐藤晴雄、死者家属代表葛畑美千代、出席者代表宇佐美乔尔、富士灵园理事长渡边武次郎、熊取谷石材工业株式会社社长穴吹启一、建筑会会长假屋园盛一等人向"满铁留魂碑"供献玉串。由理事长

[①] 关于满铁社员的总人数，解学诗先生认为近50万人。
[②] 财团法人满铁会「满铁留魂碑建立報告書」（未刊行）、1982年、第12頁。

佐藤晴雄现场宣读祭文，祭文如下：

>　　我等基于明治之皇谟，继承先人粉身碎骨之基业，激发护国兴亚之使命，三代四十年间为东亚大陆之开发、文化之建设而迈进。此志向为国运之昌盛、亚洲之兴隆、民族之共荣，满铁虽已解体，后人与志向尚存。本日即为满铁创业75周年之春天，全国各地的满铁同僚在此相聚，仰望富士灵峰，樱花漫山遍野，在此举行"满铁留魂碑"竣工仪式，殉职、殉难的社员作为兴业之大业之先驱，祭奠创业以来的已故先人、同僚之亡灵，追忆其志向与功绩，为我国国运与亚洲未来而祈祷，愿满铁魂流传千古。希望在天之英灵能够接受我等之衷心。
>
>　　　　　　　　　　　　　　　　财团法人满铁会理事长佐藤晴雄
>　　　　　　　　　　　　　　　　昭和五十七年四月十四日①

通过"满铁留魂祭"的祭文可以看出，其目的是借纪念殉职者之名，为满铁在中国东北的殖民历史进行"正面化的包装"，把侵略活动与殖民统治美化为"建设""开发""振兴亚洲"的"高尚事业"，并企图通过不断地去"侵略化"的"历史叙述"方式，实现在战后继续维系这一群体的"精神认同"与"历史记忆"。

第三节　"慰灵祭"与"满铁留魂祭"

一　"慰灵祭"

1955年10月1日，满铁会在东京虎门共济会馆讲堂举行了"慰灵祭秋季"大会，目的是悼念长眠于中国大陆的满铁社员。这次"慰灵祭"大会的规模比较大，参加的有原满铁社员及家属500余人。会议由山崎元干会长亲自为死难者宣读祭文及追思电报，秋田县满铁会员入江

---

①　财团法人满铁会「満鉄留魂碑建立報告書」（未刊行）、1982年、第17頁。

种正宣唱追悼歌,东京本部满铁会会员茂在荣吉朗献上了精心准备的《满铁建设夜话》,并为故去的满铁社员立碑纪念,碑文全文为"我僚友挺身殉职,永为社业之基,兹纪念义烈,以传其芳"。① 在这次大会上,还向参会的满铁会会员进行通告,为了解决满铁会的一些问题,众议院议员田中龙夫经常在国会进行各种活动,希望得到支持,众议院议员安井藤发表了强烈的意见,希望今后为社友奉献微薄之力。② 通过上述内容可以看出,正是由于有一批满铁会人员在日本中央和地方政府中身居要职,才使得满铁会的活动得到了强有力的支撑。而且,山崎元干在《会长祭文》中再次妄顾侵华事实地强调:"把满铁遗留下来的精神进一步发扬光大,并将其永远传给子孙后代,相依相携,不屈不挠,克服任何艰难困苦,使祖国的繁荣昌盛再次得以重建。"③

1960年10月29日,满铁会在东京虎门共济会馆讲堂举行了"慰灵祭"秋季大会。这次大会发表了长篇祭文。全文如下:

> 回想1945年8月15日的终战诏令是令人万分悲痛的,尤其是更加思念活跃在国防第一线的我们满铁的在外同胞们,这是我们一生中所无法忘怀的瞬间,曾经的王道乐土满洲一转眼便成为人间的苦海,我们满铁的同僚在最后时刻仍然坚守着自己的职场,或为之献身,或因蹂躏国际信义的俄国入侵而奋死相守,或被暴民所杀戮,每每想到这些人便不禁悲痛万分。我等相继脱离苦难而踏上祖国的土地,而出现在眼前的是战败后被烧焦的土地与混乱的局面,我们怀着无比悲痛的心情愿逝者安息。第一次慰灵祭于1951年10月在筑地本寺举行,那时我们一直期待有朝一日能够访问中国大陆,去凭吊长眠于异国他乡的灵魂。但是,由于东西冷战的开始并妨碍了中日两国自由交流,我们的希望也不能实现,实在是非常遗憾。今年恰逢终战15周年,我们为了纪念这些亡灵克服困难,召

---

① 满铁会「慰霊祭と秋季大会概况」、财团法人满铁会『満鉄會報』1955年第4号、第2頁。
② 满铁会「慰霊祭と秋季大会」、财团法人满铁会『満鉄會報』1955年第3号、第8頁。
③ 满铁会「会長祭文」、财团法人满铁会『満鉄會報』1955年第4号、第2頁。

开慰灵祭和秋季大会。①

二 "满铁留魂祭"

"满铁留魂祭"是财团法人满铁会活动的一项重要内容。第一次"满铁留魂祭"举行的时间是1983年5月21日，参加者有300余人。第一次"满铁留魂祭"后，确立在以后每年的5月举行"满铁留魂祭"。

第九次"满铁留魂祭"举行的时间是1991年5月16日。这次"满铁留魂祭"中还举行了"纳魂仪式"，即将满铁及财团法人满铁会所收藏的物品作为供纳的神物进行参拜。这些供纳品主要包括四类：第一类是满铁社员录，主要包括三个时期的社员名录，一是1919年8月1日至1991年5月16日，二是1940年7月1日至1991年5月16日，三是1945年8月15日至1991年5月16日；第二类主要是社员名簿，一是殉职名簿，二是战亡社员名簿，三是1945年第二次世界大战结束前后殉职、殉难者名簿；第三类是南满洲铁道株式会社史，一是十年史，二是第二次十年史，三是第三次十年史，四是第四次十年史；第四类是副葬品，一是满铁社旗、社员社旗，二是满铁社歌磁带，三是满铁电影胶卷，四是帕西纳模型，五是"留魂碑"模型，六是"留魂碑"建立报告书。②

第二十次"满铁留魂祭"举行的时间是2001年7月1日，这次"满铁留魂祭"时将《终战前后殉职·殉难者芳名簿（追加）》《满铁社员终战记录》《满铁会会员名簿（1998年版）》作为追加供纳品。

第二十五次"满铁留魂祭"举行的时间是2006年5月15日，此时正值满铁创业100周年，并且是财团法人满铁会成立62周年，在东海满铁会提议下进行金合欢植树纪念活动，当时有123人参加了活动。

战后日本满铁会多次举行"满铁留魂祭"，从表面上来看似乎是一个"怀旧性的""纪念性的"的活动，但实际上是一个带有政治和社会

---

① 満鉄会「昭和三十五年度慰霊祭と秋季大会」、財団法人満鉄会『満鉄會報』1961年第23号、第3頁。
② 庵谷磐「満鉄会の歩み」、満鉄會編『財団法人満鉄會六十年の歩み』、満鉄會、2006年、第23頁。

影响的"集体记忆重构"的过程。它的影响主要可以从两个层面分析：从精神层面上来看，将"满铁人"身份与战前、战时的特殊经历联系起来，强化"满铁人"共同体的"历史认同"和"价值观"；从政治和历史叙事层面来看，目的是为了弱化侵华责任、重塑"历史记忆"，意图通过"去政治化"的纪念活动的包装，刻意地掩盖满铁在日本侵华战争中的角色和殖民侵略背景。

第六章

满铁会"战争记忆"与"历史书写"

第一节 田边敏行与丸沢常哉不同的历史认识

一 田边敏行《对满铁会的感想与希望》

战后日本满铁会的成立,被满铁回国人员看成是"彰显历史功绩"与宣扬"战争有功"的重要阵地。满铁会成立后,原满铁要员与社员纷纷在满铁会的机关报《满铁会报》上发表感言与文章,阐述对满铁会的"感想"与"期待"。1955年3月31日,原满铁理事田边敏行在《满铁会报》第2号发表《对满铁会的感想与希望》一文,鼓吹满铁在中国东北殖民侵略的"合理性"及满铁会的成立,并希望满铁在中国东北的"业绩"在日本世代相传。田边敏行在《对满铁会的感想与希望》一文所提出的错误反动观点应该引起注意。

田边敏行提出了所谓的"种族优越论"。他在文章中说道:"满铁在满洲存续40余年,电影中所记载的满铁强盛时期的画面特别让人激动,而战后日本满铁会的状态却让人有一种悲伤之感,满洲失去满铁将是一大损失。日俄战争后,日本在满洲的经营处于百尺竿头、更进一步的状态。满洲国的建立一扫漫天乌云,起到了画龙点睛的作用。但是,军部在满洲的统治,总体来说确实存在着一定的遗憾,为了获得更多的开拓地而实行的开拓移民政策,与满洲当地民众产生了很多的矛盾,最终由于矛盾激化引发了中日战争。满洲国成立后,完全打开了这种不利局面，为了在满洲永久立足，满铁并将祖先的坟茔迁移大连，但由于日本战败，导致祖坟遭到中国人挖掘，本来是打算通过牺牲祖坟来换取在满洲的永久居住，最终却遭到失败了。纵观满洲的历史，汉族统治异民族的历史并不存在，中国除了在南北朝与五代时期汉胡诸民族有短期的民族融合之外，基本都是由少数民族统治着满洲地区。蒙古族所建立的元朝统治汉民族160年，满族建立的清朝统治汉族268年。元朝和清朝在统一前经历过了长时间的力量蓄积，日本在满洲也同样经过了长时间的力量蓄积，并作为日本在满洲统治政策实施的基本国策。甲午战争后，日本经过了10年左右的力量蓄积。日本在中国东北的力量蓄积，与中国在南北朝及五代时期群雄而起相继称王的形式并不相同。物质资源贫乏、人力资源富有，并具有勤勉精神的优越民族的膨胀力将与时代同行，也会借助武力的力量，蓄积优越的经济与文化实力，对邻国民族进行统治与支配也就是成了历史的必然。"①

他又声称："只是现在与从前所不同的是，在国际环境的变化之下，日本对华统治政策目标的实现陷入了困境，对此应该引起日本的深刻反思。从日本近代国家的历史为例，军人掌控政权时间过长必然要引发战争高潮，尤其在昭和十年（1925年）及昭和十一年（1926年）为日本军人政治的专权提供了契机。当时，在日本国会的众议院中的各派少壮议员团体作为最早的军人集结团体，在对华政策上向关东军司令官兼驻中国东北大使梅津美治郎提出了开拓民政策意见书，在该意见书中明确提出了对华发动侵略战争。"该意见书中指出："不对华进行战争，就不会从根本上阻止中国的反日排日行为，为了确保日本在满洲的地位，必须对华发动战争。"但是，这种对华发动侵略战争的论调，并未立即付诸行动，日本政府仍然试图希望着通过与蒋介石政权的媾和来解决中日问题，最后由于军部在对蒋介石政策上意见不统一，再加之蒋介石政权又提出了以英美为对手的外交政策，导致中日战争对蒋介石政权的媾和政策破产。并且，中日战争也开始由中日双方战争向以英美为对手的世

---

① 田辺敏行「満鉄会に就て感想と希望」、財団法人満鉄会『満鉄會報』1955年第2号、第1頁。

界战争转变，最终日本民族也遭到了国家创建以来的大溃败，被迫从中国东北、朝鲜、台湾进行大撤退。日俄战争后所谓的满洲经营40年，实际上从满洲国成立到日本战败只有10年的昙花一现。从中国史书记载来看，南北朝、五代历史同元、清两朝代相比犹如泡沫王朝一样短期而亡。然而，日本民族在过去40年间在大陆的活动足迹真的永远消失了吗？未来在大陆侵入的活动真的就会被阻隔了吗？答案当然是否定的。现在，日本在中国大陆的统治虽然犹如泡沫般不复存在，但日本在满鲜地区所存留的文化和经济设施虽然有一部分被破坏，但大部分依然存在，这些设施作为残留的成果将会永久流传，特别是这种伟大的力量随着时间的推移，将随着民族对立、憎恶、猜忌等感情的慢慢冷却，国际关系中朝鲜自然不用说，苏日、中日关系将消除障碍，日本人将会有再次侵入中国大陆时代的到来。日本之所以能够在1905年日俄战争后开始经营满洲，在1945年战败结束，主要是由于辛亥革命推翻了清政府及中华民国成立，苏联共产主义势力抬头并压制欧洲的社会发展，再加之土耳其帝国灭国及共和国建立，德国、意大利战败的创伤得到治愈并对战胜国产生威慑，其结果最终导致第二次世界大战的爆发。纵观世界大变局，40年的岁月中所发生的重大事件，最初到底预想到了吗？这40年对人类的命运产生了重大的影响，过去的40年都已经成了历史，在未来半个世纪中将会有怎样的变化呢？日本人再次侵入大陆的目标能够实现吗？毫无疑问，在眼下的形势下，如果仍然像过去那样通过武力战争占领殖民地恐怕难以实现，当前应该以经济企业、事业生活等经营者来侵入大陆，因为世界的发展将不会去拒绝国与国之间的交流与发展。日本人所侵入的地区当然不仅为中国、朝鲜等东亚大陆，更应该向南美、北美、南洋等地区，以及被英国控制的阿弗利加东岸等地区。由于东亚大陆与日本有着特殊的渊源，地理位置接近，便成了入侵中国与朝鲜的主角，以武力侵入来提升国力具有一定的意义。以我的一己之见，在侵入的过程中不但要储备知识，从长远打算要向这些地区进行移民，这样成功的机会才能更多些，这种侵入的理念不但要在我们头脑中存在，更应该让我们的子孙头脑中存在。满铁会应该对此做长远打算。"① 另外，他还就满铁会的发展提出了议案，具体如下："一、满铁会应该定期召开全体大会，在经费允许的条件下应该搜集满铁、满洲相关的电影资料，在适宜时期制作电影进行播放；二、经费允许的情况下，开设会馆，计划开设旧军人会馆，先可以租借原军人会馆；三、会馆建成后，应该搜集满铁有关的资料，如新京陈列馆，可以与原来的满蒙资源馆相类似，将有关满铁与满洲的资料进行收藏；四、在满铁会的主导下，日常用汉语、朝鲜语、俄语进行讲解中国、朝鲜和俄国的历史。"②

田边敏行这篇长文并不是简单的对满铁的情感怀旧和历史反思，而是典型的带有极其强烈的殖民主义"复活论"的色彩，言语中掩藏着"殖民正当化""文化优越论""侵略正当化"的错误历史观。第一，他认为"具有勤勉精神的优越民族的膨胀力将与时代同行，也会借助武力的力量，蓄积优越的经济与文化实力，对邻国民族进行统治与支配也就是成了历史的必然"，这是赤裸裸地为日本对中国东北的侵略和殖民统治进行辩护。第二，他认为"当前应该该以经济企业、事业生活等经营者来侵入大陆，因为世界的发展将不会去拒绝国与国之间的交流与发展，日本人所侵入的地区当然不仅为中国、朝鲜等东亚大陆，更应该向南美、北美、南洋等地区，以及被英国控制的阿弗利加东岸等地区"，这是典型的转型后的新时期的"经济侵略"和"殖民扩张"思想，是战后日本危险的"殖民主义复活论"的代表。第三，他主张通过召开满铁大会、制作满铁和"满洲"电影、建立"新京陈列馆"和"旧军人会馆"等，这些建议从表面上看似乎是"文化保护"，而真正的目的是构建所谓的"殖民记忆共同体"。

二 丸沢常哉与《我的中国观》

丸沢常哉作为当时满铁中央试验所所长，该试验所当时打着"科学

---

① 田边敏行「満鉄会に就て感想と希望」、財団法人満鉄会『満鉄會報』1955 年第 2 号、第 1 頁。
② 田边敏行「満鉄会に就て感想と希望」、財団法人満鉄会『満鉄會報』1955 年第 2 号、第 1 頁。

试验"旗号,实质是掠夺中国东北资源,在整个日本对中国东北经济掠夺中发挥了主要作用,可以说满铁中央试验所在华的所有活动,本身就是一部侵华史。丸沢常哉在日本侵华战争期间,担任满铁中央试验所所长之要职,他亲身经历了日本对中国东北赤裸裸的经济掠夺与军事侵略,但他却把这些真实的历史记忆深藏起来,并没有去真实地揭露日本军国主义侵略的本性。他对满铁的侵华历史进行有意回避的做法,其实是对满铁在中国东北的侵略活动采取了"选择性"的历史书写方式。而在《我的中国观》中,他则通过以亲身经历的方式,讲述了中华人民共和国成立后,广大人民群众进行社会主义建设的多个场景。

丸沢常哉说道:"1949年10月1日中华人民共和国成立以来,经过5年多的不懈努力和发展,新中国不断地成长和壮大,如今已经成为世界上最大的国家之一。对于在中国度过了战争结束后的混乱时期、内战时期后回国的日本人来说,最近的五年间新中国在政治、经济、生活、教育等各方面的发展速度是超乎想象的。"[1]

丸沢常哉认为,"新中国异常快速发展的原因主要是中国共产党提出把'为人民服务'作为执政目标的正确领导,'为人民服务'成为中国共产党的宗旨,并为了实现广大人民群众的愿望而奋斗;从近代百年历史来看,中国处于半殖民地半封建社会的落后的国家,大多数人民对内处于被地主、资本家剥削和压迫的地位,对外处于被外国侵略的地位,所以,中国人民大众的首要愿望是能够获得和平的生活条件,他们为此进行不屈不挠的奋斗;中国革命胜利后,占人口绝大多数的劳动者和农民坚决拥护中国共产党的政策,而且,中国实行人民代表大会制度并召开政治协商会议,并从各地选派代表进行投票选举,1954年9月下旬,中国召开全国人民代表大会一致表决通过了《中华人民共和国宪法》,它总结了新中国成立初期的经验,确立了人民代表大会制度、民族区域自治制度等社会主义政治制度体系"。[2]

关于朝鲜战争和新中国建设,丸沢常哉指出:"在中国工业进行复兴期间爆发了朝鲜战争,中国为了防御美国的侵略出兵朝鲜,并招募义

---

[1] 丸沢常哉「私の中国観」、财团法人满铁会『满铁会报』1955年第3号、第8页。
[2] 丸沢常哉「私の中国観」、财团法人满铁会『满铁会报』1955年第3号、第8页。

勇军进行抗美援朝战争。中国又开始进行土地改革运动、爱国卫生、反革命镇压、扫除文盲、三反五反、思想改造等运动,打破了婚姻制度,提倡男女自由恋爱,自由结婚。劳动者和农民在新中国建设中,对中国共产党的领导方针和中央政府的政策有了一定认识,自己成了国家的主人,国家的财产也成了全体人民的财产,为了壮大国家的财产,大生产的欲望也不断提高。于是,各工场、各农村相继出现了诸多的劳动模范、劳动英雄和先进工作者,不但受到广大人民群众的尊重,也受到了物质和精神的双重奖励。去年所召开的人民代表大会选举中,众多的青年男女代表被选为代表。"①

对于新中国民众的积极上进状态,丸沢常哉指出:"在富裕的资本主义国家看来,人民群众的生活水平还很低,但在过去了解他们生活实际的人看来,不但大大提高了,而且他们的生活水平一天一天地提高,这也是事实。而且,他们在智慧上的进步也颇为显著。在通勤的电车中有默读教科书的中小学生、专心致志阅读报纸的工人、翻阅技术书籍思考的青年、手捧着英文参考书的技术工人和教授,这是我在日常生活中所见到的场景。我还知道,在四川一个乡下的化工厂里,有一群青年在上班前三十分钟聚集在工厂的一个房间里,通过广播学习俄语。十年前,谁能想象到这样的场景呢?"②

关于新中国成立初期的复兴计划,丸沢常哉指出:"复兴计划完成后,便开始了第一个五年计划。这是从 1953 年开始的以促进社会主义工业化为目标的大建设计划。过去大企业主要集中在东北地区和一些城市,现在则主要在中国各地建设工厂。其中,有六百项大工程是苏联援助的,为了进行地下资源勘探,还向全国各地抽调了大批地质人员。这样的大计划能否如期完成呢?从过去两年的实际业绩来看,虽然已经突破了计划量,但政府也指出存在诸多不足。我认为,这些缺点归根结底在于人才不足。政府为了培养人才而付出一切努力。为了培养人才,增设学校自不必说,还在现有的工厂中培养所必需的技术人员,并向苏联等国家派送选拔出来的技术人员和工人学习先进的经验。但是,多数人

---

① 丸沢常哉「私の中国観」、财团法人满铁会『满鉄會報』1955 年第 3 号、第 8 页。
② 丸沢常哉「私の中国観」、财团法人满铁会『满鉄會報』1955 年第 3 号、第 8 页。

才并不是一朝一夕就能培养出来的，恐怕人才不足是新中国所面临的最大烦恼吧？但是，新中国的人民群众对未来抱有光明的希望，并一心一意地努力克服困难，他们一定会完成国家的计划。作为日本国民更应该知道的是，他们是中国人民，他们渴望和平。他们过去饱受内外战争的折磨。他们最清楚，如果发生战争，辛辛苦苦的建设也将化为泡影，他们的生活将受到威胁。在战争中发大财的资产阶级在新政权的建立及后来的政治运动中几乎从新中国消失了。新政府也不断向人民宣传确保永久和平，他们对日本国民也极为友好。战后混乱时期的厌恶感已经消失了，要把曾经发动侵略战争折磨荼毒中国人民的日本军国主义者同普通日本国民区分开来，一般日本人也知道自己是战争的受害者。"①

丸沢常哉还进一步指出："总之，在共产党的领导和教育下，曾经被多数日本人轻蔑的中国工人、农民重新找回了民族自尊心，燃起了爱国的至情，为人民大众的利益服务。已经进步到不惜牺牲性命的程度，他们把中国共产党当作建国恩人来敬爱，支持和拥护现政权。中国共产党坚持用批评和自我批评的武器来戒掉骄傲自满情绪的增长，防止党员的堕落腐败，敢于承认自己的缺点，只要坚持不懈地加以纠正、强化党风建设，就会增加群众的信任。我们要正确认识到这样伟大的国家是在邻国建立起来的。"②

另外，丸沢常哉还回忆了在四川长寿化工厂一年的生活经历。第二次世界大战结束后，丸沢常哉作为原满铁中央试验所所长，被新中国聘任为中国科学院石油研究所的顾问。另外还有原满铁中央试验所的仙崎知、藤生忠三郎、堀匡水、丸山丰次等20余人与丸沢常哉一同被转任至四川省长寿化工厂工作。长寿化工厂位于长江沿岸的一个2万亩左右的农场。丸沢常哉等一行人到达长寿化工厂后，参加了化工厂举行的欢迎大会。当时的科员武汉大学毕业的王清泉、四川大学毕业的孙静珉经常教丸沢常哉中文，当时长寿化工厂的工人特别朴素、勤勉，对滞留的20多名原满铁人员非常友好。当时，以丸沢常哉为首的原满铁的技术人员，主要是协助进行桐油加工等技术研发工作。1955年1月16日，按

---

① 丸沢常哉「私の中国観」、財団法人満鉄会『満鉄會報』1955年第3号、第8頁。
② 丸沢常哉「私の中国観」、財団法人満鉄会『満鉄會報』1955年第3号、第8頁。

照相关规定，这些滞留在中国的满铁人员回国。①

第二节　满铁会的"战争认识"与"历史书写"

日本的历史认识问题，是影响战后中日关系的重要因素之一。第二次世界大战结束以来，日本对侵略历史并未进行深刻反省。第四次安倍内阁成立以来，日本政权的右倾化对中日关系的发展产生了重大负面影响。战后日本之所以始终有一股拒绝反省的政治势力，主要是由于这些人始终在战前"国家认同"思想的主导下，导致了"选择性历史记忆"泛滥与战争体验客观性的缺失。战争记忆是关于战争历史的记忆，它来源于战争的历史事实但又不完全是历史事实的再现。战争记忆因人而异，当失真的历史记忆被不断地重复叙述与书写，便会造成记忆背离事实现象的发生。近年来，在战争认识问题上，日本与中国及其他亚洲国家存在严重的认识差异和对立。这主要是由于在战争认识问题上，日本总是片面地强调受害经验，有意地回避加害责任，在战争记忆上呈现"受害者记忆"的特征，这与日本作为侵略战争的发动者与加害者的历史叙述相违背，也与战争受害国家民众的战争记忆产生较大错位，从而导致历史认识问题成为中日关系的一大障碍②，这也是日本"选择性历史记忆"产生的根源，也是刻意造成"战争记忆"失真的重要手段。满铁会的"战争记忆"与"历史书写"，对战后日本历史认识产生了消极影响，他们宣扬"满洲开发论""解放亚洲论"等错误历史观，为战后日本右翼势力否定侵略历史和侵华战争提供了理论支撑。尤其是满铁会在历史认识问题上，采取了选择性"战争记忆"的方式，强调被害、忽略加害，以不认账的态度拒绝认错反省。本节从满铁会的选择性"战争记忆"与客观性缺失的"战争体验"入手，分析满铁会的历史叙述对战

---

① 丸沢常哉「長寿化工廠の一年」、財団法人満鉄会『満鉄會報』1956年第7号、第3頁。
② 胡澎：《日本人战争记忆的选择、构建——兼谈中日如何共享战争记忆》，《东北亚学刊》2016年第3期。

后日本的历史认识产生的负面影响。

一 固化"历史记忆"与"战争体验"

满铁会固化失真记忆,并通过再三发表谎言,达到使失真的记忆在人们的观念中变成事实的目的。满铁会是满铁残存势力在战后的延续与发展。满铁作为日本的"国策会社",从 1906 年成立到 1945 年解体,在中国东北盘踞近 40 年,社员发展到 40 万人[1],不仅是日本的侵略工具,还是日本对华资源"调查"与经济掠夺的核心机构。九一八事变后,满铁派出 15000 名专业调查人员赴华北交通株式会社,成为满铁对华北、华东及华南地区展开全面"调查"的核心力量,为日本侵华战争提供了大量情报资料。[2] 日本投降后,作为日本侵略的重要机构,被盟军勒令解散,但该组织并未彻底消亡。十几万名满铁回国人员在日本各地成立了近百个满铁会组织,在日本政府的支持下势力不断发展壮大。1947 年 11 月,满铁会要员田中龙夫当选国务大臣后,满铁会的势力发展进一步蹿升。1954 年 11 月,经厚生省批准成立财团法人满铁会,一部分原满铁要员进入众参两院,满铁会的政治权利也得到提升。[3] 正如满铁会所宣扬的那样,"满铁是明治大帝的遗产,是国策会社,满铁社员是为国策舍己奉公,我等满铁社员要求正当权利与国家公务人员、军人一视同仁"[4]。也就是说,满铁在侵华战争中发挥了重要作用,其成员也要求与军人等同待遇。因此,随着政治权利的不断扩大,满铁会的言论在日本的政治和社会生活中占有重要地位。尤其是在历史认识问题上,满铁会通过出版大量著作宣扬"满洲开发论",仍在坚持日本对中国的侵略是实现所谓的"王道乐土"。从一定意义上来说,满铁会是战后日本否定侵略历史、美化侵略战争的理论缔造者,也是战后日本固化

---

[1] 关于满铁社员的总人数当前学界存在争议,解学诗先生认为满铁社员近 50 万人,本书采用《满铁留魂碑建立报告书》中所记述的数字,其中包括 14 万日本人,东北人、蒙古人、俄国人等 26 万人。详见财团法人满铁会「満鉄留魂碑建立報告書」(未刊行)、1982 年、第 14 頁。
[2] 财团法人满铁会「満鉄留魂碑建立報告書」(未刊行)、1982 年、第 14 頁。
[3] 武向平:《论战后日本"满铁会"及其活动》,《社会科学战线》2015 年第 4 期。
[4] 财团法人满铁会「地方満鉄会の動静」、财团法人满铁会『満鉄會報』1955 年第 2 号、第 5 頁。

"历史记忆"与"战争体验"思维模式的推手。

1946年12月,20多万原满铁人员及家族在东京召开全国大会,倡议建立满铁会组织机构。1954年12月,财团法人满铁会成立,在全国成立近百个满铁会组织,其中以都道府县命名的有37个。[1] 财团法人满铁会成立后,通过机关报《满铁会报》进行舆论宣传,使其成为满铁会政治言论的阵地。《满铁会报》从1954年12月公开发行第1号至2016年6月10日,总计发行251号。《满铁会报》是研究战后日本满铁会活动及其言论的重要文献资料,这些会报所涉及的内容时间跨度长达62年之久,详细记录了满铁回国社员(第一代),以及他们的子孙(第二代、第三代)的活动和言论,尤其对日本侵略历史和侵华战争历史的认识上,满铁会采取了选择性的记忆方式,选择性地强调"被害记忆",回避"加害记忆",这种选择性的记忆方式刻意地歪曲了日本在侵略战争中对中国及亚洲民众所犯下的罪行。关于这一点,可以从《满铁会报》所刊发的文章中得到解读。例如,藤木久次郎在《评颂〈满洲开发四十年史〉》中,将满铁在中国东北的侵略活动宣扬为"开发满洲",对《满洲开发四十年史》的公开发行给予了高度肯定和颂扬。[2] 白井卓《满铁精神》[3]、高野诚一《满铁魂》[4]、伊藤幸雄《生生不息的满铁》[5]、岩佐忠哉《满铁会的前进方向》[6]、向野元生《吾辈之使命》[7]、谷口松雄《复兴满铁》[8]、中岛一之《满铁精神才是昭和维新的原动力》[9] 等文章,所阐述的中心内容是满铁在日本实现东亚复兴大业中发挥了重要的

---

[1] 90个满铁会组织以日本各府县命名的有大阪府满铁会、京都府满铁会等37个,还有53个是根据当时满铁社员从事的业务及特征进行命名的。
[2] 藤木久次郎「『満洲開発四十年史』をたたいる」、財団法人満鉄会『満鉄會報』1964年第34号。
[3] 白井卓「満鉄精神」、財団法人満鉄会『満鉄會報』1964年第35号。
[4] 高野誠一「満鉄魂」、財団法人満鉄会『満鉄會報』1964年第36号。
[5] 伊藤幸雄「生きている満鉄」、財団法人満鉄会『満鉄會報』1964年第36号。
[6] 岩佐忠哉「満鉄会の進むべき途」、財団法人満鉄会『満鉄會報』1969年第64号。
[7] 向野元生「我等が使命」、財団法人満鉄会『満鉄會報』1970年第65号。
[8] 谷口松雄「甦生満鉄」、財団法人満鉄会『満鉄會報』1974年第97号。
[9] 中島一之「満鉄こそ昭和維新の原動力」、財団法人満鉄会『満鉄會報』1976年第110号。

作用，将"满铁精神"看作是昭和维新的原动力。

通观 62 年《满铁会报》所发表文章的全部内容，缺乏尊重历史事实的客观性态度，回避公正、真实地将历史原貌展现在世人面前，而是采取一种歪曲历史事实的思维方式，将满铁在中国东北的侵略行为说成是"开发满洲"，将日本对中国的侵略说成是实现所谓的"大东亚共荣"。正是由于这种固化"战争记忆"与歪曲事实的历史叙述，向下一代所传递的是一种客观性缺失的战争描述，从而使日本的下一代不可能真正了解日本曾经对中国及其他亚洲民众所造成的历史罪孽。满铁会所进行的歪曲事实、固化"战争记忆"的思维模式，使从未深刻地反省战争责任的日本政治势力得到了思想能量的补充，也得到了日本狭隘民族主义政治家的呼应，从而使战后日本右翼势力不断地在参拜靖国神社，篡改教科书，否定南京大屠杀、慰安妇等问题上进行舆论造势，由此形成了一种强大的为日本军国主义"歌功颂德"的理论支撑体系，成为影响战后中日关系健康发展的重要因素。

二 客观性缺失的"历史书写"

战后日本满铁会对日本发动的侵华战争的"历史书写"，最大的特点是缺少客观性和历史性，具体表现为粉饰日本的侵略，弱化战争责任，歪曲历史事实，并通过选择性记忆和民族中心主义话语体系等方式为满铁在中国的侵略行为"歌功颂德"。具体表现如下：

第一，将满铁在华的侵略活动刻意地描绘成"满洲经济开发者"，而不是日本在华进行资源掠夺和经济侵略的代行工具，以此来"美化"满铁在华的侵略活动。关于这一点，2007 年 10 月，战后日本满铁会理事长松冈满寿男在为《满铁四十年史》出版所写的《〈满铁四十年史〉出版之际》中说道："满铁是一个根据日本国政府的国策，在他国领土内经营铁路及其附带事业和附属地等，具有特殊性质的半官半民会社。也正因为这一性质，自初代总裁后藤新平以来，创业初期便十分重视调查研究和资料的整理。从 1916 年（大正五年）开始编撰的《南满洲铁道株式会社十年史》，到 1928 年（昭和三年）的《南满洲铁道株式会社第二次十年史》，再到 1938 年（昭和十三年）发行的《南满洲铁道株式会社第三次十年史》，发展成为正文三册共计2788页，另附收集资料和图纸的别卷，可谓空前庞大的会社史书。在第二次十年史为止的二十年间，主要记载了创业的艰辛，以及在他国领土上作为殖民地铁路所必须承担的重大责任，并涵盖了众多新领域的业务内容。"①

满铁在中国东北盘踞的近40年中，其所有活动本身就是一部侵华史，而作为战后日本满铁会理事长的松冈满寿男对这段侵华历史的记述，却以"创业"和"经营"来定义满铁在中国东北的侵略活动，这是刻意歪曲历史客观事实的"描述"，是典型的"美化侵略"和"侵略有功"的论调。尤其是深入分析《满铁四十年史》的通篇内容，就会发现该书中的主要内容是通过修铁路、建医院、开设学校等，把满铁描写成是"带动满洲近代化的企业"，而对于在中国东北实行的资源掠夺和经济侵略的行径，却被通过粉饰为所谓的"满铁业绩"来加以掩盖。所以，满铁作为日本帝国主义殖民中国东北的工具，其所有的"经济活动"都是服务于日本对华军事侵略为目的。

第二，将满铁职员美化为满铁"理想主义开拓者"，刻意忽视其殖民侵略的身份特征。关于这一点，在本书的第二章第三节《满铁人员权利保障》中已经进行了充分阐述，即通过成立满铁会组织向日本政府明确提出满铁作为"国策会社"在日本侵华战争及经济殖民中发挥的主要作用，而满铁职员也理应获得与日本国家官员、军人的同等待遇。以上事实也进一步说明，满铁职员不仅是技术人员，很多人还是日本侵华战争战略的实际执行者，例如满铁调查部的情报人员，他们有的还作为关东军的嘱托直接参与侵华战争，所以任何将满铁职员塑造成"牺牲者"或"被卷入者"历史描述，是刻意曲解历史，逃避历史责任的行为。

第三，否认或淡化满铁与日本军部的深度合作关系，战后日本满铁会一方面通过所谓的"满洲经济开发"，把满铁描绘成"经济机构"或"民间会社"，来淡化自身在九一八事变和伪满洲国炮制中与关东军的密切关系；而另一方面又为了在战后获得权利的最大化，向日本政府积极宣讲自身作为"国策会社"为近代日本的殖民扩张所发挥的作用。二者

---

① 財団法人満鉄会編『満鉄四十年史』、2007年、第1頁。

看似矛盾,实际上可以从更深层折射出满铁会客观性缺失的"历史书写"。

所以,战后日本满铁会客观性缺失的"历史书写"所体现出来的特点就是:(1)歪曲功能定位,把满铁说成是"开发企业",以此隐藏作为近代日本对华殖民侵略代行工具的本质特征;(2)洗白满铁的主体形象,把满铁职员美化成东亚"建设者"和"满洲开发者",以此淡化侵略者和加害者的身份;(3)遮蔽满铁在侵华战争中的参与和组织角色,忽视与关东军的多种合作关系,刻意切割与殖民侵略的"链条";(4)选择性的历史记忆,在战后的著作和报刊中只讲所谓的"成绩",不提侵略"暴行",面对侵华战争和侵略历史采取历史"失语"的方式,来逃避战争责任;(5)视角偏颇,强化"自我受害"叙述,强调战败、受害和流亡,以"日本中心"来解读中日关系,刻意忽视中国人民的主权与苦难。

三 "帝国伟业"笼罩下的"战争记忆"

去过广岛旅行的人们,一定会注意到在广岛的和平公园布满了纪念碑、庙宇、岩石、钟、喷泉等供人们做和平祈祷,公园周边商店所出售的钥匙链、圆珠笔、T恤衫、杯子垫、明信片、茶具、佛珠、筷子等纪念品,大部分上面会带有一幅原广岛工业促进大厦遭到轰炸后仅剩下的框架照片,在河对岸公园的另一端还原样保留着一些东西,立在那里永远警示"白人所犯下的罪孽"。① 可以说,由于第二次世界大战期间日本的广岛和长崎被美国扔下的原子弹轰炸,便使日本在侵略战争中的加害罪恶被被害罪恶打得七零八落,没有几个第二次世界大战中的事件,能像广岛原子弹爆炸那样被不停地述说,被分析,被哀悼,被一再呈现、描摹、展示。②

与此相对,日本至今有一些人对在侵华战争中所犯下的罪行却表现出了无关紧要的态度,将日军的行动看成是"战争行为",属于"爱国主义"义举。所以,日本对中国东北的侵略也就被"顺理成章"地变成

---

① [英]布衣:《罪孽的报应》,戴晴译,社会科学文献出版社2006年版,第98页。
② [英]布衣:《罪孽的报应》,戴晴译,社会科学文献出版社2006年版,第98页。

"开发满洲",对中国进行的经济掠夺也就被描述成为"实现东亚的永久和平"等,由此形成了"帝国伟业"笼罩下的"战争记忆"的思维模式。这一思维模式通过满铁会不断地演绎着、宣传着。政治学家丸山真男把战前的日本政府称作是"无人承担责任的系统",而这种"无人承担责任的系统"运作起来导致的后果就是政治动因和后果都从视野中消失。[①] 而第二次世界大战结束的日本政府,在美国占领政策的主导下,由于盟军保留了天皇,其最终的结果是导致日本失去了得以彻底改造的机会,因为让天皇作为权力象征依旧高高在上地存在,就使天皇的过去变得"洁白无瑕",以天皇名义所签发的侵略命令的污浊也被清洗擦拭,日本对中国乃至亚洲所犯下的战争罪恶也将全部消失,不再留有任何痕迹。因此,在美国主导下对日本天皇制的保留,对战后日本历史认识发展态势的影响,远远超出了占领当局者的估计。[②]

满铁会作为满铁衣钵在战后的继承与发展,自然捕捉到美国对日占领政策的环境变化与态势发展。于是,构建"帝国伟业"笼罩下的"战争记忆"模式,也成了满铁会的历史课题。1964年1月,在原满铁理事、满史会会长大藏公望主持下,宣扬"帝国伟业"的第一部著作《满洲开发四十年史》在日本公开出版发行。该书分为上下两卷和补卷,内容包括总序篇、南满洲铁道株式会社篇、交通建设篇、农业篇、矿业篇、商业篇、贸易篇、金融篇等,补卷内容主要包括附属地和关东州两个部分。全书用2200多页的篇幅,采用片面性、选择性的"历史书写"的方式,把满铁近40年来在中国东北的侵略活动美化成为"开发满洲",把满铁对东北矿产、土地、农林资源的掠夺,对铁路交通、金融贸易、河流港湾的控制,以及附属地的奴化教育,说成是为实现东北实现近代化建设与"王道乐土"。[③]《满洲开发四十年史》作为宣扬"满洲开发论"的奠基著作,在日本产生了重大影响。一年后,《满洲开发四十年史补卷》在日本公开发行。大藏公望在该书中露骨地说明了出版《满洲开发四十年史》的最终目的,是留给后世子孙一部去"帝国主义"

---

① [英]布衣:《罪孽的报应》,戴晴译,社会科学文献出版社2006年版,第174页。
② 周颂伦:《日本选择性记忆的酿成环境》,《历史教学》2019年第4期。
③ 满史会『满州開発四十年史』、满州開発四十年史刊行会、1964年、序言。

和"侵略主义"的"满洲开发"史。①

继《满洲开发四十年史》之后，1971年1月，在原伪满产业部次长、被定为战犯及整肃后担任日本首相的岸信介，原伪满总务厅长官星野直树、古海忠之，以及满铁、关东军、大同学院等机构要员十河信二、山口重次、平岛敏夫、伊东六十次郎、片山忠、鲇川义介等人组织编辑的《满洲国史》公开出版发行。这是宣扬"帝国伟业"的第二部著作，参加该书编辑写作的人员多达140余人，总字数约为170万字。《满洲国史》所体现的基本论点之一是为日本炮制的伪满洲国进行辩护，为日本在东北的侵略活动"歌功颂德"，提出日本在东北进行的殖民活动是"立志革新，扫除祸根，为保全东亚，建立近代模范的王道仁政国家"。② 基本论点之二是反复宣扬在伪满时期，日本对产业经济、交通通信、文教卫生等各方面开发的"贡献"，夸耀日本在中国东北"创造"历史奇迹。总之，《满洲国史》向世人所展现的历史画面，完全没有站在客观、严肃、冷静的反省立场上，深刻地批判日本在中国东北的侵略与殖民活动，而是将日本对中国东北的侵略建立在"帝国伟业"的前提之下，这也为战后日本在"帝国伟业"笼罩下"战争记忆"思维模式的重构提供了理论支撑。20世纪80年代日本出现的修改教科书事件，就是这种理论体系实践的具体表现。日本历史学家家永三郎在他所编写的高中历史教科书中用"侵略"二字来描述日本对华战争，但日本教科书审查人却对此提出建议："侵略属于伦理范畴中，也包含着负面的含义。在对待下一代公民的教育里，使用这样一个带有负面含义的词来形容我们自己国家的行为，是不适当的。因此，应该代以另外一种表达，如'军事进入'。"③

四 "满铁留魂碑"与"战争记忆"国家认同的构建

满铁会在"历史记忆"与国家认同重构方面所起到的作用，主要体

---

① 满史会『満州開発四十年史　補巻』、満州開発四十年史刊行会、1965年、第334頁。
② 伪满洲国史编纂刊行会编：《满洲国史》，黑龙江省社会科学院历史研究所译，黑龙江省社会科学院1990年版，第2页。
③ [英]布衣：《罪孽的报应》，戴晴译，社会科学文献出版社2006年版，第200页。

现在建立"满铁留魂碑"和举行"留魂祭"两个方面。1979年3月，大阪满铁会会长小味渊肇理事提出了建立"满铁留魂碑"的提案，该提案在评议员会议上一致通过。满铁会建立"满铁留魂碑"的根本目的，在《满铁留魂碑建立报告书》有明确体现："满铁在满洲存续40年，在国家防卫与大陆开发方面发挥先驱之作用。参与此大业之满铁社员的活动与功绩，将与满铁之功业一同被载入史册，为了使满铁魂被后世日本人传承下去，在此建立满铁留魂碑。"① 1981年7月，满铁会将"满铁留魂碑"的地址选在了富士灵园的"碑林公苑"自然林区，并与富士灵园签署了永久用地合约。"碑林公苑"整体呈东西为25米，南北为40米，总面积为1000平方米的矩形，倾斜度为30°左右。② 1982年4月，满铁会举行"满铁留魂碑"竣工典礼。"满铁留魂碑"碑铭全文如下："满铁继承国家使命，以先驱之身为兴亚大业奋斗，奠定了不朽基业，在此祭先人之灵，使满铁魂千古流传。昭和五十七年四月，财团法人满铁会。"③

"满铁留魂祭"是满铁会固化"历史记忆"的又一项重要表现。从1982年"满铁留魂碑"建立到2016年满铁会解体，"满铁留魂祭"举行数十次。在举行"满铁留魂祭"时，要将满铁会所收藏的物品作为供奉的神物进行参拜，举行"纳魂仪式"。这些供奉品主要包括四类：第一类是满铁社员录；第二类是社员芳名簿，一是殉职芳名簿，二是战亡社员芳名簿，三是1945年第二次世界大战结束前后殉职、殉难者芳名簿；第三类是南满洲铁道株式会社史，主要是十年史、第二次十年史、第三次十年史、第四次十年史；第四类是副葬品，主要是满铁社旗、社员社旗，满铁社歌磁带，满铁电影胶卷，满铁实物模型，"留魂碑"模型，"留魂碑"建立报告书等。④ 在2001年举行的第二十次"满铁留魂祭"举行时，又将《终战前后殉职·殉难者芳名簿（追加）》《满铁社员终战记录》《满铁会会员名簿（1998年版）》作为追加供纳品。

"满铁留魂祭"还有一项重要内容值得注意，那就是满铁殉职者被

---

① 財団法人満鉄会「満鉄留魂碑建立報告書」（未刊行）、1982年、第4頁。
② 財団法人満鉄会「満鉄留魂碑建立報告書」（未刊行）、1982年、第9頁。
③ 財団法人満鉄会「満鉄留魂碑建立報告書」（未刊行）、1982年、第13頁。
④ 庵谷磐「満鉄会の歩み」、満鉄會編『財団法人満鉄會六十年の歩み』、満鉄會、2006年、第23頁。

放入靖国神社进行的合祀。2000年10月，满铁会举行地区恳谈会时，一些满铁会员提出了将满铁殉职社员放入靖国神社进行合祀的建议。其实，关于满铁殉职社员进入靖国神社合祀的问题，在1971年《满铁会报》第70号《关于战伤者死亡者家属援助之规定》中就明确提出，满铁社员的伤残死亡者的待遇与日本军人等同，而且在九一八事变及以后侵华战争中死亡的满铁社员179名中就有61名进入靖国神社中合祀。[①] 死亡满铁社员进入靖国神社合祀之所以再次被提出，这是满铁会基于"历史记忆"与国家认同重构思想而考虑的。满铁会不但向各地满铁会组织发放了《殉职社员调查表》，对满铁社员的死难者进行全面调查，并通过了厚生省当局的审查，正式向靖国神社送交了《祭神人名票》，还让靖国神社宫司向死亡满铁社员的家族发出了合祀通知。2002年8月，满铁会成立靖国神社合祀委员会，负责处理满铁死亡社员进靖国神社合祀事宜。

由此可见，靖国神社作为近代日本政治体制转折时期与新国家相伴而生的产物，随着甲午战争和日俄战争的发生，靖国神社已经成为日本社会固化战争记忆的"国家装置"，在近代以来日本战争记忆方面发挥着"存储器"的作用。[②] 而满铁在侵华战争期间的死亡社员，被纳入靖国神社合祀，也就意味着满铁在中国所进行的侵略活动，一直会在"帝国伟业"光环的笼罩下，使真相不断地缩小乃至消失。

综上所述，历史记忆的目标本应该是以远距离的冷静态度对待过去，但由于历史记忆的表述者自身是一个充满变数的客观存在，这就使得被害者与加害者双方对历史记忆的书写表现出不同的形式。满铁会作为满铁衣钵继承与发展者，大部分满铁社员回国后，对在华近40年间的殖民侵略活动采取了选择性"战争记忆"与"历史书写"的方式，通过建立"满铁留魂碑"、举行"满铁留魂祭"，以及出版著作等方式，粉饰过去。这并不利于日本后代对历史进行客观有效的思考。

---

① 満鉄会「殉職者等の靖国神社への合祀の件」、財団法人満鉄会『満鉄會報』2002年第208号。

② 郑毅：《靖国神社·英灵祭祀·国家物语——近代日本战争记忆的生成与固化》，《吉林大学社会科学学报》2018年第1期。

附　　录

满铁历任总裁

任次	担任者	任期时间
第1任	后藤新平	1906年11月13日—1908年7月14日
第2任	中村是公	1908年12月19日—1913年12月18日
第3任	野村龙太郎	1913年12月19日—1914年7月15日
第4人	中村雄次郎	1914年7月15日—1917年7月31日
第5任	国泽新兵卫	1917年7月31日—1919年4月12日
第6任	野村龙太郎	1919年4月12日—1921年5月31日
第7任	早川千吉郎	1921年5月31日—1922年10月14日
第8任	川村竹治	1922年10月24日—1924年6月22日
第9任	安广伴一郎	1924年6月22日—1927年7月19日
第10任	山本条太郎	1927年7月19日—1929年8月14日
第11任	仙石贡	1929年8月14日—1931年6月13日
第12任	内田康哉	1931年6月13日—1932年7月6日
第13任	林博太郎	1932年7月26日—1935年8月2日
第14任	松冈洋右	1935年8月2日—1939年3月24日
第15任	大村卓一	1939年3月24日—1943年7月14日
第16任	小日山直登	1943年7月14日—1945年4月11日
第17任	山崎元干	1945年5月5日—1945年9月30日

参考文献

一　日文文献

（一）日文原始资料

田中清「田中清手記——国際聯盟調査委員の満洲視察」、1932 年。

満鉄庶務部調査課「満鉄国聯調査記録」、1932 年。

内田康哉「満蒙問題に對する個人的関係及私見」、1932 年。

満鉄庶務部調査課「内田満鉄総裁国際聯盟調査員会見記録」、1933 年。

満鉄庶務部調査課「北満ホテル二於ケル聯盟側ト満鉄トノ会見」、1932 年。

満鉄庶務部調査課「国聯専門随員対満鉄専門家会談録」、1932 年。

満鉄庶務部調査課「満鉄側ヨリ国際連盟支那調査委員会専門家ハイアムニ交付セル支那鉄道トノ連運並二之二附属スヘキ事項協定文（甲号）」、1932 年。

松岡洋右「興亜の大業」、WT7、1941 年。

日本外務省外交史料館「国際連盟ニ於ケル日支事件討議経過調書」（1—8 巻）、1932 年。

日本外務省外交史料館「国際連盟ニ於ケル折衝関係——松本記録」（1—3 巻）、1932 年。

日本外務省外交史料館「日本外交追懐録（1900—1935）」、1983 年。

財団法人満鉄会「満鉄留魂碑建立報告書」、1982 年。

山崎元干「歩歩登高」、『満鐵會報』1954 年第 1 号。

吉田要「新満鉄会について」、『満鐵會報』1954 年第 1 号。

満鉄会「満鉄会結成記念大会記録」、『満鐵會報』1954 年第 1 号。

丸沢常哉「私の新中国観」、『満鐵會報』1955 年第 3 号。
磯村幸男「満鉄会の組織化はどうすればよいか」、『満鐵會報』1955 年第 4 号。
宮永次雄「満鉄会とは」、『満鐵會報』1956 年第 6 号。
佐藤晴雄「満鉄社友新生会結成当時熱情を憶う」、『満鐵會報』1956 年第 7 号。
山崎元干「元満鉄社員の処遇に関する陳情について」、『満鐵會報』1957 年第 11 号。
吉田要「社員処遇問題の経過」、『満鐵會報』1957 年第 11 号。
満鉄会「満鉄出身の国会人」、『満鐵會報』1958 年第 13 号。
満鉄会「中央地方政界の満鉄人」、『満鐵會報』1959 年第 17 号。
鹿児島県満鉄会「岸首相に陳情する」、『満鐵會報』1959 年第 18 号。
加治屋武盛「岸総理との会見記」、『満鐵會報』1959 年第 18 号。
田中竜夫「訪問外交の意義」、『満鐵會報』1960 年第 21 号。
佐藤晴雄「満洲事変三十周年に当つて」、『満鐵會報』1961 年第 26 号。
野田新一「高崎訪中団随行して」、『満鐵會報』1961 年第 26 号。
宮本通治「悲劇の証人　日華和平工作秘史」、『満鐵會報』1962 年第 28 号。
杉山二郎「満鉄会のあり方について」、『満鐵會報』1964 年第 33 号。
満鉄会「終身会員制度の新設」、『満鐵會報』1964 年第 34 号。
藤木久次郎「〈満洲開発四十年史〉をたたえる」、『満鐵會報』1964 年第 34 号。
白井卓「満鉄精神」、『満鐵會報』1964 年第 35 号。
高野誠一「満鉄魂」、『満鐵會報』1964 年第 36 号。
伊藤幸雄「生きている満鉄」、『満鐵會報』1964 年第 36 号。
夷石隆寿「反骨精神」、『満鐵會報』1964 年第 40 号。
山崎元干「満鉄創立六十周年記念大会式辞」、『満鐵會報』1966 年第 44 号。
夷石隆寿「満鉄記念会館建設の提唱」、『満鐵會報』1967 年第 47 号。

岩佐忠哉「満鉄会の進むべき途」、『満鐵會報』1969 年第 64 号。

向野元生「我等が使命」、『満鐵會報』1970 年第 65 号。

芝田研三「京都大会と万国博」、『満鐵會報』1970 年第 66 号。

栗山平輔「日中共同声明を沈黙してもよいか」、『満鐵會報』1970 年第 68 号。

高橋威夫「満鉄回顧　東亜の土に先行く我等満鉄」、『満鐵會報』1971 年第 71 号。

菊池善隆「日中新世紀の開闢と元満鉄人のわれわれ」、『満鐵會報』1972 年第 82 号。

M. I. 生「満鉄会を恒久的なものとする方策について」、『満鐵會報』1973 年第 91 号。

伊藤六十次郎：「満洲問題の本質」（一、二、三）、『満鐵會報』1974 年第 92、93、94 号。

藤井満洲男「中国共産党について」（一、二）、『満鐵會報』1974 年第 92、94 号。

譚覚真「日中問題について」（上、下）、『満鐵會報』1974 年第 94、95 号。

坂口遼：「地方満鉄会の育成」、『満鐵會報』1974 年第 96 号。

谷口松雄「甦生満鉄」、『満鐵會報』1974 年第 97 号。

斉藤玄一「満鉄会の提言」、『満鐵會報』1974 年第 101 号。

伊藤六十次郎「満洲事変勃発の真相」（一、二、三、四）、『満鐵會報』1975 年第 102、103、105、107 号。

益田秀人「満鉄会の任務について」、『満鐵會報』1975 年第 106 号。

滝山養「最近の中国と中国の鉄道」（上、下）、『満鐵會報』1975 年第 107、108 号。

中島一之「満鉄精神こそ昭和維新の原動力」、『満鐵會報』1976 年第 110 号。

白井卓「留満鉄魂録」、『満鐵會報』1977 年第 117 号。

伊藤武雄「手づくりの調査部慰霊総会」、『満鐵會報』1977 年第 117 号。

伊藤昌二「満鉄記念碑建設」、『満鐵會報』1979 年第 124 号。
佐藤晴雄「満鉄留魂碑に就いて」、『満鐵會報』1979 年第 126 号。
佐藤晴雄「再び、満鉄留魂碑に就いて」、『満鐵會報』1979 年第 127 号。
伊藤六十次郎「満洲問題の過去と将来」（上、中、下）、『満鐵會報』1979 年第 126、127、128 号。
向野元生「満鉄留魂碑建設についてのお願い」、『満鐵會報』1979 年第 128 号。
山内丈夫「満鉄留魂碑の姿に就いて」、『満鐵會報』1979 年第 128 号。
満鉄会「満鉄留魂碑に寄せて」、『満鐵會報』1980 年第 130 号。
吉村学「真の満鉄魂」、『満鐵會報』1980 年第 131 号。
杉山二郎「旧満洲慰霊団に参加して」、『満鐵會報』1980 年第 132 号。
桜井弘之「満鉄こだま会・訪中団派遣」、『満鐵會報』1980 年第 133 号。
佐藤晴雄「留魂碑建立地の変更に就いて」、『満鐵會報』1980 年第 134 号。
佐藤晴雄「満鉄留魂碑建設に就いて」、『満鐵會報』1981 年第 137 号。
満鉄会：「満鉄留魂碑竣工式挙行案内」、『満鐵會報』1982 年第 140 号。
満鉄会「満鉄留魂碑竣工式祭文」、『満鐵會報』1982 年第 141 号。
満鉄会「経過報告」、『満鐵會報』1982 年第 141 号。
満鉄会「満鉄留魂祭挙行について」、『満鐵會報』1983 年第 144 号。
吉田要「満鉄会の源流」、『満鐵會報』1990 年第 156 号。
満鉄会「満鉄留魂碑について」、『満鐵會報』1993 年第 173 号。
満鉄会「満鉄留魂碑建立の由来と留魂祭、留魂碑護持について」、『満鐵會報』1993 年第 173 号。
加納健一「満鉄留魂碑と留魂祭について」、『満鐵會報』1994 年第 177 号。
満鉄会「満鉄創立九十周年記念大会——〈満鉄社員終戦記録〉出版記念」、『満鐵會報』1997 年第 188 号。

満鉄会「華交互助会第 44 回全国懇親大会開催」、『満鐵會報』1998 年第 194 号。

足立美津雄「後藤初代総裁訓示と満鉄魂」、『満鐵會報』1999 年第 197 号。

満鉄会「座談会（満鉄会のこれからについて）」、『満鐵會報』1999 年第 199 号。

満鉄会「天水会第六次訪中録写真」、『満鐵會報』2000 年第 202 号。

満鉄会「万人坑とは…満洲の開発と万人坑」、『満鐵會報』2000 年第 202 号。

野中六郎「初代総裁と十七代総裁」、『満鐵會報』2001 年第 205 号。

満鉄会「第二十回留魂祭」、『満鐵會報』2001 年第 206 号。

満鉄会「殉職者等の靖国神社への合祀の件」、『満鐵會報』2002 年第 208 号。

満鉄会「靖国神社合祀委員会設立」、『満鐵會報』2002 年第 208 号。

松岡満壽男「理事長に就任して」、『満鐵會報』2002 年第 210 号。

松本林弌「〈あじあ〉の提案」、『満鐵會報』2003 年第 211 号。

秋本嘉明「ヤマトホテル三十七年の光栄」、『満鐵會報』2003 年第 212 号。

満鉄会「満鉄社訓」、『満鐵會報』2004 年第 216 号。

伊藤四郎、鐘ヶ江重夫「特急　満鉄中央試験所　中試会」、『満鐵會報』2004 年第 216 号。

満鉄会「満鉄会会則について」、『満鐵會報』2005 年第 219 号。

満鉄会：「満鉄会会則案について」、『満鐵會報』2006 年第 220 号。

松本満壽男「満鉄創業百年目にあたり」、『満鐵會報』2006 年第 222 号。

満鉄会大会「満鉄創業百周年記念・（財）満鉄会六十周年」、『満鐵會報』2007 年第 223 号。

満鉄会「厚労省との折衝の経過報告」、『満鐵會報』2009 年第 23 号。

満鉄会「厚労省〈（財）満鉄会基金〉に対する見解」、『満鐵會報』2009 年第 231 号。

満鉄会「（財）満鉄会/新満鉄会の決算、予算、役員名簿」、『満鐵會報』2009 年第 231 号。

満鉄会「平成 21 年度満鉄会大会——新満鉄会　発足大会」、『満鐵會報』2010 年第 232 号。

（二）日文著作

人見雄三郎『会員名簿』、満鉄会、1965 年。

満蒙同胞援护会『満蒙终战史』、河出書房新社、1962 年。

満史会『満州発四十年史』（上下）、満州開発四十年史刊行会、1964 年。

満史会『満州開発四十年史』（補巻）、満州開発四十年史刊行会、1965 年。

具嶋太三郎『満鉄財産の評価』、満鉄会、1969 年。

満洲国史編纂刊行会『満洲国史』（総論）、満蒙同胞援護会、1970 年。

満鉄会『満鉄最後の総裁山崎元幹』、満鉄会、1973 年。

木下半治『日本右翼の研究』、現代評論社、1977 年。

片倉衷『回想の満洲国』、経済往来社、1978 年。

上海満鉄会『長江の流れと共に：上海満鉄回想録』、上海満鉄回想録編集委員会、1980 年。

満鉄会『財団法人満鉄会小史』、満鉄会、1985 年。

満鉄会『会員名簿』、満鉄会、1985 年。

浅田喬二『日本知識人の植民地認識』、1985 年。

警備実務研究会『右翼運動の思想と行動』、立花書房、1989 年。

高木正幸《右翼：活動と団体》、土曜美術社、1989 年。

天道是『右翼運動 100 年の軌跡：その抬頭・挫折・混迷』、立花書房、1992 年。

江口圭一『日本の侵略と日本人の戦争観』、1995 年。

熊本満鉄会事務局『熊本満鉄会　戦後 50 年記念誌』、満鉄会、1996 年。

満鉄会『満鉄社員終戦記録』、満鉄会、1997 年。

南亮二郎『満鉄の思い出と戦後 52 年』、熊本県満鉄会、1997 年。

南亮二郎『曠野』、熊本県満鉄会、1998年。

南亮二郎『黎明』、熊本県満鉄会、1999年。

松本健一『思想としての右翼』、論創社、2000年。

猪野健治『日本の右翼』、筑摩書房、2005年。

満鉄会『財団法人満鉄會六十年の歩み』、満鉄会、2006年。

満鉄会『満鉄四十年史』、満鉄会、2007年。

片山杜秀『近代日本の右翼思想』、講談社、2007年。

二 中文文献

（一）中文著作

步平、王希亮：《日本右翼问题研究》，社会科学文献出版社2005年版。

郭连强、金以林主编：《近代日本对华调查档案资料丛刊》第二辑《经济调查》，国家图书馆出版社2019年版。

何理主编：《日本右翼的历史发展演变及影响》，湖南人民出版社2009年版。

解学诗：《历史的毒瘤——伪满政权兴亡》，广西师范大学出版社1993年版。

解学诗主编：《满铁内密文书》，社会学科文献出版社2015年版。

解学诗主编：《满铁史资料》第四卷《煤铁篇》，中华书局1987年版。

解学诗：《满铁与华北经济1935—1945》，社会科学文献出版社2007年版。

解学诗主编：《满洲交通史稿》，社会科学文献出版社2012年版。

解学诗：《评满铁调查部》，人民出版社2015年版。

解学诗：《伪满洲国史新编》，人民出版社1995年版。

解学诗、[日]松村高夫主编：《满铁与中国劳工》，社会科学文献出版社2003年版。

解学诗、苏崇民主编：《满铁档案资料汇编》，社会科学文献出版社2011年版。

李晓明主编：《近代日本对华调查档案资料丛刊》第五辑《兴亚院调查》，国家图书馆出版社2021年版。

邵汉明、王建朗主编：《近代日本对华调查档案资料丛刊》第一辑《满铁调查月报》，国家图书馆出版社 2019 年版。

邵汉明、王建朗主编：《近代日本对华调查档案资料丛刊》第三辑《贸易调查》，国家图书馆出版社 2019 年版。

邵汉明、王建朗主编：《近代日本对华调查档案资料丛刊》第四辑《农业调查》，国家图书馆出版社 2020 年版。

邵汉明、王建朗主编：《南满洲铁道株式会社社史资料汇编》，国家图书馆出版社 2018 年版。

沈阳军区司令部情报部：《日本右翼团体简介》，1976 年。

孙立祥：《日本右翼势力与"台独"——台湾问题中的日本因素研究》，人民出版社 2012 年版。

孙立祥：《战后日本右翼势力研究》，中国社会科学出版社 2005 年版。

王希亮：《日本右翼势力与东北亚国际关系》，社会科学文献出版社 2013 年版。

王向远：《日本右翼言论批判："皇国史观"与免罪情结的病理剖析》，昆仑出版社 2005 年版。

文国彦、兰娟：《战后日本右翼运动 1945—1990》，时事出版社 1991 年版。

武向平：《满铁与国联调查团研究》，社会科学文献出版社 2015 年版。

赵军：《日本右翼与日本社会》，广东人民出版社 2007 年版。

（二）中文论文

徐志民：《"满铁"为害中国始末》，《世界知识》2011 年第 19 期。

武向平：《论战后日本"满铁会"及其活动》，《社会科学战线》2015 年第 8 期。

武向平：《满铁会的"战争记忆"与"历史书写"》，《社会科学战线》2019 年第 8 期。

三　网络档案数据库

日本国立国会図書館 https：//www.dl.ndl.go.jp/。

日本国立国会図書館デジタルコレクショhttp：//kindai. ndl. go. jp/。

アジア歴史資料センター http：//www. jacar. go. jp/。

日本国立公文書館 http：//www. digital. archives. go. jp/。

日本外務省外交史料館 https：//www. mofa. go. jp/。

神戸大学新聞記事文庫 http：//www. lib. kobe-u. ac. jp/sinbun/。

后　记

本书系吉林省社会科学院原院长邵汉明所主持的 2017 年度国家社科基金抗日战争研究专项工程项目"满铁资料整理与研究"（项目批准号 17KZD001）子课题。

我与吉林省社会科学院满铁资料馆的结缘，缘于读博士期间查找档案资料。记得从 2006 年 10 月至 2007 年 3 月，我几乎每周四都要去吉林省社会科学院满铁资料馆查资料，孙彤老师帮我打开缩微胶片阅读器，把头伸进用红布盖着的机器里，一边转动按钮一边抄录，虽然一天下来也抄不上十几页，但当时那是一种无法言表的快乐和喜悦。

正因为如此，2007 年吉林省社会科学院面向社会招聘人才，我便找到授业恩师周颂伦先生说，"我不怕挣钱少，我能坐住冷板凳，我想去那里工作"，我也成了当年吉林省社会科学院所招聘人员中唯一一个博士毕业生。当年新人见面会，原院长邴正语重心长地说希望我能够继承前辈解学诗先生的满铁研究的志向，把这批满铁资料好好研究，多出成果。

2016 年，满铁研究中心成立，我担任中心主任，负责满铁资料相关整理研究工作。在中国社会科学院近代史研究所的大力支持下，完成了 580 余万页纸质资料的数字化扫描，300 多卷缩微胶片的转换，并成立了"解学文库"，相继出版了《南满洲铁道株式会社社史资料汇编》50 册、《近代日本对华调查档案资料丛刊》6 辑 490 册。

2020 年，我被引调至苏州大学工作。离开工作了整整 13 年的满铁资料馆，心中还是有万般的不舍与留恋。苏州大学的开放、包容的学术氛围，给了我更为广阔的学术发展空间，也让我开启了新的学术研究之路。

　　拙著付梓出版之际，我首先要感谢授业恩师周颂伦对我的苦心栽培。感谢母校东北师范大学韩东育先生多年来对我的帮助与鼓励。

　　感谢中国社会科学院近代史研究所原所长王建朗、副所长金以林，对满铁资料整理研究予以的多方支持与帮助。

　　感谢浙江大学陈红民教授，教我如何教学相长。感谢南京大学张生教授，在我学术困境时给与莫大帮助与鼓励。

　　最后，我要感谢中国社会科学出版社孙萍和靳明伦两位编辑为本书的出版付出的辛苦劳动。

武向平
2024 年 12 月于苏州